ベーシック
日本語教育

平成23年度日本語教育能力検定試験対応版

佐々木泰子 [編]

A Basic Guide
to Teaching
Japanese as a
Second Language

ひつじ書房

はじめに

　日本語教師になりたくて懸命に勉強をしていたころのことですが、勉強すればするほど日本語教育が面白くなると同時に、必要とされる知識の広さや深さに圧倒された経験があります。そのとき私は「この1冊で日本語教師としての基礎知識が身につくような本があればどんなにいいだろう」と思いました。また、その後、大学や養成講座で日本語教師の養成に携わるようになって、今度はそのような本を使って教えることができたらと思うようになりました。

　今回、本書の出版の機会を得て、ようやく長年の夢をかなえるチャンスを手にすることができたと思いました。そこで本書は、
- 日本語教師に必要とされる基礎知識をこの本1冊で身につけることができること
- 日本語教育の知識がなくても分かりやすく読めること

を大きな目標とすることにしました。さらに、読者の方の中にはこれから日本語教育能力検定試験を受ける方や、学校であるいは独学で日本語教育について学んでいる方などがいらっしゃると想定して、
- 平成15年度から新しくなった日本語教育能力検定試験の出題基準に対応すること
- 大学や養成講座のテキストとしても自習用のテキストとしても使用できること

にも配慮しました。

　本書は6部20章から構成されていますが、すべての章で次のような統一的な学習のステップが用意されています。
- 章の内容（大まかな章の内容をつかむことができます。）
- キーワード（出題基準に対応する本文中のキーワードが紹介されています。本文ではそれらのキーワードが分かりやすいようにゴチック体で印刷されています。）
- 本文（本文には内容に即したコラムがあります。）
- タスク（本文の内容の理解の確認に役立ちます。）

・参考文献（本文の執筆にあたり、参考にした本のリストです。）
・読書案内（本文の内容に即した基本的な本や、さらに深い知識を得たい人におすすめの本が解説とともに紹介されています。）

　本書の誕生までには様々な出会いがありました。本書は、私がはじめて編集した本です。慣れない舵取りで完成までに思わぬ時間がかかってしまいました。その間、根気強く執筆に協力してくださったそれぞれの分野の第一線でご活躍中の先生方に感謝申し上げます。また大学や日本語教師養成講座で熱心に私の授業を受けてくださった皆さん、そして、「日本語教育の面白さ」を教えてくれた各国からの留学生の皆さんにも感謝申し上げます。最後に、私の話を熱心に聞いてくださり本書の誕生のきっかけを作ってくださったひつじ書房の松本功社長と編集担当の田中哲哉さんにお礼を申し上げたいと思います。

編著者
佐々木泰子

目次

はじめに　　　　　　　　　　　　　　　　　　　　　　　　　　　　i

第1部　社会・文化・地域　　　　　　　　　　　　　　　　　　1

第1章　世界と日本　　　　　　　　　　　　　　　　　　　　　2
  1　20世紀末の世界　　　　　　　　　　　　　　　　　　　　　2
  2　21世紀を迎えた日本の課題　　　　　　　　　　　　　　　　3
  3　新たな関係の構築に向けて　　　　　　　　　　　　　　　　4

第2章　異文化接触と日本語教育　　　　　　　　　　　　　　　8
  1　人口の移動と日本語教育　　　　　　　　　　　　　　　　　8
  2　学習者の多様化と日本語教育　　　　　　　　　　　　　　　9
  3　児童生徒の文化間移動　　　　　　　　　　　　　　　　　10
    3.1　増加する文化間移動をする児童生徒　　　　　　　　　10
    3.2　外国人児童生徒への学習支援　　　　　　　　　　　　11
    3.3　これからの年少者日本語教育　　　　　　　　　　　　12

第3章　日本語教育の歴史と現状　　　　　　　　　　　　　　16
  1　日本語教育史　　　　　　　　　　　　　　　　　　　　　16
    1.1　近代以前の日本語教育　　　　　　　　　　　　　　　16
    1.2　近代以降の日本語教育　　　　　　　　　　　　　　　17
  2　日本語教育と国語教育　　　　　　　　　　　　　　　　　19

第4章　日本語教員の資質・能力　　　　　　　　　　　　　　22
  1　教授法／教授観の変化　　　　　　　　　　　　　　　　　22
  2　教師の役割の変化　　　　　　　　　　　　　　　　　　　23

		3	教室と教室の外との連携	24

第2部	言語と社会			27
第5章	言語と社会の関係			28
	1	世界の言語事情と言語政策		28
	2	言語接触によって生じる言語現象		29
		2.1	バイリンガル／マルチリンガル	29
		2.2	コードスイッチング	30
		2.3	ピジン／クレオール	30
		2.4	ダイグロシア	31
	3	言語政策		31
		3.1	フィリピン／シンガポールの言語政策	32
		3.2	オーストラリア／カナダ／アメリカの言語政策	33

第6章	言語使用と社会			36
	1	言語変種（バリエーション）		36
		1.1	地域差（方言）	36
		1.2	性差	37
		1.3	レジスター（言語使用域）	37
	2	言語運用のルール		38
		2.1	談話分析	39
		2.2	会話分析	39
		2.3	社会言語能力／社会文化能力	41
	3	言語・非言語行動		42

第3部	言語と心理		45
第7章	言語理解の過程		46
	1	はじめに	46
	2	トップダウンの処理	46
	3	ボトムアップの処理	48

		4	記憶	49
			4.1　二重貯蔵モデル	49
			4.2　作動記憶モデル	50
			4.3　外国語学習と記憶	50
		5	心理言語学	51
			5.1　行動主義心理学	51
			5.2　生成文法	52
			5.3　認知言語学	54

第8章　言語習得・発達　64

1　母語の習得　64
 1.1　言語習得の論理的問題　64
 1.2　言語習得の過程　65
2　第二言語の習得　65
 2.1　第二言語習得研究の歴史　65
 2.2　第二言語習得研究における重要な発見　70
 2.3　第二言語習得の理論　74
 2.4　第二言語学習における個人差要因　79
3　バイリンガリズム　88

第9章　異文化理解と心理　96

1　異文化理解―なぜ日本語教師に必要な知識なのか　96
2　異文化適応と文化化　96
 2.1　異文化適応モデルとそのプロセス　96
 2.2　異文化環境で浮上する自分の中の「文化」　99
 2.3　文化化のプロセス　100
3　私たちの記憶と行動　101
4　コミュニケーションにおける文化的差異　103
 4.1　高コンテキスト／低コンテキスト　103
 4.2　言語メッセージ／非言語メッセージ　104
 4.3　談話構造　104
 4.4　自己開示　105

5	心理学における学習観と言語教育の教授法	105
6	これまでの言語学習と学習観	106
7	最近の言語教育と新しい学習観 ―ヴィゴツキー心理学と状況的学習	107

第4部　言語と教育　　115

第10章　言語教育法・実技（実習）　116

1	コースデザイン	116
	1.1　コースデザインとは	116
	1.2　コースデザインの流れ	117
2	コースデザイン―「調査・分析」の段階―	117
	2.1　ニーズ調査・分析	117
	2.2　レディネス調査・分析	119
	2.3　目標言語行動調査・分析	119
3	コースデザイン―「計画」の段階―	120
	3.1　コース目標の設定	120
	3.2　シラバスデザイン	121
	3.3　構造シラバス、文型シラバス、文法シラバス	122
	3.4　機能シラバス	122
	3.5　場面シラバス	122
	3.6　技能シラバス	123
	3.7　話題シラバス	123
	3.8　課題シラバス	123
	3.9　複合シラバス	123
4	カリキュラムデザイン	124
5	教授法	124
	5.1　文法翻訳法（Grammar Translation Method）	125
	5.2　ナチュラル・メソッド（Natural Method、自然的学習法）	125
	5.3　フォネティック・メソッド 　　　（Phonetic Method、音声学的教授法）	125
	5.4　オーラル・メソッド（Oral Method）	126
	5.5　直接法（Direct Method）	126

5.6	ASTP (Army Specialized Training Program、陸軍特別訓練プログラム)	127
5.7	オーディオリンガル・メソッド (Audio-Lingual Method、AL 法)	128
5.8	サイレント・ウェイ (Silent Way)	128
5.9	CLL (Community Language Learning、コミュニティ・ランゲージ・ラーニング)	128
5.10	TPR (Total Physical Response、トータル・フィジカル・レスポンス、全身反応教授法)	129
5.11	ナチュラル・アプローチ (Natural Approach)	129
5.12	サジェストペディア (Suggestopedhia、暗示式教授法)	129
5.13	認知学習アプローチ (Cognitive Approach)	130
5.14	コミュニカティブ・アプローチ (Communicative Approach)	130
6	言語形式への焦点化を意識した指導法	131
7	評価法	131
7.1	評価の種類	132
7.2	テストの種類	132
7.3	客観テストと主観テスト	135
7.4	テストそのものの評価	136
7.5	テスト結果の統計的分析	136
7.6	テストによらない評価	136
8	授業の計画と実施－初級レベルの場合	137
8.1	学習目標の設定	137
8.2	シラバスの確認と整理	137
8.3	授業の流れを考える	138
8.4	教室活動を考える	139
9	授業の計画と実施－中級以上のレベルの場合	142
9.1	「読解」「聴解」技能を中心にした授業	142
9.2	「発話・会話」「作文」技能を中心にした授業	144
10	活動の形態を考える	145
11	教材分析・開発	146
11.1	主教材の選択	146
11.2	副教材	147

	11.3　教具と教材の媒体の広がり	147
	11.4　生教材・レアリア	148
12	教案を作成する	148
13	授業の分析と評価	149
14	誤用分析	150
15	目的・対象別日本語教育	150

第11章　異文化間教育　　　154

1	異文化間接触が日常化した現代と異文化間教育	154
2	異文化間接触で何が起きるのか	155
3	文化間を移動する人々のための異文化間教育	157
	3.1　帰国児童生徒	157
	3.2　外国人児童生徒	158
	3.3　中国帰国者（中国残留邦人）	159
4	多文化社会を迎えるための異文化間教育―国際理解教育	160

第12章　日本語教育におけるコミュニケーション教育　　　164

1	異文化間コミュニケーションにおける意図と解釈のずれ	164
2	日本語教育における異文化間コミュニケーション教育	165
	2.1　異文化トレーニング	165
	2.2　文化によるコミュニケーション・スタイルの違い	166
	2.3　異文化理解を深めるための双方向的な学び	166

第13章　言語教育と情報　　　170

1	日本語教育におけるコンピュータの活用	170
	1.1　授業場面での活用	170
	1.2　その他の場面での活用	171
2	情報に関わるリテラシー	171
	2.1　情報リテラシーとメディア・リテラシー	171
	2.2　日本語教育との関係	172
3	著作権	173

第5部　言語一般　　　　　　　　　　　　　　　　　　　　　　　**175**

第14章　言語の構造一般　　　　　　　　　　　　　　　　　　　176

   1　世界の諸言語　　　　　　　　　　　　　　　　　　　　　176
   2　言語の類型―日本語はどのような言語か　　　　　　　　　177
      2.1　SOV型言語　　　　　　　　　　　　　　　　　　　177
      2.2　膠着語　　　　　　　　　　　　　　　　　　　　　179
      2.3　格　　　　　　　　　　　　　　　　　　　　　　　180
      2.4　主語と主題　　　　　　　　　　　　　　　　　　　181
   3　言語学・日本語学・国語学　　　　　　　　　　　　　　　182
   4　対照言語学　　　　　　　　　　　　　　　　　　　　　　183
      4.1　日韓対照　　　　　　　　　　　　　　　　　　　　184
      4.2　日中対照　　　　　　　　　　　　　　　　　　　　187
   5　理論言語学・応用言語学　　　　　　　　　　　　　　　　189

第6部　日本語の構造　　　　　　　　　　　　　　　　　　　　　**193**

第15章　日本語の音声　　　　　　　　　　　　　　　　　　　　194

   1　日本語教育における音声指導　　　　　　　　　　　　　　194
   2　音声学と音韻論　　　　　　　　　　　　　　　　　　　　195
   3　有声音と無声音　　　　　　　　　　　　　　　　　　　　195
   4　母音　　　　　　　　　　　　　　　　　　　　　　　　　197
   5　子音　　　　　　　　　　　　　　　　　　　　　　　　　198
      5.1　調音点と調音者　　　　　　　　　　　　　　　　　198
      5.2　五十音の発音　　　　　　　　　　　　　　　　　　201
   6　半母音　　　　　　　　　　　　　　　　　　　　　　　　208
   7　特殊音素　　　　　　　　　　　　　　　　　　　　　　　209
      7.1　撥音　　　　　　　　　　　　　　　　　　　　　　209
      7.2　促音　　　　　　　　　　　　　　　　　　　　　　210
      7.3　長音　　　　　　　　　　　　　　　　　　　　　　212
   8　拍と音節　　　　　　　　　　　　　　　　　　　　　　　212
   9　アクセント　　　　　　　　　　　　　　　　　　　　　　213
      9.1　名詞のアクセント型　　　　　　　　　　　　　　　214

	9.2	動詞のアクセント型		217
	9.3	形容詞のアクセント型		217
10	イントネーション			218
11	プロミネンス			220
12	プロソディー			221

第 16 章　語彙　　228

1	語彙と語彙量		228
2	語の数え方と使用率		229
3	語彙の分類		231
	3.1 意味による分類		231
	3.2 語種による分類		232
	3.3 語構成による分類		234
4	造語法と変音現象		237
	4.1 造語法		237
	4.2 変音現象		238
5	日本語の語彙の特徴		238

第 17 章　日本語の文法　　242

1	はじめに		242
2	語		242
	2.1 品詞		242
	2.2 動詞		244
	2.3 形容詞		247
	2.4 名詞		248
	2.5 数詞・助数詞		249
	2.6 副詞		251
	2.7 指示詞		251
	2.8 助詞		253
	2.9 語構成		254
3	文		254
	3.1 主語と主題		254

		3.2	テンス・アスペクト	257
		3.3	ムード	260
		3.4	ヴォイス	260
		3.5	複文	264
		3.6	視点	269
	4	意味		272
		4.1	比喩	273
		4.2	共感覚的比喩	274

第18章　語用論的規範　　　　　　　　　　　　　278

1　言語運用の適切さ　　　　　　　　　　　　　　278
2　語用論の展開　　　　　　　　　　　　　　　　279
3　発話の解釈　　　　　　　　　　　　　　　　　279
4　日本語の語用論的規範　　　　　　　　　　　　281

第19章　文字と表記　　　　　　　　　　　　　　286

1　4種の文字　　　　　　　　　　　　　　　　　286
2　漢字　　　　　　　　　　　　　　　　　　　　286
　　2.1　漢字の成り立ち　　　　　　　　　　　　287
　　2.2　漢字の音訓　　　　　　　　　　　　　　288
　　2.3　漢字の表記の基準　　　　　　　　　　　289
　　2.4　字体　　　　　　　　　　　　　　　　　290
　　2.5　漢字の筆順　　　　　　　　　　　　　　291
　　2.6　送り仮名　　　　　　　　　　　　　　　292
3　平仮名　　　　　　　　　　　　　　　　　　　293
4　カタカナ　　　　　　　　　　　　　　　　　　295
5　ローマ字　　　　　　　　　　　　　　　　　　296

第20章　日本語史　　　　　　　　　　　　　　　300

1　日本語史の時代区分　　　　　　　　　　　　　300
2　上代の日本語（〜奈良時代）　　　　　　　　　300
3　中古の日本語（平安時代、院政期）　　　　　　302

4　中世の日本語（鎌倉、南北朝、室町、安土桃山時代）　　303
　　5　近世の日本語（江戸時代）　　304
　　6　近代と現代の日本語（明治時代〜）　　305

資料：日本語教育能力検定試験出題範囲　　308

索引　　311

第1部
社会・文化・地域

第 1 章　世界と日本

本章では、1989 年のベルリンの壁崩壊後の世界について概観し、グローバル化する社会において、今後日本が果たしていくべき課題について考えます。

【キーワード】
グローバル・スタンダード、コミュニケーション、政治、経済、社会、文化

1　20 世紀末の世界

　1989 年にベルリンの壁が崩壊し、1991 年にソビエト社会主義共和国連邦（ソ連）が解体したことにより、いわゆる「冷戦の時代」が終わりを告げた。またほぼときを同じくして、インターネットの世界が現出し、20 世紀の最後の 10 年以降、世界はまったく新たな時代に突入したといっても過言ではない。
　この大きな歴史的変革を指して、人々は「歴史の終焉」と称したり、「資本主義対資本主義」の対立の時代の幕開けと称したりした。確かに冷戦の時代には、米国とソ連という超大国間の対立によって象徴される「資本主義対社会主義」の対立、あるいは「イデオロギーの対立」と呼ぶべき問題が最も重要なテーマであったが、現代はむしろこれまでとはまったく異なる次元での対立が起こりつつあると考えるべきではないか。したがって、それは、たとえばサミュエル・ハンチントンに従って「文明の衝突」の始まりととらえるのが相応しいように思える。
　ハンチントンによれば、近代は王族の争いから国民国家の対立へ、そしてさらにイデオロギーの対立へと進んできたが、それらはすべて西欧文明を中心にしたものであった。近代化を余儀なくされたその他の地域においても、国々が

目指したものは、いわば「西欧化」に他ならなかった。しかし、冷戦後の世界では、そのような単線的な枠組みが失われて、大小さまざまな文明の対立が顕在化してくるようになる。ちなみにハンチントンによれば、世界には西欧文明を含めおおよそ8つの文明が存在しているのである。

その中の1つに「日本文明」がある。しかし、未曾有の大転換が始まったちょうどそのとき、日本は後に「失われた10年」と呼ばれることになる不況（平成不況）に陥り、来るべき世界の行方を担う自信と気概をほとんど喪失してしまったのである。かつてはエズラ・ヴォーゲルによって「ジャパン・アズ・ナンバーワン」とまでいわれた日本という国が、企業が、人々が、世界の中で占めている地位と役割を忘れ、自らの日々の生活にのみ腐心せざるをえなくなるようになってしまった。

その間、同じく8つの文明の1つに数えられる「中華文明」は勢いを増し、世界に発信することの重要性をよく認識し、オリンピックを招致し、世界貿易機関（WTO）への加盟を実現し、名実共に現代世界の主要な変革の中心になりつつある。

2　21世紀を迎えた日本の課題

21世紀に入り、幸いにして日本もようやく長いトンネルを抜け出そうとしている。さまざまな経済指標が好転し、世情の見通しも次第に明るくなってきている。日本銀行が発表する「短観」（企業短期経済観測調査）などを見ると、そのことがよくわかる。

しかし、国内政治ではスキャンダルが後を絶たず、国際政治においては未だに国際連合の常任理事国入りの悲願を果たすことができないでいる。近隣諸国との関係もきわめて悪い。経済面においては、株価水準は上昇し、景気拡大も長期間持続しているものの、地域間格差は見逃せない大きさになり、かつての二重構造経済を想起させるような様相を呈している。また社会面においては、かつてない質と量で凶悪犯罪が発生し、日本社会の安全神話はすでに過去のものとなっている。

このような状況下で、日本は世界との新たな関係を模索していかなければならない。しかも、そこには、現在の中国が推進しているような成長路線を採ることができる環境条件はなく、かつて大成功をおさめた近代化による高度経済成長の達成などは期待できない。そもそも明治維新や第二次世界大戦後の復興

のような生産者主導のシナリオは書くこともできないし、書くべきでもない。高度な民間設備投資を促進し、戦後日本の奇跡とも呼ばれた経済成長を演出した国是が仮に「非核三原則」であったとするならば、今後の日本の進路を指し示す基本理念ともいうべきものは「京都議定書」だと言ってよいかもしれない。国際標準化機構 (ISO) が定める品質や環境に関する基準を充たす工場、化石燃料の消費を抑え地球温暖化を抑制するために開発されてきたハイブリッド車は正にそのような動向を顕在化させているが、それらは象徴的な事例の一部に過ぎない。

3　新たな関係の構築に向けて

「文明の衝突」のように相対化し縮小していく世界の中で、鍵になるのはやはり「関係性」であろう。文明の違いが直ちに衝突を意味する訳でないことは言うまでもないが、そのような世界で何よりも先ず必要なことは、お互いの歴史や言語や文化などをよく理解しあうことである。事実はともかくとして、一般に「単一民族国家」と考えられてきた日本にとって、そのことはきわめて重い課題である。チャールズ・テイラーらが主張する多文化間の「承認」のための行動が必要だからである。他者の生き方を承認し、自らの生き方を承認してもらうために何をすべきかを、われわれすべてが真剣に議論しなければならない。

そこでは、教育の重要性が再認識されるべきである。いわゆる「ゆとり教育」は誤った教育政策であったとして退けられてしまったが、少なくとも教育制度の在り方をめぐる社会的関心を惹き起こしたという点においては大きな貢献があったと言えよう。もしその反動として、また単なる「詰め込み教育」が復権するのだとしたら、むしろ警鐘を鳴らさなければならない。思想的先進国である欧米においても見られがちな産業の国際競争力を高めるためだけの教育は、「承認」の実践にとって妨げとしかならないからである。

近年の日本の停滞と混乱が長期間にわたったのは、ある意味では小泉内閣が推進してきた「構造改革」の代償であったと言えるのかもしれない。事の当否は別にして、その産みの苦しみを無駄にしないためにも、**政治、経済、社会**のさまざまな局面でなされてきた反省を、われわれは活かさなければならない。IT 化に伴う**グローバル・スタンダード**確立の一方で台頭してきた多元社会の共生という理念を実現するために、構造改革の正しい着地点を見出さなければな

らない。

　かつてのように近代化のための「廃仏毀釈」を行うのではなく、固有な伝統の中に潜んでいる利点を承認されるべきものとして正当に評価しつつ、多元的な共生のための**コミュニケーション**をはかっていかなければならない。それは、たとえば企業経営に関して言えば、「日本的経営」を礼賛したり否定したりするのではなく、残すべきものは残し、修正すべきものは修正するという態度で臨むことを意味するのである。より具体的に言えば、たとえば「系列」に対して是か否かだけを問うのではなく、それを「サプライヤーシステム」[1]として再認識し、そのメリットについて積極的な理解を求めていくことだと言えよう。

　それは、国際的な役割分担ないし世界的産業立地の問題に即して言えば、たとえばアジア諸国なかんずく中国とインドの経済的隆盛に直面して、先進経済においてはもはや「シックス・シグマ」[2]を指向するのではなく、すでに欧米の一部のビジネススクールがその教育プログラムで率先しているように、単なるコスト削減による効率化の達成ということではなく、企業は社会的ニーズの充足を経営目標として、消費者との協働に基づく「デザイン・スキル」の向上を目指すべきだということになる。シックス・シグマの達成は新興国の課題として承認することが必要なのである。

　変動する世界の中で、今後、日本がどのような道を歩むべきかということは、日本だけで決めることのできる問題ではない。相互理解と承認が必要なところでは、政治、経済、社会、文化のあらゆる場面において、常にコミュニケーションを通じた説明責任が求められる。そして、そのコミュニケーションには明確な目的と意志強固な使命感、さらには確実な認知技術の獲得が不可欠なのである。

【注】

1. 「サプライヤーシステム」とは、生産から消費にいたるまでの総合的なシステム管理（いわゆるサプライチェーンマネジメント）が必要とされる中で、主として製造業者が部品などの調達を協働して効率的に行うために模索してきた企業間関係の在り方を指す概念。日本の伝統的な「系列」関係に潜む非効率的な仕組みの見直しの過程で導入されてきた。
2. 「シックス・シグマ」とは、元来、品質管理に関する統計学上の概念で、製品の「ばらつき」が「100万分の3.4」以下である厳密さを意味するが、米国のトップ企業、ゼネラル・エレクトリック社（GE）などでは顧客満足に対応する経営上の目標として標語化される

ようになった。しかし、そこでは確かに消費者のニーズに重大な関心を払っているとはいえ、未だ消費者と協働しているとはいえない。目指すべきものはコスト削減などの効率性よりも、新しい時代(ポストモダン)の消費者のニーズそのものを一層重視していく考え方(デザイン・スキル)に従って、消費者との間のコミュニケーション(マーケティング・コミュニケーション)を図ることである。

【タスク】

(1) あなたがグローバル化について読んだ新聞記事や本、あるいはあなた自身の身の回りのグローバル化についてまとめなさい。

【読書案内】

エズラ F. ヴォーゲル (1997)『ジャパンアズナンバーワン―アメリカへの教訓』(広中和歌子、木本彰子訳) ティビーエス・ブリタニカ
☞社会学者であり、日本研究家でもある筆者が日本社会の豊かさと卓越性を論じアメリカ社会へ警鐘を鳴らしたベストセラー。

サミュエル ハンチントン (1998)『文明の衝突』(鈴木主税訳) 集英社
☞日本文明を含む8つの世界の文明の衝突という枠組みで冷戦後の世界を論じたベストセラー。

第2章　異文化接触と日本語教育

本章ではまず、日本における異文化接触と日本語教育について述べた後、次に、児童生徒の文化間移動とそれに伴うさまざまな問題について考えます。

【キーワード】
オールドカマー、ニューカマー、定住、少子高齢化、ボランティア教室

1　人口の移動と日本語教育

　近年の経済発展や通信・交通技術の進歩によって、社会のグローバル化が急速に進み、地球規模の人々の移動が見られるようになってきた。現在、日本にはほぼ200万人の外国籍の人々が暮らしていて、日本の総人口に占める割合は1.55%になる。これらの人々は、1980年代の日本の急激な国際化以前にやってきた「**オールドカマー**」とそれ以降日本にやってきた「**ニューカマー**」に大別される。「オールドカマー」は、主に戦前に朝鮮半島から日本の植民地政策によって日本にやってきて、日本に永住するようになった人々とその子孫を指し、現在およそ64万人の人々が日本で暮らしている。それに対して、日本の国際化とともに就労や就学を目的に来日した外国人は、「ニューカマー」と呼ばれる。これらの人々は主にブラジル、フィリピン、中国、韓国、ペルーなどの南米やアジアからやってきた人々である。
　1979年にはインドシナ難民の受け入れが始まり、また1972年の日中国交正常化に伴う中国からの帰国者が1980年代に増加したこととあわせて、1980年代には**定住**を前提とした外国出身者の本格的な受け入れが始まった。さらに1990年の「出入国管理及び難民認定法」(入管法)の改定以降は、就労を目的

とする中南米日系人とその家族を中心とする外国人人口が急増した。

一方で、日本は**少子高齢化**社会を迎え、若年層の労働力不足を補うために海外からの労働力の導入が避けられない状況になってきている。そのため海外からの労働力の導入は、高齢化する日本社会の活性化につながると期待されている。このような外国人の受け入れ状況の変化とともに、日本語教育においても学習者が多様化し、それに伴って教授法や教師の役割の変化などが見られるようになってきた。

2　学習者の多様化と日本語教育

これまで日本語教育の対象として考えられたのは、留学生、就学生などのいわゆる「学生」が主であった。しかし、近年は、定住型の就労者や彼らの家族に対する日本語教育が大きな課題となってきている。

1984年に示された留学生10万人計画は2003年には達成され、JASSO（独立行政法人日本学生支援機構）の調査によれば、留学生数は2005年には12万人を超えた。留学生の出身地域上位5位は、中国、韓国、台湾、マレーシア、ベトナムで、アジア地域からの留学生が留学生数の9割以上を占めている。留学生数やアジアの一員としての日本の立場を考えると、留学生に対する日本語教育が依然として重要な位置を占めていることに変わりはない。

しかし、一方で、外国人人口の急増の中心である、定住型の就労者とその家族に対する日本語教育／支援も近年の日本語教育の大きな課題となっている。彼らの多くは日本語学校などに通って正式に日本語を学ぶことなく、日本での生活の中で日本語を習得する。また地域の**ボランティア教室**は、彼らに日本語の指導をしたり、役所などに提出する書類の記入や、子どもの学校からのお知らせを読むのを手伝ったりなど日常生活のサポートを行う重要な役割を果たしている。

> **外国人福祉士の受け入れと日本語教育** column
>
> 　日本社会の少子高齢化に伴う労働力の不足を補う施策の1つとして、2007年度から始まるフィリピン人の看護師・介護福祉士の受け入れがある。これはフィリピンとの経済連携協定に基づいて実施される新たな在留資格の認定である。
> 　2004年11月29日に発表されたこの協定では、「一定の要件を満たすフィリピン人の看護師・介護福祉士候補者の入国を認め、日本語の研修修了後、日本の国家資格を取得するための準備活動の一環として就労することを認める(滞在期間の上限、看護師3年、介護福祉士4年)。国家試験を受験後、国家資格取得者は看護師・介護福祉士として引き続き就労が認められる。」としている(www.maff.go.jp/www/press/cont2/20041129press_5b.pdf より)。
> 　またタイからの介護士・マッサージ師・料理人の受け入れも検討されており、今後、東アジア諸国との経済連携がさらに進めば、医療分野など新たな専門分野の日本語教育が必要とされる。

3　児童生徒の文化間移動

3.1　増加する文化間移動をする児童生徒

　文化間移動を伴う児童生徒は、主に「帰国子女」、「中国帰国者子女」、「外国人子女」の3つに分けられる。「帰国子女」は、親の海外勤務に伴い、一定期間日本以外の文化的環境の下で生活した後日本に帰国した子どもたちである。次の「中国帰国子女」は、1972年の日中国交回復に伴い始まった中国残留孤児、残留婦人の帰国に伴う同伴者としての子どもたちである。最後の「外国人子女」は、1990年6月の「出入国管理及び難民認定法」の改正に伴って増加した、主に南米の日系人を中心とした就労者の子どもたちをそれぞれ指す。
　文部科学省の「日本語指導が必要な外国人児童生徒の受け入れ状況等に関する調査」の結果によれば、平成16年9月現在、日本語指導の必要な外国人児童・生徒数は、小学校で1万3,307人、中学校では5,097人、高等学校では1,204人に上っている。子どもたちの母語は、ポルトガル語、中国語、スペイン語の順で、これら3言語で全体の7割以上を占めている。地域的には愛知県、神奈川県、静岡県、東京都などの関東地方と中部地方に比較的集中しているが、該当する児童はすべての都道府県におよんでいる。これらの児童生徒に

対する都道府県などの行政側の施策としては、「日本語指導協力者の派遣」、「外国人児童生徒教育担当教員の研修」、「教員用指導資料・手引き」、「日本語指導等に対応する教員加配」、「外国人子女教育連絡協議会等の実施」、「外国人児童生徒用日本語指導教材」など日本語指導や学校生活への適応支援が中心になっている。

3.2　外国人児童生徒への学習支援

　カミンズは第二言語環境（母語以外の言語が優勢な環境）に置かれた子どもの言語能力について、生活言語能力（BICS：Basic Interpersonal Communicative Skills）と学習言語能力（CALP：Cognitive Academic Language Proficiency）を区別し、図1のような「言語能力発達モデル」を表した。このモデルはコミュニケーションにおける文脈への依存度の程度を表す横軸とコミュニケーションに伴う認知的必要度を表す縦軸からなる。Aは文脈への依存度が高くかつ認知的必要度の低い生活言語を表す。このような人間関係、周囲の状況、声の調子など言葉以外の情報が豊富な生活言語の獲得は比較的容易で1年から2年で獲得されるという。Dは、文脈への依存度が低く、かつ認知的必要度が高い学習言語を表す。言語以外のサポートがほとんどないか比較的少なく、言語情報も抽象度が高い学習言語の獲得には5年から7年以上かかるとされている。実際に、ある一定期間を過ぎると子どもたちは日常の生活には困らないだけの日本語力を身につけることができるようになる場合が多いが、国語・算数・理科・社会などの教科学習に困らないだけの日本語力を身につけるのは容易ではない。

　そのような子どもたちを支援するために外国人児童の多い学校では日本語教

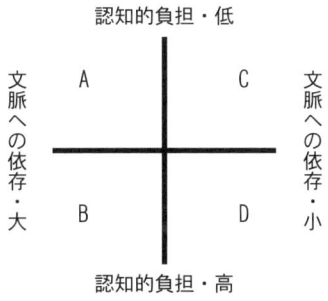

図1　言語能力発達モデル（Cummins 1996: 57 から）

室が設置されていたり、取り出し授業が行われたりしている。しかし、子どもたちの日本語力を考えると来日年齢による相違はあるとしても教科学習についていくのは困難を極めるのが実情である。にもかかわらず、子どもたちは十分な支援を受けているとはいえない。このような現状の中で、教科学習の支援の方法として、通常の教科教育に、実験や調査、見学などを取り入れ、子どもたちの体験を通した学習とすることで、認知的負担は大きくても文脈への依存度を高める工夫が行われている。また子どもたちの母語による教科の内容理解の支援の試みも行われている。

3.3　これからの年少者日本語教育

　外国人子女のような参入者に対する言語教育では、主流言語（日本では日本語）を押しつけるような、いわゆる同化教育になりがちである。つまり、多くの場合、数的に劣勢言語の話者が優勢言語を使えるようになるという視点からの教育・支援が中心となる。一方、異なった言語や文化を持った子どもたちが確実に増加している現在、単に言葉の問題だけでなく多文化教育の視点も重要になってくる。異質なものを排除するのではなく、マイノリティの言語や文化を認めて大切にするという姿勢が社会全体に生まれていくことが大切で、学校だけでなく、家庭、地域をも巻き込んだ子どもたちに対する支援が必要である。その支援は、一方向的なものではなく、少数派言語の子どもたちとの相互交流によってお互いが変容していくという性質のものが望まれる。

　少子高齢化による外国人労働力の導入、あるいは欧米諸国並みとはいえないまでも難民の受入数の増加はやむを得ない事態となってきている。単一文化・単一民族としての歩みを進めてきた日本でも、今後さらにさまざまな国籍・文化・言語を持つ外国人の受け入れが予想される。そのような状況にあって、個人、行政などさまざまなレベルの努力によって、多様な言語を話す人々の存在を知り、彼らを尊重する態度を養うことが不可欠であり、受け入れ側が複数の言語や文化との共生を認めていくような社会を作り出していく姿勢が求められる。

> ### 子どもたちの学習権の保障
>
> column
>
> 日本語を母語としない子どもたちが通う学校教育の現場の問題は深刻である。中尾宏氏は、『人権口コミ講座』において、「子どもたちの話す言葉が分からない先生、給食や制服の習慣がなくピアスをすることが普通になっている子供たち、保護者への伝達や意思疎通を学校はどうしたらよいのか、遠足の弁当はおにぎりと指定したのに、おにぎりの作り方を知らないお母さんたち」などの問題をあげている。そして、「地球のどこにいようと、どの民族であろうと、子どもには教育を受ける権利があり、地域や学校はそれを保障しなければならない。そのためには、おたがいに自己の文化のおしつけをしないで、互いに文化を認めあうことが出発点であり、お互いのよさを認めあい、ともに生きる場を作るべきである」と述べて、日本語を母語としない子どもたちの教育を受ける権利や彼らと地域との共生の重要性を主張している。
>
> （http://www.pref.kyoto.jp/jinken/magazine/kutikomi1/0101.pdf より）

【タスク】

(1) (　) の中に国名を入れなさい。

1. 留学生の出身地域上位5位は、(①)、(②)、台湾、マレーシア、ベトナムで、アジア地域からの留学生が留学生数の9割以上を占めている。
2. 日本語指導の必要な外国人児童・生徒の母語は、(③) 語、(④) 語、スペイン語の順で、これら3言語で全体の7割以上を占めている。

(2) 次の①〜④のうち、子どもたちの生活言語能力（BICS）を説明しているものにB、学習言語能力（CALP）を説明しているものにCを書きなさい。

①文脈への依存度が低い。
②獲得に5年から7年以上かかる。
③文脈への依存度が高い。
④1年から2年で獲得される場合もある。

【読書案内】

中島和子（2001）『バイリンガル教育の方法―12歳までに親と教師ができること』増補改訂版 アルク
　☞筆者はカナダにおけるバイリンガル教育の実践及び研究面の第一人者の1人です。バ

イリンガル教育の理論から実践まで豊富な事例とともにわかりやすく記述されています。

タスクの答え　(1)①中国　②韓国　③ポルトガル　④中国
　　　　　　　(2)①C　②C　③B　④B

第3章　日本語教育の歴史と現状

本章では、まず日本語教育の歴史を学び、日本語教育と国語教育についてその違いを中心に考えます。

【キーワード】
イエズス会、キリシタン資料、同化、日本語、国語、コミュニケーション

1　日本語教育史

ここでは、16世紀後半のキリシタン宣教師の日本語学習と教育から1980年代に日本語学習者が急増し、国内だけでなく、世界各地で日本語教育が盛んになるまでの日本語教育の歴史を振り返る。

1.1　近代以前の日本語教育

日本語教育の歴史は、古くは16世紀末から17世紀初めの**イエズス会**宣教師によるキリスト教の布教を目的とした日本語学習と教授にまでさかのぼるとされる。宣教師たちは以下に取り上げる**キリシタン資料**と呼ばれる書物を著した。キリシタン資料は当時の日本語を知る上での貴重な資料である。

17世紀のはじめにイエズス会の宣教師ジョアン・ロドリゲスによって著されたとされる『日葡辞書』は、見出しの日本語はポルトガル式のローマ字で表記され、他はすべてポルトガル語で書かれている。見出し語のローマ字表記は、当時の日本語の発音や清濁、促音、撥音を知る上で、極めて重要である。また、約32,000語の収録語句には、当時の話し言葉を中心に、方言、文書語、歌語、女房詞などが含まれ、当時の日本語の実相をよく表す言語資料で

あると同時に、生活、風俗を知る上で貴重な手がかりを与えてくれる。

同じくロドリゲスは長崎で『日本大文典』を、そしてその後マカオに追放されてから、『日本小文典』を著した。これらは文法を中心に和歌など文学作品の用例や人名、方言の具体的な記述も含み、当時の言葉全般を知る上で重要な書物である。日本語にすぐれたロドリゲスは通訳としても活躍した。

キリシタン資料には、他にも『天草版平家物語』、『天草版伊曽保物語』などがある。『天草版平家物語』はローマ字で書かれ、日本語を学ぶ人のためにポルトガル人が作ったとされる。『天草版伊曽保物語』は、イソップ寓話を翻訳し、ポルトガル式のローマ字で著された。これらは、他のキリシタン資料と同様に当時の日本語を知る手がかりを与えてくれる。

一方、海外では、17世紀末から18世紀末にかけて、カムチャッカに漂流したデンベイ(伝兵衛)やゴンザ(権左)などが自らはロシア語を学び、ロシア人に対しては日本語教育を行った。また、1855年にアムステルダムでシーボルトに出会ったホフマンは、日本語を学び東洋に興味を抱くようになった。後に彼は、ライデン大学(オランダ)の教授になり、『日本語文典』を著し、これがヨーロッパでの日本語教育の萌芽となった。

幕末から明治初期にかけて西欧文明の導入のために、日本ではお雇い外国人と呼ばれた人たちが多数雇用され、欧米の技術や学問、制度などを紹介した。彼らの中には、日本語や日本文化の著名な研究家も現れ、多くの著作を残した。たとえば、幕末から明治維新期にかけての激動する日本の政治や日本人の姿を外国人の視点から描いたイギリス人外交官アーネスト・サトウの『一外交官の見た明治維新』、海軍兵学校の日本語教師として来日し、後に東京大学教授となったB.H.チェンバレンの著した文法書『日本語口語文典』などがある。チェンバレンは、日本語だけでなく、日本の文学、歴史、風俗、宗教などについても深い造詣があり、東京大学においては上田万年、芳賀矢一などを育てた。

1.2 近代以降の日本語教育

幕末から明治にかけて宣教師・学者・外交官に対して、日本語教育が行われたが、近代の日本における本格的な留学生教育は、1881年に朝鮮から派遣された留学生3名の受け入れに始まる。その後、日清戦争終結後の1896年に13名の清国からの留学生が来日し、その数は次第に増加し、1905年には8,000人を超えたといわれる。彼らに対する日本語教育は、嘉納治五郎が設立した弘

(宏)文学院で行われた。弘文学院で教鞭をとった松本亀次郎は、明治、大正、昭和と中国人留学生のための日本語教育に従事し、『言文対照・漢訳日本文典』を著した。

海外における日本語教育は、1895年の台湾領有から1945年の第二次世界大戦終結までの間、日本の植民地政策とともに広がった。朝鮮半島、中国、台湾、シンガポール、さらにはパラオなどの南洋の島々を含む広範な地域で日本語教育が行われた。これらの地域では、固有の言語を使っていた現地の人々に対して、小学校などの教育機関で強制的に日本語を学ばせた。

1895年には、台湾に台湾総督府を置き、台湾に対する植民地政策を施行し、台湾住民に対して日本人化を強要する**同化政策**がとられた。台湾住民の皇民化を目的とし、伊沢修二らによって台北郊外の芝山巌学堂において日本語教育が始められた。伊沢修二の後を継いだ山口喜一郎は、台湾においてグアン式教授法を基礎として、学習者の母語に頼らない直接法による授業を実践し、その後、朝鮮、広東州、北京、大連において直接法の理論化と普及に努めた。

朝鮮においても台湾における日本語教育と同様に、日本語を国語とする同化政策がとられた。すなわち、1905年の朝鮮総督府設立の後、1910年の日韓併合によって朝鮮が植民地化され、朝鮮における日本語教育も本格化した。日本語の授業が必須科目となり、日本語を朝鮮の国語とする国民教育としての日本語教育が行われた。

日本国内では、1923年に長沼直兄が米国大使館で日本語を教え始めた。1935年には、国際学友会（現・独立行政法人日本学生支援機構東京日本語教育センター）が設立され、世界各地からの留学生が学んだ。戦後、1948年に先の長沼直兄が東京日本語学校を開校した。1951年には国際学友会においても日本語教育が再開された。これらの学校は、教科書の刊行なども行い、戦後の国内の日本語教育の中心的役割を果たした。

1950年代から60年代にかけては、海外技術者研修協会（AOTS）が1959年に、国際協力事業団（現・独立行政法人国際協力機構　JICA）が1963年に設立され、東南アジア諸国から多くの技術研修生を受け入れた。これらの機関は、日本の民間企業で産業技術を学び、帰国後は母国の生産工場で活躍する技術研修生の日本語指導と受け入れ先での研修援助を行った。

また、1972年の日中国交正常化により、戦前から戦中にかけて日本国内から主に中国北東部へ移住した人々のうち、戦後の混乱で中国に留まらざるを得なかった人々が、日本への帰国を果たすことになった。彼らの多くは日本語が

十分に話せず、日本の生活への適応が困難であった。そのような人々のために、埼玉県所沢市に「中国帰国孤児定着促進センター」(現・中国帰国者定着促進センター)が開設された。センターでは、日本での生活への適応の促進を目的として、日本語教育や生活指導が行われた。

2　日本語教育と国語教育

　日本語教育と国語教育は教える対象が同じ日本語ということで、共通する点が多いと考えられてきたが、果たしてそうだろうか？　まず、国語という言葉や概念はいつごろ生まれたのかについて見てみよう。

　明治初期の日本には支配層と庶民の言語には大きな隔たりが見られ、またそれぞれの地域の方言にも違いがあり、今の私たちが考えるような日本のどこでもだれにでも通じると想定されるような「日本語」は存在しなかった。しかし、明治になって鎖国が解かれ、諸外国、特に欧米と対峙せざるを得なくなった日本では、1つのまとまった統一体の共通の言語である日本語が必須のものと考えられるようになった。近代化の過程で地域社会を超えた集団形成が進み、集団内の一体感をもたらす手段とされた。そこでは、言語と民族と国家とがイコールで結ばれ、日本語という概念は日本人、日本という国と結びつけられた「国語」という言葉で表されることになっていった。そして明治半ばには、国語は国民を作り出す上で重要な役割を担い、民族集団への帰属のしるしと考えられるようになった。このあたりの事情をイ・ヨンスクは、『国語という思想』という著書で、日本には「「国語」という理念は明治初期にはまったく存在しなかったのであり、日本が近代国家としてみずからを仕立て上げていく過程と並行して、「国語」という理念と制度がしだいに作りあげられていったのである」(1996: v-vi) と述べている。

　次に2004年2月に文部科学大臣の諮問に応じて提出された文化審議会の答申「これからの時代に求められる国語力について」をもとに、現在の国語教育について考えてみたい。答申書にある国語力の構造(モデル図)を見ると、国語教育は、次のようなものであることがわかる。

1. 日本語をゼロから学ぶ人ではなく、すでに日本語をある程度身につけた人を対象とする。
2. 日本人としての人格／人間形成に寄与することが目的の1つである。

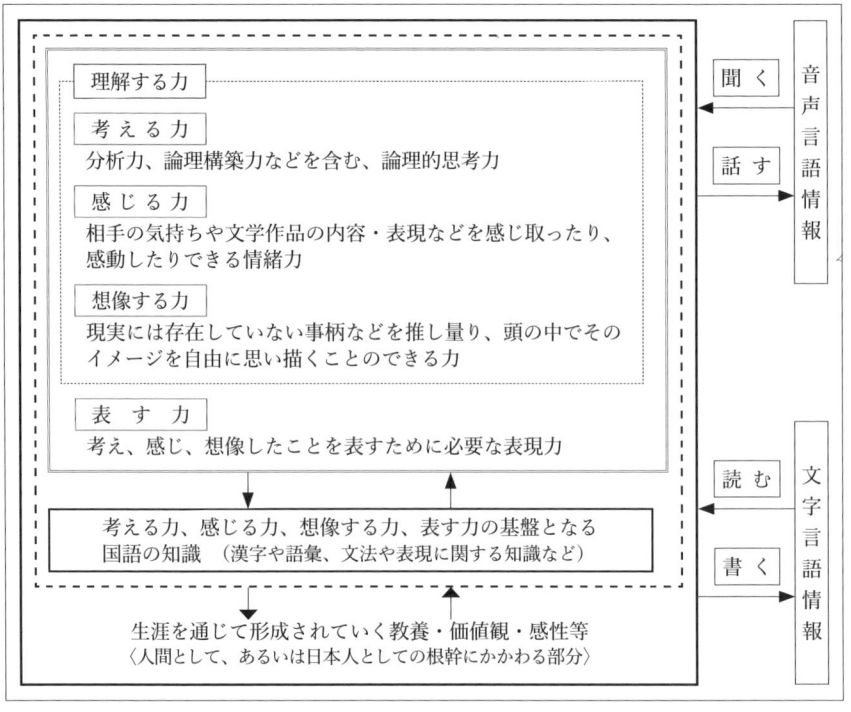

資料　これからの時代に求められる「国語力」の構造（モデル図）[1]

　2については、答申の「②国際化の進展と国語」の項に、「国際化が急速に進展する中では、個々人が母語としての国語への愛情と日本文化についての理解を持ち、<u>日本人としての自覚や意識を確立することが必要である。</u>その上で、各国の固有の文化についての理解とそれを尊重する姿勢が一層大切になる。このような意識や理解を持つために、国語は極めて重要な役割を担っている。」(p.4　下線は筆者) とあるように、現在でもなお国語と日本人、日本文化は深い関係があると考えられていることがわかる。

　しかし、国や文化を移動する人々や情報の行き来の飛躍的な増加に伴って、日本に定住する外国籍の人々は全国的に増加している。たとえば母語がポルトガル語のブラジル人の就労者やその家族が日本語を用いるなど、母語や国籍の異なる人々が日本語を使ってコミュニケーションをする場面が多く見られるようになってきた。そのためこれまでのように日本語を話す人は日本人である、とすることはできなくなっているのである。また、現在、2万人近くの日本語

を母語としない子どもたちが、小学校や中学校で「国語」の授業を受けている。

　このような時代においては、日本語を母語とする、しないにかかわらず、コミュニケーションのツールとしての日本語教育が重要になる。伝達手段として日本語をとらえなおし、話し言葉に限らず、聞き、話し、書き、読む能力を持ち、だれもが自分の伝えたい内容や場面に応じた適切な表現を用いることを可能にするような、日本語教育が必要とされているのである。

【注】
1. 文化審議会答申（2004）「これからの時代に求められる国語力について」http://www.mext.go.jp/b_menu/shingi/bunka/toushin/04020301/005.pdf

【タスク】
(1) 読書案内で取り上げた本を1冊読み、旧植民地時代の海外における日本語教育、あるいは国家語としての日本語の成立についてまとめてみよう。

【読書案内】
川村湊（1994）『海を渡った日本語―植民地の「国語」の時間』青土社
　☞それぞれの地域の文学者の足跡をたどりつつ、南洋諸島、満州、シンガポールなど日本の旧植民地や占領地で行われた日本語（国語）教育について論じています。本書を通して「大東亜共栄圏」の日本語教育について考えてみましょう。

小森陽一（2000）『日本語の近代』岩波書店
　☞私たちがはるか以前から存在していたように思っている「日本語」が、実は明治期前半の言文一致体に始まることを国家語の成立という視点から論じています。

鈴木義里（2003）『つくられた日本語、言語という虚構』右文書院
　☞「○○語」というのは一種の虚構でしかないというのが筆者の立場であり、明治期以降の国語教育を振り返りつつ「国語」の形成から今日の「日本語ブーム」まで論じています。

【参考文献】
イ ヨンスク（1996）『国語という思想』岩波書店
文化審議会答申（2004）「これからの時代に求められる国語力について」http://www.mext.go.jp/b_menu/shingi/bunka/toushin/04020301.htm

第4章　日本語教員の資質・能力

本章ではまず、学習者の多様化と教授観の変化について述べ、次に、それに伴う教師の役割の変化について考えます。

【キーワード】
ニーズ、レディネス、オーディオリンガル・メソッド、協働学習、ファシリテータ

1　教授法／教授観の変化

　学習者の多様化に伴い、学習目的も多様化している。大学や大学院などへの進学目的だけでなく、就労者やその家族が日本で暮らすために必要な日本語を学ぶ、また就労者の子どもたちが学習に必要な日本語を学ぶなどさまざまな学習目的が見られる。
　学習者の多様化は、留学のための日本語なのか、仕事のための日本語なのか、あるいは、買い物や子どもの学校のお知らせを読むといった生活のための日本語なのか、などの日本語学習のニーズの多様化にも現れている。また、これまでどんな言語の学習経験があるのか、1日のうちどの時間が日本語学習に使えるのか、宿題をする時間はあるのかなどのレディネスも学習者によって異なる。
　そのような状況を踏まえて、教授法や教授観にも変化が見られるようになってきた。オーディオリンガル・メソッドに代表される知識やスキル「伝授型」から、ペア・ワークやグループ活動などの学習者同士のインターアクションを重視する言語学習観への変化である。オーディオリンガル・メソッドは行動心理学の影響を受け、刺激と反応の原理に基づき、ある刺激が与えられたときに

必ず正しい反応が起こることを習慣化し、強化することが大切であると考えた。一方インターアクションを重視する学習観では、対話的な過程を通して学習が促進されると考える。そのための教室活動として、現実のある事象をモデル化、単純化し、疑似体験するシミュレーション、あるいは、ある状況を設定して登場人物の役割を演じるロールプレイなどがある。

また、近年、協働学習と呼ばれる学習者同士のインターアクションを重視した教室活動が注目されている。たとえば、作文添削を学習者同士による作文推敲活動として教室活動に取り入れたり（ピア・レスポンス）、読解を学習者同士で協働して行わせたりする活動（ピア・リーディング）などである。

2　教師の役割の変化

　文化庁は、平成12年に、「日本語教育の教員養成について」によって、学習者の多様化に対応した日本語教員を養成するための指針を示した。そこでは、日本語教員として望まれる資質・能力として、日本語教員自身が日本語を正確に理解し、的確に運用できる能力を持った上で、（ア）学習者に対する実践的なコミュニケーション能力、（イ）広く言語に対する深い関心と鋭い言語感覚、（ウ）豊かな国際的感覚と人間性、（エ）自らの職業の専門性とその意義についての自覚と情熱の、4点が重要であるとしている。

　また、日本語教員の専門的能力については、個々の学習者の学習過程を理解し、学習者に応じた適切な教育内容・方法を判断し、それに対応した効果的な教育を行うために以下の3つの能力の必要性を説いている。すなわち、（ア）言語に関する知識・能力、（イ）日本語の教授に関する知識・能力、（ウ）その他日本語教育の背景をなす事項についての知識・能力、の3つである。

　以下では、文化庁の指針を日本語教師として基本的に必要とされる資質・能力とした上で、日本語教育を取り巻く状況を鑑み、今後望まれる日本語教師の役割について具体的に考える。

　従来の知識伝授型の学習観では、学習者は、教師の指示に従い教えられた内容を機械的に暗記する受身の存在とされていた。しかし、近年の言語学習観は、学習者を受け身の存在ではなく主体的に学ぶ存在であるととらえ、日本語教師の役割に変化をもたらした。知識伝授型の授業で行われるパターンプラクティスなどの練習では、教師は指示を出し、学習者をコントロールする役割を担う。一方、学習者中心の学習観では学びの中心を学習者に据え、教師は教え

ることから学習者の学びを助ける存在であり、学習者の活動を補佐し、促進する。つまり「ファシリテータ（促進者）」として学習者それぞれの知識や経験、意見を引き出し、学習者相互の学びあいを促進する役割を担う。

3 教室と教室の外との連携

多様化する学習者の自律的学習をサポートするためには、教室と教室の外との連携が重要になる。そのために、これからの日本語教師は、言語的知識や技能の学習にだけ焦点をあてるのでなく、学習者を取りまく社会や環境にも目を向け、それらの学習を構成するリソースと学習者がどのような関係を築いていけばよいのかについても、学習者とともに考えていく姿勢が求められる。以下にそのような教師の役割を具体的な活動例とともにあげる。

- 自律的学びの場を作り出すプロデューサーとしての役割
  例：教室以外の場所でも学習者が自律的に学習を継続できるように学びをデザインする。そのために言語の学習法についてだけではなく、学習環境、学習計画についてのアドバイスもする。たとえば、学習者が利用可能な図書館などの学習施設を紹介し利用方法を指導するなどして、学習者の教室外での日本語学習リソースを豊かにする。
- 人的、物的、情報的ネットワーク作りを支援するコーディネーターとしての役割
  例：学校や家庭あるいはコミュニティーを結ぶネットワーク作りの支援をする。たとえば、日本語を母語としない年少者の学習支援のために学校でボランティアをしている日本語教師が、子どもと先生、子どもの親と先生、あるいは親同士のネットワーク作りを支援する。

【タスク】
(1) 教師の役割の変化を、「教える」、「支援する」、「共生する」をキーワードにしてまとめなさい。

【読書案内】
岡崎敏雄・岡崎眸（2001）『日本語教育における学習の分析とデザイン―言語習得過程から見た日本語教育』凡人社

☞日本語学習と教室活動の分野に関する数少ない邦文文献の1つで、研究動向に基づいた学習のデザインを知る上で役立つ好著。

国立国語研究所編(2006)『日本語教育の新たな文脈―学習環境、接触場面、コミュニケーションの多様性』アルク

☞「日本語教育の広がり」、「学習環境」、「接触場面」、「コミュニケーション能力」、「パラダイムシフトに向けて」という観点から多様化する日本語教育への提案を行っています。

第2部
言語と社会

第5章　言語と社会の関係

社会のグローバル化とともに、異文化、異言語との接触は私たちにとって、身近なものになってきました。本章では異文化の接触にともなって起こる言語現象や各国の言語政策などを扱います。

【キーワード】
ダイグロシア、ピジン／クレオール、コードスイッチング、バイリンガリズム／マルチリンガリズム

1　世界の言語事情と言語政策

　民族の移動、接触、交流は主に北米、中南米、オーストラリアなどで多く見られる現象であり、日本はこれまで移民の対象国として考えられることはほとんどなかった。しかし、社会のグローバル化に伴い、人々の移動は地球規模となり、日本でも急速に外国人人口が増加しつつある。特に1980年代以降、日本で暮らす外国人人口は急増している。1990年の入管法の改定以降は、ブラジル人、中国人、フィリピン人の増加が顕著となり、現在は全人口に占める外国人比率は1.5％となっている。また単に外国人人口が増加しているだけでなく、出稼ぎ型から定住志向へとその形態も変化してきている。現在、東京の婚姻件数のうち10組に1組は国際結婚のカップルであるといわれている。

　人の移動に伴い、言語もボーダーレスの時代を迎え、言語間の接触は増加の一途をたどっている。そこで本章では人や言語の移動や接触によって、地域や個人にどのような変化や新しい現象が生まれているのかについて見ることにする。まず、地域や国レベルの現象として、それぞれの地域や国の言語事情及び言語政策、さらに言語接触で生じる言語の変化などを扱う。次に個人レベルとして、**バイリンガリズム**、第一言語の喪失、**コードスイッチング**などを取り上

げる。

2 言語接触によって生じる言語現象

2.1 バイリンガル／マルチリンガル

　言語接触などの理由で、自分の母語以外の言語を母語とほとんど同じように習得している人のことを、一般的にバイリンガルと呼んでいる。たとえば福建語（中国語の方言の1つ）で育ったシンガポール人の子どもが、学校に行くようになって英語で教育を受け、福建語と英語のバイリンガルになるといった場合である。さらにその子がマレー語などの他の言語も使うことができるようになれば、マルチリンガルになる。また、最近は日本語を母語とする多くの子どもたちが海外で育っているが、たとえば、両親の仕事の関係などでアメリカに住む日本語を母語とする子どもが、家庭では日本語、学校や地域では英語を使うというバイリンガルに育つケースも見られる。バイリンガルやマルチリンガルの言語能力については学問的にははっきりとした定義はなく、母語以外の言語能力が4技能（読む・書く・聞く・話す）のうち1つでも習得されていれば、バイリンガルと呼ぶ場合もある。

　しかし、実際には、本当のバイリンガルはいない、といわれるほどいくつかの言語を同じように操ることは困難なことである。日本では、近年大人だけでなく、児童生徒など年少の外国人人口が増加し、彼らを対象とした年少者日本語教育の重要性が指摘されるようになってきている。子どもの場合、来日時の年齢によっては、母語もまだ十分に発達していない。新しい言語を身につけるときに母語が不自由になってしまったり（減算的バイリンガル）、新しい言語を十分に習得することができず、地域や学校になじむことが困難であったりする事例も多く見られる。

　子どもの場合、話したり聞いたりといった日常的な生活言語は1〜2年で習得される。しかし、言語外の文脈情報の少ない学習言語は、習得に5〜7年、あるいはそれ以上かかるといわれ、その困難さが指摘されてきた。そのため、これまでは移住先の言語による生活言語や学習言語の習得が教育の主な関心事であった。しかし、最近の研究で、子どもの言語能力の発達は母語の言語能力と無縁ではないことが明らかになった。また家庭内の共通言語としての母語は子どもたちが豊かな精神生活を営む上でも重要であるとされている。そのため子どもの母語を育てつつ、一方で母語を失ってしまうことのないような、すな

わち、母語育成／保持も視野に入れた教育が重要であるとされている。

2.2 コードスイッチング

バイリンガルの人は両言語をどのように使い分けるのだろうか。コードスイッチングとは、バイリンガルの人が会話などで2つの言語を使い分ける現象のことをいう。コードスイッチングは、文間でも文中でも見られ、文レベルや単語レベルで起こる。単語レベルでの他言語の使用は、借用と呼ばれ、コードスイッチングとは区別される場合もある。たとえば、ブラジルからの移民の人たちが、日本語で話しているときに、その意味の日本語を知っている、いないにかかわらず、ポルトガル語の単語を使用する場合などである。

コードスイッチングは、移民コミュニティーではしばしば見られる現象である。移住先の言語で話しているときに母語を交える、あるいは母語で話しているときに移住先の言語を交える、ということが日常的に起こっている。ではなぜそのような現象が見られるのだろうか。

コードスイッチングは、もう1つの言語の表現が思い浮かばないときに語彙のギャップを埋めるという補償的な目的で用いられる場合もあるが、引用・繰り返し・メッセージの明確化・強調・仲間意識を示すためなどのように、より積極的な目的で用いられる場合もある。移民コミュニティーにおいては、移住先の言語に自分の母語を交えるという点で、コードスイッチングは、他の共同体に境界線を引き、自分たちの仲間意識を高めたり、自分たちのアイデンティティを確認したりといった重要な機能を果たしている。

2.3 ピジン／クレオール

異なる言語を話す人々が接触するとき、さまざまな方法で意思疎通を図ろうとし、互いの言語が混合し、新たな言語が生まれる場合がある。その初期の段階の言語が**ピジン**と呼ばれる。ピジンは、「元になる言語の文法を簡略化する・互いの語彙やあらたに生まれた語彙をその変形した文法にあてはめる・本来の発音を発音しやすいようにする」などして用いられる。多くの場合、ピジンは元になった言語よりも簡略化された文法体系を持つことが知られている。

ピジンの多くは、欧米諸国が交易や領土拡大のために行った、海外進出や植民地政策によって誕生した。そのためカリブ海、アフリカ、東南アジア、中南米などの海岸沿いの地域に多く見られた。

ある特定の集団との意思疎通が目的の言語であるピジンは、必要性がなくな

るとじきに消滅してしまう場合もあった。一方、ピジンが世代を超えて受け継がれ、それを母語とする人々が生まれる場合もあり、その母語話者を持つにいたったピジンは**クレオール**と呼ばれる。しかし、ピジンからクレオールへの段階をはっきりと区別するのは難しいといわれている。よく知られているクレオールには英語を基盤とするパプアニューギニアのトクピシンやハワイクレオール、フランス語を基盤としたハイチ、セイシェル、モーリシャスのクレオールなどがある。

2.4 ダイグロシア

　フィリピンには 100 を超える言語があり、地方によって異なる言語が用いられている。現在はマニラ周辺で話されてきた言語であるタガログ語を基にしたフィリピノ語と英語が公用語とされている。フィリピンでは人々は、フィリピノ語と英語を使い分けて使用している。このように互いに機能を異にする 2 つの言語、あるいは言語変種が、同時に存在する状況を**ダイグロシア**という。これは社会言語学者であるファーガソンの提唱した用語である。

　フィリピンの大統領は何語で演説をするかがしばしば話題になるが、フィリピンでは、英語は教養や地位を表す言語であり、フィリピノ語などの土着の言語は民族意識を示す言語であるといわれる。ダイグロシアでは 2 つの言語の間に高位と低位という格付けのようなものが生まれるが、フィリピンの場合、司法、行政、教育、マスコミなど公的な場で用いられる英語が高位言語（High 変種）、主に家庭や地域で用いられるフィリピノ語が低位言語（Low 変種）となっている。

　フィリピンの例は国レベルのダイグロシアであるが、国の一部でこのような言語環境が見られる場合も多い。アメリカのフロリダ半島のマイアミのある都市では、スペイン語話者が多数を占め、英語とスペイン語のダイグロシアとなっている。現在、日本は、国語も公用語も日本語だけであるが、今後他言語話者が増加することにより、新たにピジン／クレオール言語が誕生したり、日本語と移住者の言語のダイグロシアの状況が生まれたりする可能性がある。

3　言語政策

　1 つの共同体の中に複数の言語や言語変種が存在する場合に、国家がそれらに対して組織的に統制を加え、ある特定の社会的機能を付与するような言語政

策を行う必要が生じてくる。言語政策によって、象徴的機能を果たす「国家語」、実質的な機能を果たす「公用語」などを定める。

日本は国家語と公用語がいずれも日本語であるが、これは世界でもまれな例である。日本に暮らしていると、国とその国で使用される言語が1対1に対応していると考えがちである。しかし、世界には200近くの国があり、一方、言語は5,000以上もあるといわれていることを考えると、1国1言語ではない国が多数を占めることがわかる。次に、私たちの身近なアジアの国、フィリピンとシンガポールを例にその言語事情および言語政策を見てみよう。

3.1 フィリピン／シンガポールの言語政策
3.1.1 フィリピンの言語政策

民族意識の高揚や団結を促すためには、各地域の土着の言語を統合したフィリピノ語の誕生が待たれるが、現状は、マニラ周辺で話されているタガログ語が国語であるフィリピノ語に近い言語となっている。次に示すのはフィリピンの憲法の第14条、第6節と第7節である（河原2002からの引用）が、そのフィリピノ語の公用語としての地位を高めることを言語政策として第6節では謳っている。また世界共通語ともいえる英語の重要性に配慮したのが第7節である。

> 第6節　フィリピンの国語はフィリピノ語である。その発達は、現存のフィリピンの言語を基にして、より一層発達させ豊かにしてゆくものとする。法の規定に従い、また国家が妥当とみなす限りにおいて、政府はフィリピノ語を公的なコミュニケーション並びに学校教育の場での教育言語とするために、さまざまな方策を取らなければならない。
>
> 第7節　コミュニケーションと教育という目的のために、フィリピンの公用語はフィリピノ語であるが、法律に定められた時期まで、英語も公用語である。地域言語は当該地域の補助公用語であり、それに伴い補助教育言語でもある。スペイン語とアラビア語の使用は選択的に行われるものとする。

（河原 2002: 86）

3.1.2 シンガポールの言語政策

19世紀前半のイギリス東インド会社設立以来、シンガポールは、自由貿易港として栄えてきた。その発展とともに中国、マレーシア、インドなどから多くの人々が移り住んだ。これらの人々は、文化や宗教と共に言語も母国から持ち込んだ。そのためシンガポールは現在、さまざまな言語や文化の混在する国となり、中国語（北京語）、マレー語、タミール語、英語の4言語を公用語とする多言語国家となっている。

シンガポールは、1959年にイギリス連邦内自治州として独立したが、その際取られた言語政策は、マレー語、英語を中心とした3言語政策である。マレー語は国語、英語は国際語であり、他民族相互の意志疎通をはかるための言語という位置づけであった。一方、中国語やタミール語は第三言語と位置づけられ、それらすべての言語が必修とされた。この政策のもとでは、中国方言で育った子供は、学校教育が始まると自分の慣れ親しんだ中国語（方言）とは発音の異なる中国語（北京語）、英語、マレー語を学ぶことになった。それは多くの子供たちにとって大変な負担となり、3言語政策は失敗に終わった。

次に取られたのは2言語政策である。1965年に独立国家となったシンガポールはそれ以降、英語、マレー語、タミール語、中国語を公用語としつつ、各人の母語と実際上の共通語である英語との2言語政策が取られている。その結果、現在は国民の半数以上が英語と自分の母語とのバイリンガルであるといわれている。そして、共通語としての英語の地位と役割がますます高まる傾向が見られるようになってきた。

3.2 オーストラリア／カナダ／アメリカの言語政策

これまではアジアを中心に言語事情や言語政策を見てきたが、次に移民先進国である、オーストラリア、カナダ、アメリカの言語事情や言語政策について見てみよう。これらの国々には、初期の移民の多くがヨーロッパからの移民であったこと、移民の数が先住の人々より圧倒的多数であったこと、移民の多くが英語話者であったことなどの共通点が見られる。そのために、これらの国々では、英語が共通語として使用された。その後経済の発展とともに近隣諸国やアジアの国々から多くの移住者がやってくるようになり、彼らの言語や文化を認めていく政策が採られることになる。

3.2.1 オーストラリアの場合―白豪主義から多文化主義へ

オーストラリアは、総人口の4分の1は海外出身者、また人口の半分は両親またはどちらかが海外出身者で、人口に占める移民の割合の多い国である。特に最近は非英語圏からの移民の増加が著しい。これら移民の増加に伴い、1970年代後半から、それまでの移民を差別する「白豪主義」から「多文化主義」への国策の転換が図られた。多文化主義の特徴としては、多様な価値観を認めた上での他者の尊重、文化的差異による差別の是正、多様な能力や才能を持つ人材の活用などがあげられる。

言語政策としては、移民に対しては、第二言語としての英語 (English as a Second Language) 教育が行われる。一方で、LOTE (Languages Other Than English) と呼ばれる英語教育以外の言語教育が推進されている。英語以外の言語を学ぶことによって、他言語話者や他文化に対する理解が促進されると考えられている。LOTE には、アラビア語、中国語、フランス語、ドイツ語、ギリシャ語、インドネシア／マレー語、イタリア語、日本語、スペイン語の9つの言語が含まれている。この言語政策には、非英語系移民の権利の保障とともに移民とオーストラリア系住民の大多数を占める英語系の人々との共生という目的があるとされる。

3.2.2 カナダの場合―多文化を許容するモザイク社会

カナダは広大な国土を有し、10の州と3つの準州で構成される。そこには、ファーストネーションである原住民、カナダを開拓したイギリス系、フランス系の人々が住んでいる。また20世紀初頭からは、ヨーロッパ、アジア諸国から多くの移民を受け入れている。

カナダでは言語については英語とフランス語を公用語とする2言語主義が採られ、さらに英語とフランス語以外の言語の話者の文化も同様に尊重する多文化主義が採られている。アメリカがさまざまな文化を溶かし同化する「メルティングポット」と形容されるのに対して、カナダは、さまざまな民族の文化や価値を同等に尊重する様子が「モザイク」と形容される。

3.2.3 アメリカの場合―イングリッシュ・オンリーからイングリッシュ・プラスへ

移住者、特にヒスパニック系の移住者の増加によって、1970年代に移住者の母語による教育も認めるという2言語使用教育法が施行された。しかし、これはあくまでも英語使用への橋渡しであり、英語の習得が目標であった。この

ような公用語としての英語を推進する動きはイングリッシュ・オンリーと呼ばれる。それに対して、英語だけでなく同時に移住者の母語や母文化の維持と発展を推進する動きはイングリッシュ・プラスと呼ばれる。これは、少数派の子どもたちが民族の言語を継承する権利を保障しようというものである。

しかし、この動きに対して1980年代には多言語・多文化主義はアメリカを分断するという批判も生まれ、英語公用語化論争に発展していった。この論争は単に言語使用の問題ではなく、同化主義を選ぶのか、あるいは多文化主義を選ぶのか、といった政治的な対立でもある。

【タスク】

(1) ベルギー、スイス、スウェーデンなどヨーロッパの国々の言語事情を調べなさい。

【読書案内】

河原俊昭編著(2002)『世界の言語政策―多言語社会と日本』くろしお出版
　☞多言語主義に基づく言語政策という立場から、多言語社会の先進国であるアメリカ、オーストラリア、フィリピンなどの国々の言語政策が紹介されています。それらの地域の文化や歴史などとともに平易な文章で説明されているので、興味深く読めるでしょう。

河原俊昭・山本忠行編(2004)『多言語社会がやってきた―世界の言語政策Q&A』くろしお出版
　☞国際化・多言語化する社会とどう向きあっていくべきかを、わかりやすく解説しています。Q&A形式になっているので、自分の興味のあるところを拾い読みするのもよいでしょう。

真田信治・庄司博史編(2005)『日本の多言語社会』岩波書店
　☞言語政策や社会言語学の基本的なキーワードがわかりやすく解説された事典。

第6章　言語使用と社会

言語はその言語が使用される社会と密接に関わっています。本章では、文法だけでなく、社会文化的背景、言語外のルールなどを視野に入れて、言語をとらえます。

【キーワード】
言語変種、性差、地域差、レジスター、談話分析、会話分析、ターン、話者交替、隣接ペア、優先応答体系、修正、コミュニケーション能力、社会文化能力

1　言語変種（バリエーション）

　私たちが普段使っている言葉は、均質ではない。同じことをいうのにも、男性か、女性か、あるいは地域によっても言い方が異なる。ここでは、**地域差、性差**によるさまざまな**言語変種**（バリエーション）に焦点をあて、日本語の地域的、社会的多様性に目を向けてみたい。

1.1　地域差（方言）

　言葉の地域差をさす言葉として「方言」がある。「方言」に対する用語として「標準語」「共通語」がある。「標準語」は規範となる言語として制定されたものを言い、東京山の手の中流家庭で用いられていた理想的で洗練された言語を指すとされる。一方、「共通語」は、東京で使われる言葉を基礎として、自然に全国で使用されるようになった言葉のことをいう。近代国家形成の過程では、方言が蔑視されたり、使用を禁止されたりした時期もあった。

　地域差は音声、文法、語彙などに現れる。音声については、同じ「う」の発音でも東京の「う」は唇の丸めの弱い「う」であり、それに対して京都より西では唇の丸めが強いといわれている。またアクセントによって語の区別をする

「有アクセント」の地域と固有のアクセントを持たない、あるいはただ1つの型しか持たない「無アクセント」の地域がある。「無アクセント」は、東北の一部、宮崎県などに見られる。語彙では、たとえば西日本のある地域では「なおす」が「片づける」の意味で使われるなどの例がある。

西日本では、「来ない」を表すもともとのいい方は「キーヘン」であったが、標準語の「コナイ」の影響を受けて「コーヘン」に変化してきた。このような標準語と方言の相互干渉によって生まれた、従来にはなかった新しい表現形式のことはネオ方言といわれる。

日本語は世界の諸言語と比べて面積のわりに地域差の大きい言語であるといわれている。そしてその広がり方は、中央で生まれた言葉が次第に地方へ広がる「周圏分布」となっている。一方、中国は、国土も大きく各地域にさまざまな方言があり、方言の地域差も大きい。たとえば、公用語とされる北京語の他に、上海語、広東語、福建語など発音の異なるさまざまな方言があり、北京語話者と広東語話者では話が通じない場合もあるといわれる。

1.2　性差

日本語の場合、性別による言語使用の違いは、人称代名詞、終助詞、敬語などに顕著に現れる。

「ボク」「オレ」などは男性が主に用いる人称代名詞であり、女性が主に用いるものとしては「ワタクシ」などがある。終助詞では「ぞ」「ぜ」「な」は男性が、「わ」「のよ」「かしら」は女性がそれぞれ主として用いる。また「お話」など語頭に「お」をつけたりする美化語など丁寧な言葉は一般的に女性のほうが多く用いる。しかし、最近では女性がしだいに女性語を使わなくなり、若者を中心に言語表現の性差は減少傾向にあるといわれている。

言語表現だけでなく、相互行為においても広く男女差があるといわれる。たとえば、異性間で話す場合、男性が新しい話題を導入したり、割り込みをしたりする傾向があり、また女性は相づちを頻繁に打って共感的に話を聞く傾向がある、などである。

1.3　レジスター（言語使用域）

私たちは、言語以外の周辺情報、たとえば、話し相手の親疎や年齢、あるいは話す場所や状況などのやりとりが行われるコンテクストによって、語や表現スタイルの選択を行っている。たとえば、以下のような使い分けが見られる。

・東京では標準語を用いている話者が出身地に帰ると地域語で話す。
・家では普通体で話す話者が職場では丁寧体（デス・マス体）で話す。
・親しい相手と話すときには「オレ」「オマエ」という人称詞を用いる。話者が親しくない相手は「～さん」と呼ぶ。

　話者の属する地域的属性による変種である地域語や、性差などの属性による変種と異なり、このようにコンテクストによって選択される言語変種を**レジスター**という。

2　言語運用のルール

　講演会やコンサートなどで、自分の座っている隣の席があいていて、後から来た人に「ここあいていますか？」と聞かれ、「ええ、どうぞ」、あるいは「いえ、ちょっと…。後で連れが来るものですから」と答えたりする。「～か」という疑問文の形式の発話であっても、それが単にその席があいているのかどうかを尋ねられているのではなく、その席に座ってもいいかどうかという許可を求められていることを、私たちはコンテクストから理解する。もちろん私たちは言語を用いてさまざまなコミュニケーションを行っているのだが、その行為の意味の理解には、言語形式だけでなくやり取りの行われているコンテクストも重要な役割を果たしているのである。
　これまで言語学では長い間、音韻論や統語論（文法）に関心が向けられてきた。チョムスキーの生成文法に代表されるように、その文が文法的に適格かどうかが問題にされ、文法的に正しい文だけが研究の対象とされる時代が続いた。しかし、現実の言語の使用に目を向けてみると、音韻や統語上のルール以外に、私たちが言語を用いてコミュニケーションを行う際に、無意識のうちに従っている言語運用上のさまざまなルールがあることに気がつく。そのようなルールを明らかにするために、1960年代以降は、文よりも大きい単位の言語を対象として、実際に使用される言語や言語に影響するコンテクストや文化にも関心を向けた研究が行われるようになった。これは広義の**談話分析**（ディスコース・アナリシス）と呼ばれる研究分野で、その中には言語が実際の場面でどのように使われているかを言語の機能に注目することによって明らかにしようとした語用論、談話の構造や談話に見られる規則を明らかにすることを目的とする狭義の談話分析、会話に見られる規則を明らかにしようとする会話分析、言語とその使用を批判的に分析することによって、談話の中に埋め込まれ

たイデオロギーや、権力関係、ジェンダーなどを明らかにする批判的談話分析（クリティカル・ディスコース・アナリシス）などがある。次に談話分析及び会話分析について見てみよう。（語用論については第18章を参照。）

2.1　談話分析

談話分析は、1960年代後半に言語学を中心として成立した分野である。狭義の談話分析とは、「文」より上位の、有機的なつながりのある一連の文章における言語構成パターンの分析をさす。文を超えた談話という単位を設け、従来の文文法では扱うことのできない、談話の構造のまとまりや意味のまとまりをもたらす照応や繰り返し、省略などについて研究を行っている。ハリディとハッサンはこれらについて詳しい研究を行っている。

2.2　会話分析

会話分析は、サックスによって創始され、サックス、シェグロフ、ガーフィンケルらによって、研究の基盤が打ち立てられた。実際の会話に繰り返し現れる言語使用のパターンを取り出し、そのルールを明らかにしようとする。会話分析では、会話の基本的単位を1つの発話の順番（**ターン**：turn）とし、録音された会話を詳細に文字化し、それをもとに、**話者交代**（turn-taking）、**隣接ペア**（adjacency pair）、**優先応答体系**（preference organization）、**修正**（repair）、などを手がかりに一見無秩序に見える会話の仕組みやルールを明らかにしようとする。たとえば、私たちの日常会話では、複数の人が同時に話すということはほとんどなく話者は自然に交代する。そのような話者交代には次のような大きく2つのルールがあることがサックス、シェグロフ、ジェファーソンらによって明らかにされた。つまり、次の話し手が現在の話し手によって選ばれる他者選択（例1）と次の話し手が自分から話し出す自己選択（例2）である。

　例1　［他者選択］
　　A：Bちゃん、明日ひま？
　　B：う〜ん、明日はちょっと。
　例2　［自己選択］
　　A：最近、すごく忙しいんだ。
　　B：そう。大変だね。
　　（2秒の沈黙）

B：最近話題になっている××の映画見た？

　隣接ペアは、たとえば、「おはよう―おはよう」のような挨拶、「元気？―うん、元気」のような質問と答え、あるいは「依頼―受諾・断り」のように隣りあって出現する、異なる話し手による第一発話と第二発話の組みあわせのことをいう。隣接ペアは会話の開始や終結において重要な働きをしている。たとえば、会話は「あいさつとあいさつへの答え」という隣接ペアで開始され、「どうも―どうも」などの隣接ペアで終結することが知られている。

　これらの話者交代および隣接ペアの規則によって、私たちの日常会話における割り込みやオーバーラップ、あるいは沈黙などについて説明が可能になる。たとえば、例1において、質問・応答という隣接ペアの応答が期待されるAの発話の後に沈黙が起これば、それはBの沈黙であり、Aはもう一度質問を繰り返したりする。一方で、Aはその沈黙によって自分の期待する応答をBがしないことを予想したりする。

　勧誘や依頼の発話に隣接する応答発話には、相手の期待通りの反応（優先応答）をする場合と、期待に反する応答をする場合がある。たとえば、仕事を手伝ってほしいと頼まれたとき、引き受ける場合、つまり優先応答をする場合は、「はい」と簡単に答えることができる。しかし、断る場合、すなわち非優先応答の場合には、言いよどんだり、理由を説明したり、「申し訳ないのですが」と前置きを言ったりするなど発話が長くなる傾向がある（例1参照）。

　修正には、話し手自身が自分で気づいて自分で修正するもの（例3）と聞き手の指摘によって修正（例4）するものがある。

　例3　［話し手自身による修正］
　　A：江ノ島博物館に、あ、江ノ島博物館じゃない、江ノ島水族館に
　　B：行ったの？
　　C：うん。
　例4　［聞き手の指摘による修正］
　　A：22日の土曜日の花火大会に行かない？
　　B：22日は金曜日じゃない？
　　A：あ、ごめん。23日の土曜日だ。

　ここまで日常会話におけるルールを見てきたが、医療、学校、法廷などの制

度的場面における会話の分析も行われている。たとえば、学校における教師と生徒のやり取りは、教師の「発問(initiation)」、そして生徒の「応答(reply)」次にその応答に対する教師の「評価(evaluation)」というI-R-Eという発話の連鎖になっており、それが知識を伝達し、教室を秩序立てる装置となっているとされている。

2.3 社会言語能力／社会文化能力

　発音、文法などの言語能力に対して、言語を実際の場面に応じて適切に使う能力は社会言語能力と呼ばれる。相手や場面など、言語が使われる「コンテクストによって適切に表現を使いわける」能力である。それに対して、**社会文化能力**は社会・文化背景を理解し、社会の決まりごとにそって振舞ったり、コミュニケーションをする能力のことを指す。このように音韻や文法など言語に関する能力ではなく、その言語を実際のコミュニケーションにおいて適切に用いる能力を社会言語学者のハイムズは「**コミュニケーション能力**(communicative competence)」という言葉で説明した。

　たとえば、レストランの予約をしていたが、予約の時間にレストランに行けなくなり、電話をする場合を考えてみよう。「すみません、ちょっと時間に遅れそうなんですが…」というように、まず謝罪の言葉を述べるのがよいとされる文化圏もあるだろう。しかし、別の文化圏では、謝罪の必要はないと考え、「遅れます」とだけ言うか、あるいはそもそも連絡する必要はないと考えるかも知れない。

　謝罪は、話し手が聞き手に対して何らかの迷惑な行為や相手のフェイス（面子）を脅かす行為をした場合に、それを償うために行う言語行為であり、謝罪をすることによって相手との関係を修復することが目的とされる。それが適切に行われなければ、誤解を招いたり、相手に不愉快な感情を抱かせたりする可能性がある。

　このように、私たちは日常生活で、謝罪、挨拶、要求、招待、拒絶、不満の表明などの行為を、言語を用いて行っており、このような発話行為は、コミュニケーションにおいて重要な機能を果たしている。第二言語の話者は、自分の母語以外の言語で発話行為を行う際に、母語の語用論的ルールを転移させる場合があり、それは語用論的転移（プラグマティック・トランスファー）と呼ばれる。しかし、言語が違えば、母語のルールを適用できない場合がある。また、語用論的転移は文レベルの場合もあるが、ディスコースレベルの場合もあ

> **「いいです」はどういう意味？** column
>
> 留学生によく「日本人の「いいです」はわかりにくい」といわれる。みなさん、留学生の悩みを解決してください。
> ・アルバイト先で、「お砂糖はお使いになりますか？」と聞いたら「いいです」という答えが返ってきた。その人は、お砂糖が必要なの？　必要じゃないの？
> ・「今度一緒に映画を見に行きませんか？」と誘ったら、「いいですね」といわれた。その人は映画を見に行きたいの？　行きたくないの？

り、目標言語の語彙や文法に熟達している話者でも無意識に母語の知識を用いて、誤解を招いたりする場合がある。

3　言語・非言語行動

　人間のコミュニケーションは主として言語によって行われている。しかし、実際にはコミュニケーションの手段には言語以外にもさまざまなものがある。たとえば、対面の音声によるコミュニケーションの場合、顔の表情、姿勢、視線などの非言語情報が豊かなコミュニケーション機能を担っている。しかし、これらの言語・非言語情報の種類や意味は文化によって異なる。

　たとえば、対面で話をするとき、日本人は相手と視線をあわせず、相づちを打ったり、何度もうなずいたりする。日本人は相づちやうなずきによって、「賛成」や「同意」の意味を表すこともももちろんあるが、そればかりでなく、「相手の話を聞いている」、あるいは「続けて話してかまわない」、というサインを送っているのである。しかし、このような相づちの習慣に慣れない外国人は、勝手に「同意」と受け取ったり、あるいは話の順番の交代を迫られているようで落ち着いて話ができなくなったりする。また、沈黙に対する許容度も文化によって異なり、対人コミュニケーションの場合、日本人の沈黙の時間はアメリカ人のそれと比べてかなり長いといわれている。

　また、音声言語には何を話しているかを伝える言語情報とともに話し手の心的態度を伝えるパラ言語情報がある。パラ言語は声の大きさ、テンポ、声の高低・抑揚などを指し、豊かな情報を伝える。以前、新聞に、NHKの女性アナ

ウンサーの声が低いのは災害時の報道のときには好感が持てる、という投書があった。このことからも声の高低や調子からも私たちがメッセージを受け取っていることがわかる。手紙やメール、伝言メモなど文字だけのコミュニケーションでは、パラ言語情報が伝わらないため、意図しない誤解を招いてしまう場合もある。

【タスク】

(1) どんな場面で謝罪するかについて、他の国の人たちにインタビューし、自分の場合と比較しなさい。
(2) 次の①～③は、下のa～fのうち、どれについて説明したものか、記号で答えなさい。
　①バイリンガルの人が場面や相手によって2言語を使い分ける現象。
　②異なる2言語が接触したときにあらたに生まれる、文法や語彙が簡略化された言語。
　③話をする相手や場面、あるいは書き言葉か話し言葉かなどによって同じことが別の言い方で表される。

　　a ポライトネス　　b レジスター　　c クレオール　　d ピジン
　　e コードスイッチング　　f ダイグロシア

【読書案内】

中井精一(2005)『社会言語学のしくみ』研究社
　☞社会言語学についての全体的知識というよりは、社会言語学がどういうことに関心を持ち、それをどういう方法で研究するかを教えてくれます。筆者が実際に大学の授業で行った調査方法が紹介されおり、社会言語学的言語調査法について本書を通して学ぶことができます。

橋内武(1999)『ディスコース　談話の織りなす世界』くろしお出版
　☞談話分析の入門書。本書を通読すれば、談話分析の概略を知ることができ、興味のある分野については章末の課題をやったり、紹介されている関連文献を読んだりして、より理解を深めることができます。構成もわかりやすい良書。

好井裕明・山田富秋・西阪仰編(1999)『会話分析への招待』世界思想社
　☞第1章「会話分析を始めよう」を読めば、会話の順番取りシステム、隣接ペア、会話の開始と終結、などの会話分析の最小限の基礎知識を得ることができます。

マイケル マッカーシー(1995)『語学教師のための談話分析』(安藤貞雄・加藤克美訳)大修館書店

☞知識としての談話分析ではなく、談話分析を応用して学習者の問題が理解できることや、問題の解決方法の案も示されていて、語学教師や語学学習に関心のある人におすすめしたい1冊。

M.A.K. ハリデー・R. ハッサン (1991)『機能文法のすすめ』(筧壽雄訳) 大修館書店
☞言葉を実際の使用の場面や機能との関連からさらに深く学びたい人におすすめの1冊。

P. トラッドギル (1973)『言語と社会』(土田滋訳) 岩波新書
☞社会言語学の入門書の古典的名著。言語と社会階層、民族、国家、地理などとの関わりについて説明されています。

タスクの答え (2) ① e ② d ③ b

第3部
言語と心理

第7章　言語理解の過程

　本章では、言語理解を情報処理のプロセスと考え、文章（談話）を理解するプロセスがどのようになっているかを考えます。また予測・推測能力や記憶とはどのようなものかを考え、言語理解にどのように関わっているかを説明します。最後に、言語習得や運用を認知的に研究する心理言語学について、認知言語学を中心に紹介します。

[キーワード]
記憶、二重貯蔵モデル、作動記憶モデル、心理言語学、行動主義心理学、刺激と反応の連合理論、生成文法、普遍文法、認知言語学（認知意味論）、プロトタイプ、用法基盤モデル

1　はじめに

　言語は、その構成要素が意味的にまとまり、より大きな構成要素を作り上げていく。**音素**があるまとまりをなして**形態素**を形成し、それが1つまたは複数個まとまって**語**となり、**文**を形成する。さらにこの文が意味的にまとまった単位を**文章**、または**談話**という。普通、「文章」というと読解や作文といった書き言葉、「談話」というと話し言葉を連想するが、言語学の分野ではそのような区別はあまり重要ではない。ここでは書き言葉である読解を中心に話を進めるが、これは話し言葉にもあてはまることである。

　読解とは書かれた文章を読んで理解することであり、聴解とは話された文章を聞いて理解することであるが、この情報処理のプロセスには、**トップダウンの処理**と**ボトムアップの処理**とがあるといわれている。

2　トップダウンの処理

　読者の皆さんは、本を読むとき、目次に目を通すだろうか。目次を読むとその本全体の構成を把握することができ、それが全体の理解を促進するといわれ

ている。目次を読むことが本の内容全体を**予測・推測**し、これが全体理解を促進するということである。これは目次が**先行オーガナイザー**の役割を果たし、トップダウンの文章理解を促進しているのである。同様に各章や節の冒頭に書かれている題目は、その章や節の内容を理解する上で、先行オーガナイザーの役割を担う。したがって読み手からすれば、目次や題目を有効に活用して文章理解をトップダウン的に進めることは重要なことであり、書き手の側からすれば、読み手が目次や題目を先行オーガナイザーとして文章全体の理解に有効に活用できるよう、最大限の努力をしなければならない。

　読解とは文章を理解することであるが、それは読んだ文章に対する**心的表象**を作り上げる作業に他ならない。この心的表象の構築には、上述のように予測・推測といったトップダウン的な処理と、文章の構成要素をつなぎあわせ、結束性の高い心的表象を作り上げていくボトムアップ的な処理とがある。

　トップダウンの処理とは、予測、推測などといった認知のプロセスが入力情報処理に対し枠組みや制約を与え、単語の認知や文章の意味把握にプラスの影響を与えるというものである。目次を読んだりして文章全体の構造を把握したり、文章の冒頭に適切な題目や前置き文を与える、すでに持っている知識を活用するなどにより、重要部分に選択的な注意を向け、その文章の理解、いいかえれば心的表象の構築を促進するというわけである。

　また物語なら物語、論文なら論文の典型的な構造（構成法）というものがあり、そのような構造を予め踏まえた上で、それをトップダウン的に活用していくことも文章理解を高めることがある。書く側からいえば、書く際に物語構造、論文構造を踏まえて論を進めることにより、読者に文章の心的表象の結束性を高くし、明確で説得力ある文章を書くことになるのである。

> **活性化拡散理論** column
>
> この理論は、ある先行する語句が入力されると、その語の意味や音韻が活性化するとともに、関連性の高い他の語句の意味や音韻の活性化をも促進させ、文章の読解を助けるというものである。たとえば、「コンピュータは今日の我々になくてはならないものとなっている。」といった前置き文があれば、その後の文中に「ウイルス」という語が出てきても、それがコンピュータを蝕むウイルスであり、私たちの健康を蝕むウイルスではないことを理解しやすい。またコンピュータに関して知識を持っている人は、持っていない人に比べ、「ウイルス」に対する理解が格段に速くなるであろう。これらは前置き文や既有の知識などが先行オーガナイザーとなり、関連する情報（ここでは「ウイルス」）を想起させやすくするためである。

3　ボトムアップの処理

　一方ボトムアップの処理も文章全体の理解を促進する。たとえば節と節、文と文、文章と文章とを適切な接続詞や接続助詞などでつなぐことで、文章全体の要素間の結束性を高め、それが文章全体の理解把握につながるということがある（ただしこうした接続マーカーの存在は、推測能力の低い学生には有効だが、高い学生には逆に支障になるという実験結果もある）。文章を構成する要素間の**結束性**を高めることでボトムアップ的に文章全体の心的表象の構築をもたらし、文章全体の理解へとつながるのである。

　構成要素間の関係にはさまざまなものがあるが、指示関係、空間関係、時間関係、因果関係などが代表的なものである。たとえばコソアといった指示詞を適切に用いる（指示関係、空間関係）、文の配列を時系列にあわせたり、時間的な前後関係を明示する語句を適切に用いたりする（時間関係）、因果関係を表す語句を用いる（因果関係）などにより、節と節、文と文、文章と文章との間の結束性は高まる。

　一般に文章を理解しようと思って読んだ場合、脳内に残された記憶は、その形式そのものではなく、意味により再構成されたものであるといわれている。つまり結束性が高い心的表象は、それが幾多の文章から成り立っていたとしても、一まとまりの意味となり、より低い認知的負荷をもって記憶され、また想

起される。つまり記憶されやすく、想起されやすくなる。その結果、今度はそれが先行オーガナイザーとなって、トップダウン的に文章理解を促進することにもなる。文章理解とはこのようにボトムアップ的な処理とトップダウン的な処理とのつむぎあいによって進んでいく。

4　記憶

　人間の認知活動は情報処理にたとえられることが多い(**情報処理モデル**)。その中心的な役割を担っている認知能力の1つに**記憶**がある。第2節においても、記憶された情報が先行オーガナイザーとして、トップダウン的に文章理解に貢献することを述べた。記憶についてはまだ不明な点も多く、さまざまなモデルが提示されているが、ここでは代表的なモデルとして、**二重貯蔵モデル**と**作動記憶モデル**を紹介し、最後に外国語学習との関係について述べる。

4.1　二重貯蔵モデル

　短期記憶を貯蔵する短期貯蔵庫と**長期記憶**を貯蔵する長期貯蔵庫を想定しているためこのように呼ばれる。代表的なものとしては Atkinson & Shiffrin (1968) で提示されたモデルがある。

　これによれば目や耳などを通して入ってきた情報は、まず**感覚記憶**として、ありのままの状態で非常に短期間 (1/2 秒程度) 保持される感覚情報貯蔵庫に送られる。目をつぶったときのぼんやりとした残影がこれである。このうち注意を向けられた情報だけが、パターン認知を経て、短期貯蔵庫へと送られる。ここでは情報を保持するための**リハーサル**(意識的または無意識的に情報刺激を繰り返して想起すること)や**符号化**(記憶保持のために音韻的コードや視覚的コードに変換されること)という記銘処理が行われ、短期記憶(通例 15 〜 30 秒の記憶)となる。こうした短期記憶は**再符号化**(たとえば 5963 をゴクローサンと覚えたり、305305 を 305 が 2 つと覚えたりするように、記憶項目に意味づけやグループ化を行うこと)を行うことで、長期記憶となり、長期貯蔵庫へ送られる。一旦長期記憶となると、その情報は失われることがないとされている。我々が日常的に経験する忘却は、検索の失敗によるものであるといわれている(**検索失敗説**)。

4.2 作動記憶モデル

　二重貯蔵モデルでは、貯蔵庫のような静的な装置を想定し、記憶の保持のメカニズムを説明したが、情報処理の「処理」という動的な側面を重視したバッデレイ (Baddeley) らは**作動記憶（ワーキングメモリー）**という常に作動する動的な装置を想定し、新たに**作動記憶モデル**を提示した。作動記憶とは認知的な課題処理のために短期的な記憶保持と情報処理を同時に行う機構である。このモデルにもさまざまなものがあるが、ここでは代表的なものとして Baddeley & Hitch (1974) で提示されたモデルを紹介する。

　このモデルは**音韻ループ**と**視空間的記銘メモ**という2つの従属システムとそれらを管理する**中央実行系**を想定する。音韻ループとは、音声的コードに基づいた発話情報の短期保持を司るシステムであり、視空間的記銘メモとは、視覚イメージを含む視空間的情報の短期保持を司るシステムである。中央実行系とは、これらをまとめ、単に短期記憶の保持だけでなく、他の情報処理を同時に行うことにより、暗算や暗記、論理的推論、検証、長期記憶からの情報検索などの高次の認知活動を行わせる機構である。単に2つの従属システムを調和させながらコントロールするだけでなく、注意の集中や転換、長期記憶の表示の活性化などの役割を担うと考えられるようになった。

4.3 外国語学習と記憶

　知識には**宣言的知識**と**手続き的知識**とがあるといわれる。前者は事物についての知識であり、後者はやり方や方法についての知識である。たとえば日本語についての知識は宣言的知識であり、日本語を上手に話すためのノウハウが手続き的知識である。

　長期記憶には**宣言的記憶**と**手続き的記憶**とがある。宣言的知識は宣言的記憶による知識であり、手続き的知識は手続き的記憶による知識である。

　宣言的記憶には**エピソード記憶**と**意味記憶**とがある。前者は経験に基づくことが多く、事実と文脈を持ったスクリプトのような個人的な知識である。これに対し後者は真理や事実に即した知識で、一般的な知識である。

　外国語習得とは外国語に対する知識（**言語知識**）と運用（**言語運用**）の力を身につけることである。前者は外国語に対する宣言的知識の蓄積であり、後者は手続き的知識の蓄積であるといえるから、外国語習得とはつきつめれば、長期記憶を構成する2つの知識をネイティブ並みに蓄積していくプロセスであるといえる。

5 心理言語学

　以上のように、人間が言語を習得したり運用したりする際に、脳内で何が起こっているのかについての関心が高まり、そのメカニズムを心理的、認知的に研究する学問分野が発達した。これが**心理言語学**である。言語学と心理学、それに脳科学、情報科学などの研究成果が学際的に取り入れられている。

　心理言語学という用語が使われ始めたのは1950年代で、当時は言語学では**構造主義言語学**、心理学では**行動主義心理学**が全盛の時代であった。しかし1950年代末にチョムスキー (Chomsky) が現れ、行動主義のアンチテーゼとして生成文法を唱えると、心理言語学は**生得主義**へと傾斜していき、人間の生得的な言語能力の研究に焦点が向けられていく。

　これまでの言語理論をふりかえると、言語能力をその他の認知能力とは別物として切り離して考えてきたグループと、言語能力は認知能力の1つであり、両者は一体不可分なものとしてとらえてきたグループとが存在してきた。前者がチョムスキーをはじめとする**生成文法**のグループで、人間は生得的な言語能力(**普遍文法**)を持って生まれたと考える。これに対し後者はピアジェ (Piaget) の考え方の流れを汲むグループで、最近では生成文法から分派してできた**認知言語学**(**認知意味論**)のグループなどがある。彼らは、言語能力は認知能力に還元できると考え、そのメカニズムを明らかにしている。

　ここでは、このうち、まず行動主義心理学について簡単に述べ、次に生成文法、そして最後に認知言語学について述べることにする。

5.1 行動主義心理学

　行動主義心理学は1910年代、ワトソン (Watson) に始まる。彼はそれまでの**内観法**と呼ばれる方法を排除し、心理学が客観的科学をめざすには、だれにも観察が可能な行動を研究対象とすべきだと主張した。行動主義の特徴は**刺激と反応の連合理論**として次のようにまとめることができる。

① 行動は学習における3つの要件、すなわち行動を引き起こす外界の条件としての**刺激**、刺激により引き起こされる**反応**、そして反応が適切であると刻印して将来その反応を繰り返すこと(あるいは逆に不適切であると刻印して将来その反応を抑制すること)を促進する**強化**によって形成される。

②反応の中で正の強化を受けた反応が再び起こる傾向性を強め、それがやがて**習慣**となる。

　スキナー（Skinner）は言語学習もまたこうした刺激と反応の連合理論で説明できるとした（Skinner 1957）。すなわち言語学習とは外部から与えられる言語刺激に対して、言語反応を形成する過程であるとした。したがって学習を導く要因は学習者自身ではなく、外部から与えられる刺激であると考えた。

　また第二言語習得とは、母語の古い習慣を打破して、第二言語の新しい習慣形成を行うプロセスであると考えた。したがって母語は新しい習慣形成を邪魔する存在であり（**母語の干渉**）、言語習得には新しい習慣形成に必要な第二言語のインプットを豊富に与えることが重要であるとした。この考え方が教授法に応用された**オーディオリンガル・メソッド**は、その意味で、インプットを反復して豊富に与え、新しい習慣形成を促すことに全力が注がれる。

　またこのような考え方から、母語と第二言語とが同じ部分は既に母語習得の際に習慣形成ができているので習得が容易であり、異なる部分は、古い習慣を捨て新しい習慣を形成する必要があるため習得が難しいと考えられた。この考えを**対照分析仮説**といい、第二言語を習得するに当たって何がやさしく、何が難しいかを予測するものであると考えられていた。

5.2　生成文法

　環境的要因を重視する行動主義的な言語習得観に対し、チョムスキーは生得主義をもって真っ向から対立した。彼は生成文法の課題として以下の3つを提示している。

- ・言語知識の内容はどのようなものか
- ・言語知識はどのように獲得されるのか
- ・言語知識はどのように使用されるのか

　チョムスキーが生成文法の存在を想定するようになった何よりもの理由は、**刺激の貧困性**にある。これは外部からの言語的刺激を入力とし、これに対する反応の習慣形成として言語習得を考える、行動主義的な言語習得観に対するアンチテーゼとして提示されたものである。刺激の貧困性とは、言語習得において人間の生得的な言語能力が外部からの刺激以上に重要であるということ、い

いかえれば、言語刺激は言語知識形成に十分ではないため、限定的な役割しか果たしておらず、したがって言語習得を「刺激に対する反応の習慣形成」として説明することには無理がある、として行動主義の立場に批判を加えたのである。

チョムスキーのいう刺激の貧困性とは一般的に次の3つを含んでいる。これらを根拠に、言語習得を導くものは入力としての言語の他に、生得的な言語能力を想定せざるを得ないとしたのである。以下簡単に説明する。

① 刺激の決定不確定性

これは私たちの持つ言語能力は、個々人がそれまでに触れてきた言語入力では説明できないような特性を含んでおり、言語入力は能力決定に不十分であるということである。たとえば次の(1)のような文を経験した子どもは(2)のような文は表出するが、(3)のような文を表出することは決してない。

(1) a. The man is tall.
　　b. The man who is tall is in the room.
(2) a. Is the man tall?
　　b. Is the man who is tall in the room?
(3) *Is the man who tall is in the room?　　　　　(White 1981: 243)

言語習得を単純に刺激に対する反応の習慣形成としてとらえるならば、(1a)から(2a)への反応と同じように最初のisを語頭に移動させて(1b)から(3)のような文を表出してもよさそうであるが、子どもの表出にはこのようなものは存在しない。チョムスキーによれば、これは子どもが生得的に(3)の非文性を知っているからだとしている。このように入力は能力決定に不十分であり、それを補うものとして生得的な言語能力(普遍文法)を想定せざるをえないとした。

② 刺激の鈍質性

刺激の鈍質性とは、子どもの母語習得における言語入力には、不適切な表現、中途での言い直しなどが含まれ、決して良質のものではないということである。にもかかわらず、子どもはこうしたデータをそのまま刺激として用いることはせず、その根底にある言語体系を正確に導き出していく。このように子どもが言語入力を主体的に選択し、そこから言語体系を導き出すことが可能な

のは、生得的な言語能力があるからだと説明する。

③非存在性
　非存在性とは言語刺激の中に**否定情報**が存在しないことを意味する。言語習得は学習者が立てた、母語に対する仮説検証の繰り返しである。仮説の検証には**肯定情報**のみならず、否定情報も必要になる。ところが子どもはそうした否定情報なくして、仮説を検証し、正確な言語体系を導き出すことができる。これは子どもが持っている生得的な言語能力のおかげだとするのである。

　否定情報が必要な例として英語の過去形表出において、comed や goed のように、不規則動詞を規則動詞のように過剰一般化して変形してしまう例があげられる。肯定情報だけでは過剰一般化された形式が間違っていることを指摘するものではなく、最終的に過剰一般化された形式が排除されるためには、否定情報が必要になる。ところが子どもはそうした否定情報なくして、過剰一般化形式を排除することができる。

　もう1つ、否定情報が必要な例として二重目的語構文がある。学習者は(4)、(5)を学んだ後、否定情報がなくても(7)のような文を生成しなくなる。

(4) John told problems to Mary.
(5) John told Mary his problem.
(6) John explained his problems to Mary.
(7) *John explained Mary his problem.　　　　　(White 1990: 274)

これも人間が生得的な言語能力を有しているからであるとするのである。
　このようにしてチョムスキーは、環境的要因である刺激により言語習得がなされるとするそれまでの行動主義的立場に攻撃を加えたのであった。

5.3　認知言語学
5.3.1　成立の背景
　生成文法はその登場以来、一貫して統語論の優位を主張し、言語習得研究などにも多大な影響を及ぼしてきたが、これに対し、意味論を重視するグループが1960年代に現れた。こうして統語論と意味論との関係を巡っての論争が始まり、それが契機となって、後の**認知言語学**へといたる**生成意味論**が派生していくのである。

このように認知言語学は、生成文法から派生した生成意味論を母胎として生まれた。1960年代に生成文法が本格的に意味研究に取り組むことをきっかけにして、レイコフ (Lakoff) らは統語論が意味論から自律して優位性を持つという考えを否定し、逆に意味によって統語現象を説明しようとした。しかしながら生成意味論は、統語論の概念を用いて意味の説明を試みたために無理があり、挫折にいたる。その結果、生成意味論は、意味の説明に必要な本格的な概念構築や研究方法の模索を始め、言語哲学や、脳科学、認知心理学（プロトタイプカテゴリー観やフレームなどの概念）の考え方が取り入れられていった。その結果、意味こそが言語の基礎であると仮定し、言語を人間の認知に基づいて説明しようといった共通認識から発した言語研究の流れが、認知言語学という1つの学問分野を形成させたのである。

5.3.2 認知言語学とは

生成文法は言語能力を認知能力とは別のものと考えるが、認知言語学は言語能力を人間の認知能力の1つと考えるため、言語の研究を人間の情報処理の認知プロセスと関連づけて行う。そのため生成文法とは対照的に以下のような特徴を持っている。

①認知プロセスの重視

認知言語学は、言語が認知プロセスに基礎づけられていると仮定し、言語現象の説明をそれと対応する認知プロセスとの関連づけの中で行う。したがって認知言語学は、言語自体の記述を越えて、脳内の内的な認知プロセスを明らかにすることをめざしている。

認知言語学の諸研究　column

認知言語学の代表的な研究者及びその研究としては、**フレーム意味論**を提唱した フィルモア、意味形成における**メタファー**の役割を研究したレイコフとジョンソン、**メンタル・スペース理論**を提示したフォコニエ、言語における意味と形式との関係を明らかにし、意味を基底に据えた**認知文法**を構築したラネカー、**メタファーによるモダリティ研究**を行ったスウィッツァー、**構文文法**を唱えたゴールドバーグなどがある。

②言語能力の自律性やモジュール性の否定

　生成文法では、言語能力は他の認知能力から独立したモジュールをなし、自律性を持つと仮定するが、認知言語学はこうした考え方に疑問を投げかけている。そして言語現象は単に言語能力だけで実現されているのではなく、知覚、イメージ形成やイメージ操作、推論などのような一般的な認知能力に支えられていると考え、言語能力と他の認知能力の協調性を重視している。

③プロトタイプ的言語理論

　認知言語学では、ロッシュ（Rosch）など、現代の認知心理学の知見をもとに、**古典的カテゴリー観**ではなく、**プロトタイプ的カテゴリー観**を採用している。

　古典的カテゴリー観ではカテゴリーを以下のようなものと考える。

(a) すべての成員に共通する属性がある
(b) カテゴリーには明確な境界がある
(c) カテゴリーは人間的要因を介在させずに客観的に定義できる
(d) カテゴリーの成員は同じ資格でカテゴリーに所属する

　たとえばbachelor（独身男性）というカテゴリーは、「男性」「成人」「未婚」という共通の属性を持ったものの集まりであり、bachelorかどうかの境界はその3つの属性を満たすかどうかで明確に区別され、それゆえカテゴリーは属性により客観的に定義でき、成員は同じ資格でこのカテゴリーに属すると考える。

　しかし、(a)に対してはウィトゲンシュタイン（Wittgenstein）が、**家族的類似性**という考え方をもってその限界を指摘した。家族の成員は必ずしも共通の属性を持つとは限らないが、成員同士が何らかの類似性によりまとまっている。これが家族的類似性である。彼はカテゴリーが成員の共有属性により決まるという考え方が必ずしも成り立つとは限らないことを、Spiel（遊び）を例に明らかにした。Spielというカテゴリーは成員の共有属性を抽出することができないが、何らかの類似性で成員同士がまとまっている。

　(b)(c)についてはラボフ（Labov）が、cupからbowlにいたる連続した容器を用いて実験を行い、カテゴリーの境界が明確とは限らないこと、非客観的な要因にも左右されることを示した。境界の不明瞭性はcupとbowlの境界が

被験者により個人差が見られることにより示され、非客観性はたとえば容器にコーヒーを入れれば cup という答えが増え、マッシュルームが入っていれば bowl の答えが増えるというように、カテゴリーが容器の形だけではなく、人間がそれをどう用いるかといった主観的要因が、カテゴリー形成に影響を及ぼすことで示された。

(d) についてはロッシュが、カテゴリー内に中心的メンバー（**プロトタイプ**）と周辺的メンバーが存在することを明らかにした。たとえば、ロミオとターザンを比べると、両者は同じように「男性」「成人」「未婚」であるが、英語母語話者の直感では前者のほうがはるかに典型的な成員であり、後者は bachelor の成員になれるかどうかも微妙である。そしてプロトタイプの成員はそれ以外の成員に比べ、以下のような効果（**プロトタイプ効果**）が見られるとした。

・カテゴリー帰属に関する判断に要する時間が速い
・カテゴリーの典型例として想起されやすい
・習得が早い

またカテゴリー内だけでなく、カテゴリー間の関係においても、カテゴリー形成の非客観性が示され、古典的カテゴリー観に対する反証となった。それはカテゴリー階層の中に**基本レベル**という特別のカテゴリー階層が存在するという事実である。一般にカテゴリーには、上位のものがより下位のものを包含するという階層性（**タクソノミー**）が見られる。しかしこの階層間の関係は古典的カテゴリー観とは異なり、あるレベルが人間のカテゴリー化において、特別に重要視されていることが明らかになったのである。このレベルを基本レベルと呼ぶ。具体的には「チンパンジー＜サル＜哺乳類＜動物＜生物」といったカテゴリー階層の中で、サルのレベルのカテゴリーが基本レベルである。

基本レベルは以下の点で、他のレベルのカテゴリーとは異なる特徴を持っている。

(a) 他の階層レベルに比べ知られている情報量が多く、情報の集中が見られる
(b) (特に幼児において) 先に習得される
(c) 日常的に使用頻度が高い
(d) 単一語で表現され、形態的に簡略である
(e) このレベルのカテゴリーは言語間であまり差がない

こうしたことはカテゴリー化が人間との関わりの中で主観的に行われていることを示しており、カテゴリーといったものが客観的なもので、カテゴリー形成は人間の認知プロセスとは無関係になされるといったこれまでの古典的カテゴリー観からは説明できないことである。

④ **非還元主義**

認知言語学では、「全体の意味は部分の総和からなり、部分の意味に還元できる」という**還元主義**の考え方をとらず、「全体は部分の総和以上である」とする**ゲシュタルト**という考え方をとる。たとえば printer は、「print（印刷する）」と「-er（〜する物、人）」とによって成り立っているが、その意味は「印刷する＋物（機械）」という意味ばかりでなく、パソコンの周辺機器であり、大きさはこの程度であるなど、さまざまな意味を持っており、これらの意味は、部分に還元できず、人間の日常的な関わりの中で形成される。

⑤ **経験的実在論**

認知言語学では、私たちの周りの外界に事物が客観的に存在すること（実在論）は認めているが、カテゴリーや意味の形成に私たち人間の日常的な経験が大きな役割を果たすことも強調している。そのためレイコフは、このような立場を経験的実在論と呼んでいる。

⑥ **百科事典的意味論**

次に意味決定に対する**背景知識**の役割について考えてみたい。これまでは語の意味と**は辞書的意味**をさすことが多く、背景知識はあまり重視されなかった。しかし認知言語学では、語の意味には、辞書的意味のみならず、背景知識が重要な意味の一端を担っていると考え、**百科事典的意味論**を主張している。さきの printer を例にあげれば、「印刷する機械」が辞書的意味で、それ以外の意味は背景知識である。フィルモア（Fillmore）はこの背景知識をフレームと名づけ、レイコフは**理想認知モデル**（ICM: idealized cognitive model）、ラネカー（Langacker）は**認知ドメイン**（cognitive domain）と名づけ、意味決定に重要な役割を担っていることを示した。

一例をあげれば「The Pope is a bachelor.」（法王は独身男性である。）という文の意味的な不自然さは「男性」「成人」「未婚」で定義される bachelor の辞書的意味では説明できない。この文が不自然なのは、bachelor という語が、「男性

は成人して適齢期になれば当然結婚するもの」という背景知識を前提としているが、主語である法王はその前提に合致していないためである。

⑦認知能力としてのメタファー・メトニミー

さらにレイコフらは語の意味の拡張は、カテゴリーの拡張を背景としているが、そこに人間の認知能力としての**メタファー**や**メトニミー**などが深く関与していることを示した。たとえば、目の前のチワワという犬を、犬のカテゴリーに加える際には、既存のカテゴリーと、目の前のチワワという犬との間に**類似性**を見出し、その類似性により、チワワが犬の新たな成員となるのである。ここでは両者の間に類似性を見出し1つに結びつけていく、メタファーという認知能力が働いている。また「長髪の人」を「長髪」という言葉でカテゴリー化したり、「めがねをかけた人」を「めがね」という言葉でカテゴリー化したりするが、これは**近接性**によって両者を結びつけ、1つにまとめるメトニミーという認知能力が働いている。このようにカテゴリーは、人間の認知能力としてのメタファーやメトニミーなどの力を借りながらカテゴリーの拡張を行い、**放射状カテゴリー**を形成するようになる（第17章3節も参照）。

⑧用法基盤モデル

認知言語学は言語習得に関し、**用法基盤モデル**（usage-based model）を提示している。このモデルは、言語習得のプロセスというものを、使用の中で、具体的な語や文から次第に共通性（**スキーマ**）が抽出され、それが規則として定着（習得）していくという**ボトムアップ**のプロセスであると考える。

たとえば、英語の二重目的語構文は、最初は「Gimme milk.」といった具体的な文がかたまりとして習得、使用され、それが次第に目的語を変える中で、「Gimme 〜 .」というスキーマが見出され、さらに send を中心に出来上がった「Send me 〜 .」といった表現との間でより抽象度の高いスキーマ「V + me + NP」さらに「V + NP + NP」が抽出されて習得されると考える。

【タスク】

(1) 読解にはボトムアップの処理とトップダウンの処理が必要であるというが、それを読解指導や作文指導にどのように生かしうるか考えなさい。

(2) 下の説明を読み、生成文法を説明したものには「生」、認知言語学を説明したものには「認」を記入しなさい。

①経験や環境の果たす役割
（　）経験や環境（入力）が重視され、それらが概念や言語の形成の基礎となる。
（　）経験や環境（入力）はあくまで引き金の役割を果たすのみである。

②カテゴリー観
（　）伝統的な古典的カテゴリー観を踏襲している。
（　）認知心理学の知見をもとにプロトタイプ的カテゴリー観を採用している。

③他の認知能力との関係
（　）言語能力は他の認知能力から独立している。
（　）言語能力は認知能力と密接な関わりを持っている。

④研究対象
（　）言語と認知との関わりや、意味と形式との関わり（動機づけ）を解明することに目標があり、研究対象はむしろ言語と認知の運用面に向けられている。
（　）言語能力の解明をめざし、言語運用は研究対象から外されている。

⑤言語の本質
（　）統語論を本質に据え、意味論は軽視されている。
（　）意味論を本質に据えている。

⑥言語習得
（　）言語習得は普遍文法によって導かれる。
（　）具体的な語や文がまず習得され、そこから文法や統語などの規則が抽出されていくボトムアップのプロセスである。
（　）言語習得は抽象から具体へのトップダウンのプロセスである。
（　）言語習得はカテゴリー形成と表裏一体に進む。
（　）統語や文法などの規則も抽象度の高い語彙として語彙習得の延長で考える。
（　）生得的な言語知識が統語や文法などの規則を導くが、語彙の習得は1つ1つ学習しなければならない。

【読書案内】

海保博之・柏崎秀子(2002)『日本語教育のための心理学』新曜社
☞私たちになじみの薄い心理学を日本語教師向けに、日本語教育に必要な部分だけを、具体的な話も交えながらやさしくまとめた入門書です。

池上嘉彦(2000)『日本語論への招待』講談社
☞日本語の類型論的な特徴について、とりわけナル型言語、主観的把握型言語、主題優勢言語としての日本語の類型論的な特徴が論じられています。第三部が特にお薦めです。

原口庄輔・中島平三・中村捷・河上誓作(2000)『ことばのしくみをさぐる―生成文法と認知文法』研究社
☞生成文法と認知文法(認知言語学)とを比べたい人にお薦めです。特に第2部(生成文法)と第4部(認知文法)と読み比べてみてください。

河上誓作編(1996)『認知言語学の基礎』研究社
☞認知言語学を最もやさしく概観できる入門書です。

辻幸夫編『認知言語学キーワード事典』研究社
☞認知言語学の用語がわからないときだけでなく、読み物としてもわかりやすくまとまっています。

小池生夫編(2003)『応用言語学事典』研究社
☞本章の内容も応用言語学の射程範囲ですから、該当する部分を読んでみるとよいでしょう。

【参考文献】

Atkinson, R. C. & Shiffrin, R. M. (1968) Human Memory: A proposed system and its control process. In K.W. Spence & J. T. Spence (Eds.) *The psychology of learning and motivation: advances in research and theory*. New York: Academic Press.

Baddeley, A. D. and Hitch, G. (1974) Working Memory. In G. H. Bower (Ed.) *The psychology of learning and motivation: advances in research and theory, Vol.8*. New York: Academic Press.

Skinner, B. F. (1957) *Verbal Behavior*. New York: Appleton-Century-Crofts.

White, L. (1981) The responsibility of Grammatical theory to acquisitional data. In N. Hornstein and D. Lightfoot (Eds.) *Explanation in Linguistics: The Logical Problem of Language Acquisition*. London: Longman.

White, L. (1990) Implications of learnability theories for second language learning and teaching. In M. A. K. Halliday, J. Gibbons and H. Nicholas (Eds.) *Learning, Keeping, and Using Language*,

Vol.1. Amsterdam: John Benjamins.

第8章 言語習得・発達

本章では、言語習得・発達のメカニズムを考えます。言語習得の仕組みに関する知識なしに日本語教育に携わるのは医学を勉強せずに患者をみるようなものです。これまでにわかってきたことをこの章で理解しておきましょう。

【キーワード】
誤用分析、中間言語分析、学習者言語の自律性、教授可能性仮説、処理可能性理論、自然な習得順序、言語転移、モニター・モデル、理解可能なインプット、ノンインターフェイスの立場、自動化理論、容量の限界、インターアクション仮説、アウトプット仮説、イマージョン教育、臨界期仮説、動機づけ、外国語（学習）適性、日常言語能力、認知学習言語能力、学習ストラテジー、コミュニケーション・ストラテジー、2言語基底共有説、敷居仮説

1 母語の習得

1.1 言語習得の論理的問題

　人間は言語をどのようにして習得するのだろうか。これはギリシャ哲学の時代からの課題であった。言語の規則というのは、例外なく高度に複雑なものである。少しでも言語の規則を学習してみれば、そのことはすぐにわかる。そして、その複雑な言語を子どもはほぼ例外なく習得してしまう。しかも、文法規則などについて親から教わることはないし、文法上の間違いを訂正されることもほとんどない。認知的には未発達の幼児になぜこのようなことが可能なのかを説明するのは、容易なことではない。この、子どもが限られた言語データをもとに、複雑な言語規則を習得してしまう、という問題を**言語習得の論理的問題** (the logical problem of language acquisition) という。

　この問題に対する回答として生成文法学者ノーム・チョムスキーは生得的知識 (**普遍文法** = Universal Grammar = UG) を想定した。つまり、子どもが言語習得に成功することができるのは、生まれながらになんらかの言語に関する知識を持っているからだ、という仮説である。そうすれば、与えられた言語データが不十分でも、子どもは言語習得に成功するはずだ、というのである。

これに対し、心理学者マイケル・トマセロは言語知識の生得性に疑問を投げかけ、幼児は言語の使用パターンに基づいて徐々に知識をつみあげ、規則を一般化することによって習得していく、という**用法基盤モデル**（usage-based model）に基づいた言語習得理論を提案している（Tomasello 2003）。今後、両者がどのように言語習得のメカニズムを解明していくか、注目されるところである。

1.2 言語習得の過程

言語習得のメカニズムについてはまだ解明されていない部分が多いが、言語習得の基本的事実については、研究の積み重ねによりある程度わかってきている。たとえば、幼児の母語習得では、ほとんどの子どもが一語文、二語文、という段階を経て、より複雑な文へとすすむ。また、さまざまな文法項目の習得順序も子どもによって大きく異なる、ということはあまりなく、共通する部分が多い。また、子どもは誤りを繰り返しながら、言語を習得していく。よく見られるのは過剰一般化（overgeneralization）という誤りで、あるルールを、それが適用しないところまで適用してしまうというものだ（例：comed, goed, 赤いの本）。

2　第二言語の習得

第二言語習得研究は、第一言語習得（獲得）研究の影響を受けて発展してきたが、それに加えて、外国語教育との関係が密接であり、その関連で発展してきたという経緯がある。ここではその歴史的流れを見ていこう。

2.1　第二言語習得研究の歴史
2.1.1　言語学と心理学による学習理論と教授法

第二言語学習を初めて科学的にとらえようとしたのは、心理学と言語学である。第二次世界大戦のころから、諜報活動の必要性から効率のよい外国語教育が求められたという背景をもとに、特に米軍関係の語学教育機関で、より科学的に外国語教育にあたる動きが活発になった。そして、第二言語学習にもっとも関連する分野として心理学と言語学が駆り出されることになるのだが、その当時、言語学では「**構造主義言語学**」、心理学では「**行動主義心理学**」が主流であった。

構造主義言語学は、「個々の言語は互いに限りなく異なりうる」という信念のもとに、多くの言語の音声、文法体系を記述することを主たる目的とした。また、行動主義心理学は「**刺激-反応**」による学習理論をかかげ、あらゆる学習は、刺激-反応に基づく「**習慣形成**」だ、という見方をしていた。

そこで、この2つの考え方に基づいて、「限りなく異なりうる」第一言語と第二言語の違いの対比をして（これを「**対照分析**」という）、その違ったところを徹底的にドリルし、第二言語における新しい「習慣」を身につければその言語（第二言語）は使えるようになるという考え方に立った教授法が確立された。これが「**オーディオリンガル・メソッド**」である。この教授法は日本の英語教育にも持ち込まれ、オーラル・アプローチという名前で当時かなり普及していた。習慣形成を目的とする「**パターン・プラクティス**」というテクニックで、次々に生徒に文の変換（たとえば、肯定文→否定文）などをさせる教授法である。

ところが、1960年代に前出の生成言語学者ノーム・チョムスキーが構造主義言語学と行動主義心理学の基盤をひっくり返してしまったことによって、オーディオリンガル・メソッドの理論的な背景が破綻してしまい、さらに、実際にオーディオリンガルで教えてもどうも外国語が使えるようにはならない、ということもわかってきたため、この対照分析とオーディオリンガル・メソッドは、力を失っていったのである。

理論的な背景が失われてからは、音楽を聞かせながら勉強する**サジェストペディア**とか、教師がほとんど話さずに教える**サイレント・ウェイ**とか、学習者の情意面を重視した、いわゆる**人間中心の教授法**（Humanistic Approach）がいくつか出てきたが、これという決定打はない。教授法に関しては、決定版がない、という時代がその後、続いている。

しかし、第二言語習得や、応用言語学の研究成果から、現在望ましいと考えられている原則のようなものはないわけではない。それは、「言語の形式に焦点をあてるのではなく、言語の意味、すなわち、言語を使ってメッセージを伝える」ことに学習活動の重点をおくことだ。これは、「**コミュニカティブ・アプローチ**」、もしくは「**伝達中心の教授法**」などと呼ばれる。

2.1.2 「第二言語習得研究」の誕生

構造主義言語学、行動主義心理学に基づいたオーディオリンガル・メソッドの隆盛が終わった後は、第二言語教育、第二言語学習に関する科学的な研

究は、「**第二言語習得**(SLA=Second Language Acquisition)」という分野に移ることになる。エジンバラ大学の応用言語学者**ピット・コーダー**(Pit Corder)の1967年の論文「学習者の誤用の重要性(The significance of learners' errors)」が、学問分野としての第二言語習得研究の誕生である、とよくいわれるが、このコーダーの論文では、学習者の犯す誤りは学習者の心理的なプロセスを反映して出現するのだとされる。それを研究していくことによって第二言語学習のメカニズムの解明につながるというのが、コーダーの提案である。

なぜこれが画期的だったかというと、それまでの第二言語学習に関する「科学的」アプローチ、すなわち対照分析とオーディオリンガル・メソッドは、言語学・心理学理論からトップダウン的に提唱されたものであり、学習者には目を向けていなかったからである。実際、対照分析とオーディオリンガル・メソッドでは、習得対象の言語の分析と、その当時有力であった行動主義心理学の学習理論に基づいて、学習者の習得の難易度を推測していたのである。ところがその推測ないし仮説が実際に正しいかという検証はあまりなされず、検証をするために学習者のデータを集めてみたら、仮説は支持されなかったのである(Whitman & Jackson 1972)。

コーダーのこの論文が第二言語習得研究の誕生といわれているのは、この論文を境に、第二言語学習の研究が学習者の実際の習得プロセスそのものを研究するという方向に進んだからなのである。

2.1.3 誤用分析の功績と限界

コーダーらが行った学習者言語の分析は、「**誤用分析**(error analysis)」と呼ばれる。対照分析・オーディオリンガル隆盛のころには、学習者の誤りはすべて**母語の干渉**(interference)の結果おこるものだ、という前提で教授理論を構築していたのであるが、誤用分析の結果、学習者の犯す誤りは、かならずしも母語の影響によるもの(**言語間の誤り** interlingual error)でなく、言語内の規則の過剰適用など、**言語内の誤り**(intra-lingual error)がかなりある、ということが明らかになった。たとえば、comed, goed などという誤りを英語学習者は犯すが、これは、上述のように幼児の第一言語習得にも見られる誤りで、母語の干渉とはいえない。実際に学習者の使う言語を見ることによって、それまでの前提が間違っていたことがわかったのである。

ところで、誤用を見ていれば学習者の習得パターンのようなものはある程度みえてくるのだが、それだけ見ていたのではわからない、さまざまな問題があ

り、それが、誤用分析の限界として、次第に明らかになってきたのである。まず、当時の誤用分析では、学習者の誤りを、言語間の誤り、言語内の誤り、**教師誘導の誤り**（teacher-induced error）などと分類することがよく行われていたが、学習者の誤りを分類することは容易ではない。特に、誤りはただ１つの理由でおこるとは限らないので、分類することそのものに無理があるともいえる。たとえば、「大きいの本」といった「の」の過剰使用の誤りだが、これが言語内の誤りか言語間の誤りかを決定することは難しい。たとえば、中国語母語話者がよくこの間違いを犯すので、中国語の「的」の影響であろう、と推測されるが、実際この誤りは日本語の母語習得においても見られるので、言語内の誤りともいえる。おそらく中国語母語話者にとっては、両方の影響であろう。よって、どちらか確定することは実際不可能といえる。また、**エラー**（繰り返しおこる、知識の誤りに基づくもの）と**ミステイク**（一時的ないい間違い）を分けたり、またコミュニケーションに障害をきたす、**グローバル・エラー**（global error）と、そうでない**ローカル・エラー**（local error）という分類もあるが、これらも程度問題で、はっきりと線をひくのは難しい。ただこれらの概念は教師としては知っておいて損はないものである。学習者の誤りを正すかどうかの判断において、完全ではなくとも、エラーとミステイクの区別をしておくことは重要である。単なるミステイクをいちいち直されては、学習者としては気分がよくないだろうからだ。

　さて、誤用分析のより深刻な限界は、学習者は使いにくい表現を「**回避**（avoidance）」することがあるということである。たとえば、ある学習者が「英語の前置詞つき関係代名詞（例：in which）は使いにくいから、その表現は使わないで他の表現でいおう」という回避をすると、その学習者に in which が実際に使えるのかどうかはわからない。

　誤用分析だけをしていたのでは、実際の学習者言語の全体像はわからない、ということをはっきり指摘したのが、ジャクリーン・シャクター（Schachter 1974）の有名な論文、「誤用分析の誤り（An error in error analysis）」である。シャクターは、中国語、日本語母語話者よりも、ペルシャ語、アラビア語母語話者の方が英語を書くときに関係節の誤りが多いことに注目した。誤用分析だけをしていたのでは、中国語、日本語母語話者の方が習得が進んでいるように見える。しかし、実際はペルシャ語、アラビア語母語話者の方が、関係節を多用しており、そのために誤りも多くなるということなのである。これは、日本語と中国語は関係節を名詞の前に置き英語と異なる（［ケンが買った］本 = the book [that Ken bought]）に対し、ペルシャ語、アラビア語では、英語と同じく関係節を後ろに置くので、使いやすいのだ。よって、日本語、中国語母語話者は関係節を自然に避けるようになる。このように誤用分析では回避の問題を扱うことが不可能であり、学習者言語の実際を明らかにするには根本的な問題があることが明らかになったのである。こうして学習者言語の分析に関しては「誤用分析」から「中間言語分析」という方向に向かうことになったのである。

2.1.4 中間言語分析

　まず、「**中間言語**（interlanguage）」とは何かを説明しておく必要がある。中間言語とはラリー・セリンカー（Larry Selinker 1972）の用語で、学習者言語は学習者の母語から徐々に学習している第二言語に近づいていき、どの段階をとっても、その2つの中間のどこかにある、という発想に基づいている。

　さて、**中間言語分析**が誤用分析と何が違うかというと、誤用分析の視点が「学習者が間違えたかどうか」つまりターゲット（目標言語の「正しい」用法）との比較で行われるのに対し、中間言語分析というのはターゲットとあっているかどうかということとは関係なく、「**学習者言語の自律性**」に着目し、「学習者が作りあげる言語では、ターゲットとは別に学習者なりのルールを作りあげている」という観点で学習者言語を見る点である。たとえば、前述の「大きいの本」という誤用だが、中間言語分析においては、この用法が日本語として間違いか正しいかということは問題にならない。それよりも重要なのは、学習者がどのようなルールを作っているかである。たとえば、ある学習者が、「大きいの本、小さいの本、綺麗の本、先生の本、昨日買ったの本」といったとしよう。このデータからは、学習者の中間言語では「の」を名詞修飾のマーカーとして使われている、という仮説がたてられる。文法的に正しいのは『先生の本』だけだが、それは目標言語のルールがたまたまそうなっているだけで、学習者の中間言語ルールとあっているかどうかは問題としないのである。

　もちろん、中間言語のシステムを明らかにすることと、その中間言語がどのように目標言語に近づいていくか（またどのように近づけていくか）、という問題は別で、後者も当然第二言語習得の重要な研究課題である。ただ、まず中間言語システムを明らかにしなければ、目標言語へ近づける手だても不十分なものにならざるを得ないといえるであろう。

　1980年代以降は、学習者の中間言語のシステムがどうなっているのか、それはどのように発達していくのか、どのような理由でそのような習得が見られ

るのか、といったことを明らかにするのが第二言語習得研究の中心課題になって現在まで研究が続いている。

2.2 第二言語習得研究における重要な発見
2.2.1 習得順序

「**習得順序**(acquisition order)」というのは、学習者がどういう順序でさまざまな文法項目を習得していくかということである。これについては主に英語の文法形式の習得順序の研究が 1970 年代にかなり行われて、ある程度わかってきた。それに加えて、「**発達順序**(developmental sequence)」というものもある。文法形式の「習得順序」とこの「発達順序」はどう違うのかというと、はっきりとした違いがあるとはいえないが、文法形式の習得順序は、具体的にいくつかの形式(たとえば、冠詞、複数形、過去形、進行形、be 動詞など)が習得される順序であるのに対して、発達順序は、疑問形や否定形などのあるひとつの言語形式に関しての発達のプロセスをさす。そして、発達順序は基本的には変えられないようなものだという前提が、暗黙にではあるが、あるようだ。

習得順序研究の代表的なものが、70 年代に盛んに行われた英語の形態素習得順序研究である。英語のさまざまな文法形式(形態素)をどのような順序でマスターするか、という研究が多数行われ、その結果、学習者の母語にかかわらず、普遍的な順序で習得される、という主張がなされた(この点については、言語転移の項で詳しく述べる)。

一方、発達順序研究の代表的なものは、否定文・疑問文などに関する研究だ。ジョン・シューマン(John Schumann)らのハーバード大学の研究グループが行った否定文の発達順序の研究によると、英語の場合、正しい動詞否定文は I don't go なのに、学習者はたとえば I no go といい、しかも、すべての学習者が、たとえ日本語のように否定辞(「ない」)が動詞の後にくる(「行か＋ない」)言語を母語とする学習者であっても、例外なく no + go という否定辞 no を動詞の前におく段階を通るようなのである(Schumann 1979)。

この否定表現の発達順序の研究は、第一言語が違っても発達順序は普遍的である証拠としてよく持ち出される。同様に、疑問文はどういう順序で習得するかという研究や、ドイツ語の語順規則を習得するときにも、変えることのできない段階を通る、という研究結果が発表されている。

このような研究は、第二言語の教師や学習者にとっては、重要な示唆がある。たとえば中学校の英語では、3 人称単数現在(3 単現)の動詞接尾辞の -s

は、かなり早い時期に導入される。ところが3単現の -s が実際に使えるようになるのは相当あとのことである、ということは数多くの研究によって証明されており、どんなにルールがはっきりとわかっていても、即座に実際に使えるようにはならないし、英語の上級者でも完全にはマスターできない場合がほとんどである。そういう事実を英語の先生が知っているか知らないかでは大違いだ。先生が、3単現の -s というのは相当難しいということがわかっていれば、学習者が会話の中で3単現の -s を落としたときに「はい、あなた、3単現の -s を落としましたよ」と叱っても無駄だということがわかる。また、学習者のほうも、「ああ、こんな簡単な文法ができないなんて、情けない」などと思う必要はまったくない。

　日本語学習の例をあげると、否定形の発達順序も、ある程度わかってきている (Kanagy 1994)。たとえば、イ形容詞で過去形の「おいしくなかった」は非常に難しく、動詞で現在形の「食べない」の方がずっとやさしい。すると、「食べない」もまだできない外国人が「おいしくなかった」といえなかったからといって、日本語の先生がそこでいちいち「おいしくなかった」と直しても、あまり効果は期待できないかもしれない（もちろん厳密にいえば、これも実験によって検証する必要はあるが）。

　ただ、だからといって、絶対に学習者の誤りを直してはいけないというわけではない。実際の授業では、その日の授業のフォーカスは何かとか、さまざまな要素を考慮して決めることになるからだ。ここで強調したいのは、日本語教師はこのような第二言語習得の基本原理を知っていることが望ましいということである。

　また、ピネマンの**教授可能性仮説**(Teachability Hypothesis; Pienemann 1985) によれば、学習者にとって難しすぎる文法項目を教えても、効果はなく、学習者の今のレベルより少し上のレベルの項目を教えれば効果がある、ということである。もちろん、すべての文法項目が絶対的な順序で発達して行くかどうかはわからず、教えたらすぐできるようになるものもあるようだが、すくなくとも、教えたらすぐできるようになるはず、という思い込みは捨てるべきであろう。なお、ピネマンの理論は「**処理可能性理論**(Processability Theory)」と呼ばれ、言語処理レベルの複雑なものほどあとになって習得される、という提案で、日本語にも応用されている（峯 2002、Kawaguchi 2005 参照）。

2.2.2 母語の影響

対照分析の時代には、母語の影響があまりに強調された嫌いがあるが、その反動から、70年代にはいると、母語の影響を軽視し、第二言語習得の普遍的な部分を強調する動きが強くなってきた。その1つがクラシェンらの「自然な習得順序」(natural order) である。この普遍的順序によれば、英語の習得では、複数の -s のほうが先に習得されて、それから所有格の 's が習得されるということになる。

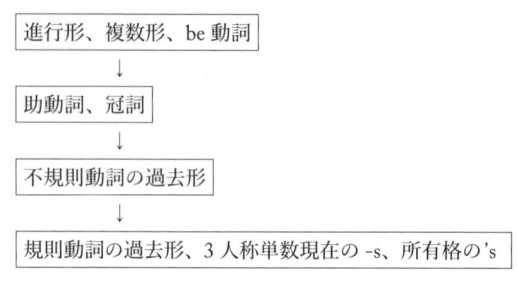

```
進行形、複数形、be 動詞
       ↓
    助動詞、冠詞
       ↓
  不規則動詞の過去形
       ↓
規則動詞の過去形、3人称単数現在の -s、所有格の 's
```

図：クラシェンの提案した「自然な順序」

ところが、この「自然な」習得順序にあわない事例が報告されている。白田賢二が研究した、ウグイスという日本人の女の子では、この順序が逆で、所有の 's のほうが先に習得されたのである。その後日本人学習者の習得順序を調べてみると、ほとんどみんな「所有の 's ⇒ 複数の -s」となっておりこれが日本人学習者の英語習得順序なのである (寺内 1994)。

この現象は次のように説明できる。日本語には、英語のような複数形がない。ところが、所有の 's については、

Ken's book
ケンの本

というように、日英語間の所有表現の対応関係は非常に簡単なため、日本人学習者にとって習得が容易なのである (Andersen 1983, Luk & Shirai 2009)。言語習得には、普遍的な部分と、個別的な部分があって、その個別的な部分に第一言語の影響が当然でてくるのである。

① 言語転移 (language transfer)

　さて、対照分析・オーディオリンガルの時代には悪者扱いされた母語の影響だが、見方を変えれば、母語を知っているからこそ、短期間で外国語が学べるということもいえるだろう。つまり、母語習得はゼロから始めるのに対し、第二言語は、第一言語の上に積み重ねればいい、ということがいえるからだ。たとえば、似た言語の習得を考えてみよう。関西弁を母語として育った若者が、標準語（東京方言）を習得するのはそれほど大変なことではない。同様に、スペイン語話者がよく似たポルトガル語を習得するのも比較的容易なことだ。それに対して、スペイン語話者が日本語を習得するのは、もっとずっと時間も労力もかかる。このように、似た技能を習得するときに、以前から持っている知識が使えるというのは、言語学習以外にもいえる。たとえば、ハンドボールとバスケットボールは必要とされる技術に重なる部分が多いため、バスケットボール選手がハンドボールをすれば、すぐに上手になる。これは、前から持っていた技術が**転移**するからである。

　言語学習において、それまでに持っていた言語能力が転移することを**言語転移** (language transfer) という。これは主に第一言語が第二言語に転移するのだが、第二、第三言語が、第三、第四言語の習得に転移することも、もちろんある。日本語学習者にとっては、日本語が第二言語であるとは限らず、第三言語であることも多いため、言語転移の問題を考える場合には、学習者の母語だけでなく、日本語以外に知っている言語についても考慮にいれる必要があるだろう。

② 正の転移 (positive transfer) と負の転移 (negative transfer)

　いうまでもなく、言語転移には、プラスになるものとマイナスになるものがある。似た言語を学べば、似ている部分が多いため、母語をそのまま外国語に

言語転移　　　　　　　　　　　　　　　　　　　　　　　column

日本語の所有の「の」についても、英語話者の方が、スペイン語やポルトガル語話者よりは容易に習得できるであろうという予測はたつ。英語と日本語は健の本 = Ken's book というように語順が同じだが、ロマンス語では book of Ken のように、「健の」が後置されて、語順が異なるからである。

訳せば何とかなるケースが多い。これは**正の転移**といえる。それに対して、母語をそのまま訳しては間違いになる場合は、**負の転移**ということになる。どちらも、母語(もしくはその他のすでに知っている言語)の影響が表れる、という心的プロセスは同じなのだが、結果として、目標言語において正しくなったり、誤りになったりする、ということである。見方を変えれば、母語と外国語が似ている場合には、言語転移が正の転移となる場合が多く、そうでない場合は負の転移が多くなるということである。日本語学習において最も有利なのは文法が日本語に非常に似通っている韓国・朝鮮語母語話者なのである。中国語母語話者も読み書きについては、漢字の知識が転移するため、かなり有利になるが、音声・文法などはかなりことなるので、韓国語話者ほど有利とはいえないであろう。

2.3 第二言語習得の理論

第二言語習得のメカニズムについてもさまざまな提案がなされてきている。ここではいくつか代表的なものを紹介しよう。まず、第二言語習得において初の包括的モデルとして70年代に提案されたクラシェンの理論から見ていこう。

2.3.1 クラシェンのモニター・モデル

クラシェンの理論は、いくつかのバージョンがあるが、ここでは、最もよく知られている5つの仮説からなるものを紹介する。その5つとは(1)習得・学習の仮説、(2)モニター仮説、(3)自然な順序の仮説、(4)インプット仮説、(5)情意フィルターの仮説、である。まず、**習得・学習の仮説**だが、言語知識を身につけるのには2つのルートがあり、幼児が母語を習得するときのように、自然に、「無意識に」おこる「**習得**」と、主に教室学習でおこる、「意識的」な「**学習**」とにわかれる。(2)の**モニター仮説**は、「学習」によって身につく知識は、発話が正しいかどうか、チェックする機能(すなわち**モニター**)しか持たず、自然なコミュニケーションには役立たない、とする。(3)の「**自然な順序の仮説**」では、文法事項の習得には、「自然な順序」があり、それはどのような順序で教えても変えられない、とする。(4)**インプット仮説**では、言語習得はただ1つの方法、「**理解可能なインプット**(comprehensible input)」すなわちメッセージを理解することにより起こり、文法学習や、話すこと(アウトプット)そのものは、「習得」には必要ない、と主張する。そして、(5)の**情意フィルター仮説**では、言語習得の必要条件はインプットを理解することだが、それ

は十分条件ではなく、情意フィルターが低い状況でインプットを理解しなければ、習得はおこらない、とする。情意フィルターは、**不安度**のレベルが高かったり、**動機づけ**が低かったりすると高くなり、習得の妨げとなってしまう、という仮説である。そして、これらの仮説群からなるクラシェンの理論を**モニター・モデル**(もしくは**インプット仮説**、**インプット理論**)と呼ぶ。クラシェンの理論は、教授法としては、「**ナチュラル・アプローチ**」として、具現化されている (Krashen & Terrell 1983)。基本的な原則は、「教室は自然なインプットを与える場としてとらえ、文法学習は家庭学習にまわす」、また「話すことは、(情意フィルターが上がるので) 強制しない」というものである。

クラシェンのモニター・モデルは、第二言語習得研究の初期に提案された包括的モデルとして、70 年代に理論、応用の両面において多大な影響力を持っていたが、問題も多々ある。理論的には、理論の中心となる構成概念があいまいで、実際のデータに基づいた理論のテストができない、という欠点がある。たとえば、学習者の習得段階が次に進むためには、理解可能なインプットの中に、学習者の現在のレベルよりちょっと上のレベルの言語項目 ($i + 1$) が含まれていなければならない、とクラシェンは主張するのだが、この $i + 1$ が具体的には何なのかを定義することは難しい。またクラシェンは、習得と学習は全く別のもので、学習された知識が習得につながることはない (**ノンインターフェイスの立場**)、としたが、この主張には多くの研究者が疑問を持った。次に紹介する自動化理論もその点に真っ向から反論したものである。

2.3.2 自動化理論

上で述べたように、50 年代の心理学の外国語学習理論への応用は行動主義心理学に基づいていた。その後、心理学の分野ではパラダイム転換が起こり、第二言語習得研究が盛んになった 70 年代にはいわゆる「**認知心理学**」が主流となっていた。行動主義心理学と認知心理学の根本的な違いは、行動主義が「観察できるもの」すなわち行動のみを研究対象とするのに対し、認知心理学は、短期記憶、長期記憶、心的表象といった「観察できない」抽象的な構成概念を使って、人間の認知活動を説明しようとしたことである。

認知心理学からの第二言語習得に対する影響は、クラシェンの理論に対する批判という形で 70 年代に現れ、第二言語学習を守備範囲とする認知心理学者のバリー・マクラフリンがその中心となった (McLaughlin 1978, McLaughlin et al. 1983, McLaughlin 1987)。特に問題とされたのが、「学習と習得の区別」

の仮説で、クラシェンは意識的に「学習」された知識は無意識的な「習得」に変わることはないと主張し、この区別によって、「知識としては知っているが、実際は使えない知識」を説明した。一方、この現象をマクラフリンは、認知心理学の「**容量の限界**（capacity limitation）」と「**自動化**（automatization）」という概念を使って説明した。つまり、人間が一度に注意を向けることができることには限界があり、話すときに意味を伝えることに焦点を置くと、形式の正しさまで注意が向かず、意味を伝えるという点では優先順位の低い3人称単数現在の -s などは（知識としては知っていても）落としてしまう。ところが、ある行動が何度も繰り返されるうちに自動化されると、その行動には注意を向けなくてもできるようになり、その分、別のことに注意が向けられるようになる。ある部分の自動化が進んでくると、他の部分の行動のスキルが上がってくるという説明だ。

　さらにオマレーら（O'Malley et al. 1987）は、認知心理学者ジョン・アンダーソン（Anderson 1983）の ACT* という認知モデルを第二言語習得に応用したが、これも基本的には自動化理論に基づいたものといえるだろう。このモデルでは、知識を「**宣言的知識**（declarative knowledge）」と、「**手続き的知識**（procedural knowledge）」に分け、言語能力だけでなく、すべてのスキルの獲得に関する統一的説明を試みている。「宣言的知識」とは、言葉で説明できる知識であり、まだ自動的に使えるようになっていない知識である。一方、「手続き的知識」はある行為を行えるように、自動化した知識である。たとえば、車のエンジンをかける、という動作を考えてみよう。まず、キーをいれる、ブレーキを踏む、キーを回す、という一連の動作を、最初は宣言的知識として学ぶ。その段階では、かなり意識を集中して行う必要がある。そして、それを何度も繰り返し行うことにより、何も考えずに自動的にできるようになるのである。このように、知識は最初は「宣言的知識」として獲得され、徐々に自動化され、「手続き的知識」に変わる、というのが、このモデルの主張だ。

　クラシェンのモニター・モデルの批判として SLA に応用された自動化モデルだが、この二者の違いを簡潔にまとめてみよう。

　　モニター・モデル：「習得」はメッセージを理解することによってのみおこり、意識的に「学習」された知識は発話の正しさをチェックするのに使えるだけである。
　　自動化モデル：スキルは、最初は意識的に学習され、何度も行動を繰り返す

うちに自動化し、注意を払わなくても無意識的にできるようになる。

　2つの立場はどちらも極端なものだ。まず、クラシェンの「意識的に学習された知識が発話にはつながらない」というノン・インターフェイスの立場には問題がある。実際、多くの学習者が自動化によって、流暢に話せるようになっている。また、意識的な学習によって、自然に聞いているだけでは気づかない言語項目に注意がいき（気づき（noticing））、聞き取りができるようになり、それがまた自然な習得を促進する、という効果も考えられる。たとえば、日本語の長音と促音の区別（たとえば、「八日（ようか）」と「四日（よっか）」）は、聞き取りにくいが、教室で知識として習うと聞こえるようになる、といったことである。
　さらに、インプットだけでは、正確さが身につかない、という問題もある。たとえばクラシェンがインプット仮説のよりどころとするイマージョン教育（外国語で教科を教える教育方法、後述する）で学習した生徒が、聞き取りの能力はネイティブと差がないレベルになるのに、文法的な正確さや、社会的に適切な表現（たとえば友だちと話すときと先生に話すときとで表現を変える）を使う能力は劣っている、という結果が報告されている。
　一方、自動化モデルにも問題がある。言語の知識というのは、一般の人には説明不可能なもので、言語学者でさえも完全に説明できないものが多数ある（たとえば「は」と「が」の区別）。それらを、すべて意識的に理解し、さらにそれを自動化していくというのは事実上不可能だ。よってすべての言語項目が宣言的知識から、手続き的知識に変わるというプロセスを経て習得される、という主張には無理があり、インプットだけで習得される部分がかなりある（Anderson 1995 もその点は認めている）。どのような言語項目が自動化によって使えるようになるか、またインプットだけで習得できる項目は何か、といった問題が今後の研究課題となるだろう。

2.3.3　インターアクション仮説とアウトプット仮説

　上述のように、クラシェンの第二言語教育理論は 80 年代にはナチュラル・アプローチとして確立し、第二言語教授法にも影響を与えた。当然ながら、クラシェンの理論はメッセージを理解することに重点を置いた、**聴解優先の教授法** (comprehension approach) であり、アウトプットに重点を置いた教授法とは一線を画す。クラシェンの理論では、アウトプット（＝言語産出すなわち話すこと・書くこと）は習得には必要ないからである。

この立場では、第二言語におけるアウトプットの役割がはっきりしない。その点をよりはっきりとさせたのがロングの**インターアクション仮説**（Long 1981）で、この考えでは学習者は、他者との会話をすることにより、そこで意味交渉が行われ、そのことにより学習者にとってより適切なインプットが与えられ、言語習得が促進されるというものである。意味交渉の過程では、繰り返し、聞き返し、言い換えなど、両者の間で会話の質を高めるさまざまな要素が見られ、それらが意味の理解をさらに高め、そのことが言語習得に貢献する、という立場である（これに関連して、**母語話者**が学習者に対して行うときに話し方を変えること、すなわち**フォーリナー・トーク**（foreigner talk）の特徴に関して、さまざまな研究がなされた。教師が学習者にする特殊な話し方は**ティーチャー・トーク**といわれる）。

　それに対して、より積極的にアウトプットの効用を主張したのがスウェインの**アウトプット仮説**である。もともとはクラシェンの「理解可能なインプット」だけで習得がおこりうる、という立場に対抗して、「理解可能なアウトプット」が必要だ、として提案された（Swain 1985）が、現在はアウトプット仮説と呼ばれている。上述したように、クラシェンはイマージョン教育の成功をインプット仮説のよりどころとしている。**イマージョン教育**では、「外国語を」教えるのではなく、「外国語で」教科を教えるのであるが、その結果、カナダのフランス語イマージョンを終了した生徒はフランス語の母語話者と聞き取り能力において差がなくなる、ということである。ネイティブと差がなくなるほどの能力を身につけることが外国語学習においていかにむずかしいかは明らかなので、その意味ではイマージョン教育の効果は高いといえるが、一方スウェインはその同じ生徒たちが、文法的正確さや、**社会言語能力**（社会的に適切な表現を使う能力）は劣っていることを重視し、インプットだけでは不十分だと主張した。さらに、その理由がアウトプットの不足であるとし、内容を理解するだけなら、単語の意味を手がかりになんとかなるが、話すためには文法的正確さが必要とされ、また話すことにより、自分の今の能力の不十分さ、つまり自分の言語と目標言語とのギャップに気がつき、それがより正確な言語能力の習得につながる、という仮説を提案した。

　インプットだけでよい、というクラシェンの考え方、そして、アウトプット、インターアクションも重要だというスウェイン、ロングの考え方は、ともに意味を重視した教室のコミュニケーション活動を教授の中心とする、**コミュニカティブ・アプローチ**（伝達中心の教授法）の方針と共通するのだが、それ

だけでは、どうしても学習者言語の「正確さ (accuracy)」がおろそかになる、という認識が研究者、教師のあいだでひろまり、90年代には、**フォーカス・オン・フォーム** (Focus on form) という考え方が一定の影響力を持つようになった (Long 1991)。意味伝達に重点を置いた活動であることは変えずに、その中で、学習者の注意を言語形式に向けさせることにより、より正確な言語知識の習得を目指すというものである。現在では、どのような方法でフォーカス・オン・フォームをすれば効果的か、たとえば、教師による**フィードバック**についても、どのような方法が効果的か（たとえば、明示的か暗示的か）について研究が盛んに行われている。

2.4 第二言語学習における個人差要因

　日本語教師が常に意識していなければならないのは、学習者にはさまざまな「個人差」があるということである。外国語学習の適性が高い学習者もいれば、そうでないものもいる。目で見て確認しなければだめな学生もいれば、音だけで記憶できるものもいる。外向的で人と話すのが大好きな人、反対に1人で勉強するのが好きで、コミュニケーション活動などは嫌いな人もいる。年齢の高い学習者もいれば、子どもの学習者もいる。やる気のある学習者、ない学習者など、さまざまだ。このような個人差をすべて考慮にいれて授業をするのは至難の業だが、少なくとも教師は個人差を意識して授業計画をたてるべきである。たとえば、新しい項目を導入する際に、音だけにたよらず、かならず黒板などを使って、文字でも確認させるなど、工夫する必要がある。ここでは、教師が知っておくべき個人差要因について見ていこう。

　なお、このような個人差は、どんな学習者が第二言語学習に成功するか、という第二言語習得研究における重要な研究課題になっている。第一言語習得はほとんどすべての人が成功するのに対して、第二言語習得は、完璧に習得されることがほとんどない。その理由は何かを検証するのが、この個人差、学習者要因の研究だともいえるだろう。以下、とりあげる個人差要因は、(1) 年齢、(2) 動機づけ、(3) 適性、(4) 学習者タイプである。

2.4.1　年齢要因（臨界期仮説）

　習得の成否の個人差を説明する1つの要因として第二言語習得研究で受け入れられているのは、年齢である。これについては**「臨界期仮説」**という名前がついていて、外国語学習には、臨界期、すなわち、その時期を過ぎると学習

が不可能になる期間がある、という考え方だ。この臨界期は思春期（12、3歳）までと考えられており、その時期を過ぎると母語話者のような言語能力を身につけるのは不可能になる、という仮説である。日本でも、小学校のうちに英語教育を導入しよう、という動きがあるが、その背景にあるのは、このような考え方なのである。

　実際に、この年齢要因というのはかなり強力な制約で、大人がネイティブのようになるのは、ほぼ不可能のようである。それに対して、小さいころに習得が始まると、第二言語をかなり自然に話せるようになる場合が多い。日本に移民として来た大人の日本語がなかなか伸びないのに、子どもはすぐに親を追いこしてしまう、というケースはよく耳にする。

　しかし、第二言語の習得は、かならずしも若ければ若いほどよい、というわけではない。一般的には、「外国語学習は若いほど有利」というのが、いわゆる常識的な理解だったが、第二言語習得研究者がデータを集めて検討したところ、もう少し洗練された一般化が出てきたのである。それは、子どもと大人とを比べた場合には、「大人のほうが早いが、子どものほうがすぐれている (Older is faster; younger is better)」というものだ (Krashen, Scarcella & Long 1979)。つまり、大人のほうが、自分の持っている認知能力を使って短期的には素早く学習することができる。ところが、何年も経つと、若いとき（思春期以前）に始めた人のほうが、より母語話者に近い外国語を身につけるようになる、ということだ。また、バイリンガリズムの項で後述するが、認知的に複雑な言語使用については、ある程度母語が固まってからの方がよいという報告もある。

　なお、「外国語」とひとくくりにするのではなく、個々の言語領域に異なった臨界期がある、という立場をとる研究者もいる。たとえば、発音に関しては、6歳までが臨界期だという立場がある (Long 1990)。

　第二言語習得研究者の間では、習得が成功するかどうかに年齢の影響が強い、という点についてはほぼ意見が一致している。ただ、それが本当に「臨界期」といったものなのかについては、意見が分かれており、まず第一に、思春期といわれる12、3歳を超えると、学習可能性が大きく下がってしまうのか、それとも、そんなにはっきりした臨界期があるわけではなく、年齢が上がるにしたがって徐々に学習可能性が下がっていくものなのか、について意見の対立がある。

　次に、なぜ年齢の影響がそれほど強いのかという問題についても意見の一致

がなく、さまざまな提案がなされている。

　まず、脳神経生物学的な説明がある。脳の構造が特定の年齢で変化し、その後は第二言語を学習する能力が衰えてしまう、という考え方だ。脳の持つ柔軟性がある年齢になるとなくなってしまう、といってもいいだろう。母語に関しては、子どものときに事故などで脳のある部位を損傷し言語障害になったとしても、別の部位がその機能を担ってくれて言語が回復する場合があるが、大人の場合はそう簡単にはいかない、という現象が報告されており、これが言語習得に関する脳の柔軟性、可塑性が大人になると低下することの証拠としてよくあげられる。

　次に、認知的な説明によれば、「大人はすでに抽象的分析能力が身についているため、言語習得が自然に行えないが、子どもはあまり分析せず、第一言語を学ぶのと同じように、自然な習得ができる」ということになる。上でのべたように、「言語習得はインプットを理解することでかなりの部分が無意識的に習得されるので、あまり分析的に考えるとまずい」という考え方だ。

　心理的態度の違いによる説明もある。子どもは第二言語を習得するときに、自意識が発達していないので、他の子どもと自然に交わることができる。それに対して、大人はなかなか新しい環境に溶け込めず、また自我が発達しているため、外国語環境になじめない、というものだ。つまり、子どもと大人の外国語学習に対する心理的態度が違うために、学習環境に差が出る、ということである。

　この他にも説があるが、今のところ、決定的な答えは出ておらず、またここであげたどれもが原因となっている可能性もある。ともあれ、日本語教師はこのような年齢要因を意識した上で、年齢を考慮した教え方を考える必要があるといえるだろう。

2.4.2　動機づけ

　外国語学習の動機づけはさまざまだ。日本人の英語学習の場合は、ほとんどが学校の教科として始まるので、学校でよい成績をとりたい、という一般的な動機がまずある。また、英語はほとんどの場合、入試の科目として避けて通ることができないため、その点でも、学習動機は高くなる。日本語学習の場合の動機はどうだろうか。

　第二言語習得における動機づけに関する研究は、1950年代後半以来、西オンタリオ大学のロバート・ガードナー（Robert Gardner）を中心に進められてき

た (Gardner 1986)。ガードナーらの研究は、自分が好印象を持っている外国人に対して共感し、高い価値を与える外国語学習者は、学習対象言語を話す人々とその文化を理解したい、その人々と同じように振る舞いたい、その文化に参加したい、と思う傾向が強く、それが長期的・持続的な学習意欲につながる、という仮説に基づいている。ガードナーは学習者のこのような志向を「**統合的動機づけ**」と呼び、この仮説を支持するいくつかの研究を発表した。簡単にいえば、学習対象言語の話者に好意を持っている学習者が外国語学習に成功する、ということである。日本語学習者についていえば、日本文化、日本人に対して好印象を持っていれば、統合的動機づけが高いといえるだろう。たとえば、日本ではなく、外国で日本語を勉強している学生は、日本の大衆文化（たとえばアニメ、ゲーム、日本のポップスなど）に興味を持っている場合が多々ある。これは、統合的動機づけといえるだろう。

しかし、外国語学習の動機はそれだけではない。ガードナーはもう１つ、実利的な結果を求めて学習する動機をとりあげ、「**道具的動機づけ**」と呼んだ。たとえば、その外国語ができれば就職に有利になる、金銭的利益がもたらされる、といったことである。外国語を、何か実利的な目的を達成するための「道具」としてとらえるのである。1980年代後半、日本経済が非常に強かったころ、日本語学習者が増えた、という現象があったが、これはおそらく道具的動機づけに基づいていたのであろう。中国経済の成長により、中国語を勉強する人が増えているのも、同様の理由だろう。

ガードナーらの初期のカナダにおける研究では、統合的動機づけが重要で、道具的動機づけはあまり重要ではない、という結果が出ていたが、これはやや疑問である。なぜなら、嫌いな国の言語も勉強しなければならないことがあるからだ。かつて日本が占領統治した地域で、日本語による教育を強制した結果、流暢に日本語を話す世代が表れたことを見れば、道具的の動機だけでも、学習に成功することは明らかだ。

その後のガードナーらのフィリピンの英語学習者を対象とした研究でも、道具的動機が重要である、という結果が出ているし、また最近では、シンガポール人の日本語学習においては、統合的動機よりも道具的動機が重要である、といった結果も出ている。よって、その言語を話す人々が近くにあまりいないような状況では、道具的動機が重要になる、という一般化が可能なのかもしれない。ただ、ガードナーの論点で重要なのは、道具的動機づけは外国語学習の成功と結びつくが、その成功は短期的なもので、長期的には統合的動機づけのほ

うが重要になり、また統合的動機づけはほとんどの研究で外国語学習の成功と結びついている、ということだ。とにかく、どのような形であれ、動機づけを高めることが重要だろう。

2.4.3 外国語学習の適性

「あの人は語学の才能がある」などという話をよく聞くが、このときの「語学」というのは、もちろん言語学ではなく、外国語を学習する能力のことだ。これは、外国語学習に向いている人、向いていない人がいるということが一般に信じられている、ということを物語っているのだが、実際にそのような「**外国語(学習)適性**(foreign language aptitude)」というものがあるのだろうか。

外国語学習に向いていない人は、実際にいるようである。最近、アメリカでは「外国語学習障害」というものが認められつつあり、他の科目の学習はふつうにできるが外国語だけはだめ、という学生が時々いることが知られている。いくつかの大学では外国語学習障害と認定されれば、必修の外国語を免除されるケースもある。認められないと、その学生は大学を卒業できないので、死活問題なのだ。

ただ、この外国語学習障害というのが、いったいどうして起こるのかはまだよくわかっていない。たとえば、この学習障害が、外国語学習適性が極端に低いだけなのか、それとも本質的に異なった問題があるのか、今後の研究が待たれるところだ。またそのような学習者を理解することが、外国語学習適性の本質の解明に役立つかもしれない。

第二言語習得における適性に関する研究は、MLATをはじめとする**外国語学習適性テスト**と、学習の結果である外国語テストの得点との関連を調べることで進められてきた。MLATは4つの異なったタイプの能力を測るように作成されており、それは(1)音に対する敏感さ、(2)文法に関する敏感さ、(3)意味と形の関連パターンを見つけだす能力、(4)丸暗記する能力、の4つである。適性については膨大な研究があり、MLATなどの適性テストによって測られた適性がかなりの部分まで教室での外国語学習の成否を予測することがわかっている。

さて、その国の言葉ができないと、知性まで疑われる、というのは、残念ながら実際にある。確かに、日本人でも、外国人とあまり接したことのない人は、外国人が片言の日本語で話しているのを聞くと、知的レベルまで低く見てしまう人もいるようだ。ある外国人が、スーパーなどで頑張って日本語を話す

とバカにされるのに、英語に切り替えると急に待遇がよくなる、などといっていたが、これもそのせいかもしれない。

　実は「知能・知性（intelligence）」と「外国語学習適性」の関係は、専門家のあいだでもさまざまな議論がある。この分野の研究では、知能については、いわゆる IQ テストで測定した得点を、そして適性については、MLAT などの適性テストの得点を使う。その結果、この2つの能力にはかなり重なる部分はあるが、同じというわけではなく、「外国語学習特有の適性」という独立した能力がある、という結果が出ている。これは我々の直感とも一致するもので、だいたいにおいて成績のいい人は英語の成績もいいが、例外もいるし、他の成績はぱっとしないのに、英語がやけにできる人もいる。

　さらに、いくつかの研究で面白い結果が出ている。言語習得研究でよく使われる概念に「**日常言語能力**（生活言語能力　BICS=Basic Interpersonal Communicative Skills）」と「**認知学習言語能力**（学習言語能力　CALP=Cognitive Academic Language Proficiency）」というものがあり、簡単にいえば、前者は日常会話的な能力で、後者は教科学習などに必要な認知面の言語能力である。そして、知能テストに関係するのは、より認知学習言語能力に関連した問題の得点で、日常言語能力的な問題の得点とは相関が低い、というものだ。

　これはある意味では納得のいく結果で、もともと IQ テストは学校での学業成績を予測するために作られたものなので、より学業的な能力と相関するのだと思われる。さらに、意識的学習は IQ との相関があるが、無意識的学習は必ずしもそうでない、という研究もある（Robinson 2002 参照）。これらについては、すべての研究で同じ結果が出ているわけではないので一概にいえないが、もしかすると、教室学習の外国語の成績が悪かった人も、会話などはうまくなる可能性があるということかもしれない。

　いずれにせよ、日本語教師としては、学習者の持つ外国語学習適性には差があり、すべての学習者に同じ結果を期待するのは無理がある、ということを肝に銘じておく必要があるといえるだろう。

2.4.4　学習者タイプ

　いうまでもなく、学習者のタイプはさまざまである。第二言語習得研究の分野では、どのようなタイプの学習者が外国語学習に成功するのか、という研究が 70 年代に盛んに行われ（いわゆる Good language learner research; Naiman et al. 1978）、そこから得た情報を外国語教授法の向上にむすびつけようという試

みがなされた。たとえば、未知語を推測する学習者の方がそうでない学習者よりも外国語の成績がいい、ということがわかったので、それがよりよい学習方法と思われるから、学習者が未知語を推測するように促す、といったことである。このような流れが、後述する学習ストラテジー研究のもとにもなっており、よいと思われるストラテジーを学習者に身につけさせようとする、**ストラテジー訓練**のもとにもなっている。ただ、そのような訓練の成果については、まだはっきりしたことはわかっていないようである。

その後、学習者タイプの研究もさらに細分化されていくが、いまだにどのタイプの学習者が外国語学習に有利か、ということはあまりよくわかっていない。ただ、教師はこのようなさまざまな学習者タイプがある、ということは知っておくべきであろう。また、最近では、学習者タイプにあわせた教え方を模索する研究もあり、今後の発展がまたれる。ここでは、過去の研究において注目された学習者タイプについて、いくつか簡単にふれておく。まず、性格要因について、つぎに認知スタイルについて、見ていこう。

① 性格要因

外向性・内向性と外国語学習の関係についても、いくつか研究がある。外向的な人のほうが外国語学習に成功するということは、直感的にはありそうなことだ。外向的な人は内向的な人に比べて会話の機会が増えると思われるからである。ただし、上で述べた日常言語能力（BICS）と認知学習言語能力（CALP）の区別を考えると、自然にコミュニケートする能力（日常言語能力）は外向性と相関するが、筆記テストで測るような外国語能力（認知学習言語能力）は内向的な人のほうが高いだろう、という仮説が立つ。しかし、実際、研究の結果を見ると、外向性が日常言語能力と相関する、という傾向は多くの研究によって支持されたのだが、内向性が認知学習言語能力と相関する、という仮説のほうは実証データによって支持されなかったのである。よって、外向性のメリットはあるが、内向性はあまり関係がない、といえるだろう（Ellis 1994: Ch.6）。

ただし、日本人の英語学習者に対して行われた研究では、外向性と日常言語能力の相関さえなかった（Busch 1982）。研究が行われたころは日本ではあまり会話練習が行われていなかったと思われることを考慮すればこれも納得のいくことで、そのために、外向性のメリットがあまりなかったのであろう。実際、ある研究では、質問紙によって測られた外向性よりも、研究者が教室で観察した「外向的行動」のほうが、日常言語能力とより強い相関を示している（Strong

1983)。つまり、外向的という性格そのものよりも、「外国語で会話をする」ことを含む外向的行動を実際にすることが、大事だということだ。外向的な人でも会話練習ができない状況では、外向性を生かすことはできない。

　その他にも、**自尊心**(self-esteem)、**抑制**(inhibition)、**感情移入**(empathy)などが性格要因として外国語学習の成否と関連づけられて研究されてきた。どれも外国語学習にとって重要な変数のように思われるからである。外国語学習というのは、母語で話していればしないですむような誤りを犯さなければならないので、どうしても精神的には負担がかかり、恥ずかしい思いをすることも多い。その際、自尊心が高く、自分に関するイメージが肯定的な人であれば、そのマイナス面をあまり強く感じることなく、学習活動に取り組めるという推測が立つ。抑制も同様で、外国語を使うという普段とは別の人格をまとわなければならないような場合、自己抑制をしてばかりいると、どうしても外国語でのコミュニケーションにはマイナスになると思われるからである。また感情移入（すなわち、人の立場に自分をおくことができる能力）は、自分と全くことなる言語、文化を持つ人々とのコミュニケーションをすることを目標とする外国語学習にはプラスになるのではないか、という考え方だ。残念ながら、どの変数についても、一致した結果は出ておらず、これらの要因が外国語学習にどう関わってくるのかは、まだわかっていない。

② 認知スタイル

　人は情報を処理するときに好んで使う方策があり、それを認知スタイルという。たとえば、ある問題が起きたときに、すぐぱっと判断して行動してしまう人もいれば、じっくり考えてから結論を出す人もいる。このような認知スタイルは第二言語学習・使用のあらゆる場面に影響を及ぼすはずである。これまでの第二言語習得研究でも、そのような関係について研究されている（なお、認知スタイルと学習スタイルを分けて論じる研究者もいるが、実際には区別が難しいので、ここではまとめて論じる）。

　もっともよく知られているのが、**場独立**(field independence)、**場依存**(field dependence)という変数だ。一般的な言葉でいうと、分析的にものを見るか、全体的にものを見るか、というもので、木を見て森を見ないのが、場独立の学習者で、森だけ見て木が見えなくなるのが場依存の学習者ということになる。また、場独立の人は、1人で学習するのを好み、場依存の人は他人と一緒に学習するのを好み、そしてその結果、場独立と教室での外国語学習、場依存と自

然なコミュニケーションとの相関が見られる、ともいわれる。これについていくつかの研究ではそのとおりになっているのだが、そうならない研究も多く、実際にはどうなっているか、はっきりしたことがわからないのが現状である。

その他の認知スタイル要因として研究があるのが、**熟慮性**（reflexivity）と**衝動性**（impulsivity）、**あいまいさに対する寛容性**（tolerance of ambiguity）、**視覚的**（visual）か**聴覚的**（auditory）学習を好むか、などである。これらについても、研究の結果がはっきりとしたものになっているわけではない。

③ 学習ストラテジー

学習ストラテジーとは、学習者が第二言語の知識を身につけるために使うさまざまな方略のことである。オックスフォード（Oxford 1990）の分類では、まず、言語材料に直接関わる**直接ストラテジー**と、そうでない**間接ストラテジー**にわかれ、直接ストラテジーには、語呂あわせ、類義語をまとめておぼえる、などの**記憶ストラテジー**、習った項目を整理するなどの**認知ストラテジー**、文脈から未知語を推測するなど、第二言語を使うときの能力不足を補うために使う**補償ストラテジー**がある。

間接ストラテジーには、学習を計画したり、評価したりする**メタ認知ストラテジー**、不安や緊張などの感情をコントロールする**情意ストラテジー**、他人と協調するなどして学習効果を高める**社会的ストラテジー**がある。

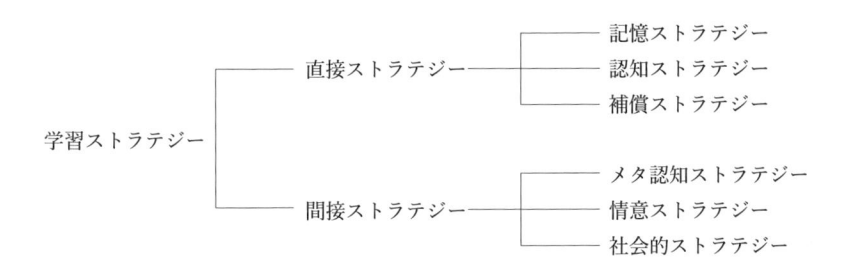

```
                              ┌── 記憶ストラテジー
              ┌── 直接ストラテジー ──┼── 認知ストラテジー
              │                   └── 補償ストラテジー
学習ストラテジー ──┤
              │                   ┌── メタ認知ストラテジー
              └── 間接ストラテジー ──┼── 情意ストラテジー
                                  └── 社会的ストラテジー
```

それに対して、**コミュニケーション・ストラテジー**は、第二言語を使用する場面で、主として能力不足を補うために使う方略のことである。たとえば、時間を稼ぐために、「あのう、えーと」などといいよどみながら次にいう言葉を考える、難しい言葉を別の優しい単語で言い換える、難しい話題を避ける**回避**、などがある（なお、このコミュニケーション・ストラテジーは上の補償ストラテジーと重なる部分がある）。

以上、個人差要因について概観した。個人差を知ってもすぐに「じゃあこうすればいい」という具体的な教え方が出てくるわけではないが、教師は指導のあらゆる場面で個人差を意識しておく必要がある。

3　バイリンガリズム

　バイリンガリズム（2言語併用）とは、社会ないしは個人が2つの言語を使用することで、2言語を操る人のことを**バイリンガル**と呼ぶ。それに対して、1つの言語しか使わない人を**モノリンガル**という。つまり日本語しか話さない人はモノリンガルである。

　バイリンガルも、さまざまである。子どものころから2つの言語に均等に接していれば、両方の言語が同じくらいできる**均衡バイリンガル**に、そうでない場合には、片方がよくできる**偏重バイリンガル**になりがちだ。また、まず第一言語を習得してから次に2つ目の言語を習得した場合は、**継続バイリンガル**と呼ばれ、2つの言語を同時に習得すれば、**同時バイリンガル**になる。同時バイリンガルといってもつねに均衡バイリンガルになるとは限らず、たとえば父親がアメリカ人、母親が日本人で、生まれたときからそれぞれの言語を子どもに話かけて育てたとしても、アメリカで育てば英語が、日本で育てば日本語がより流暢な偏重バイリンガルになるのが普通である。

　日本でも、「英語子育て」の流行で子どもをバイリンガルに育てようという試みが盛んだが、両言語に流暢なバイリンガルの育成はそう簡単なことではない。十分な言語接触、家族、社会のサポートなど、多くの要素が関わってくる。また、バイリンガルといっても、ただ日常会話ができるというレベルと、複雑な内容を議論できるレベルとでは、話が違う。どのような条件において、両言語において母語話者に近い能力を身につけた均衡バイリンガルが育つのだろうか。この問題について、以下、現在もっとも影響力のあるカミンズの理論を見ていこう。

　脳の処理能力の限界があると考えれば、2つの言語を高いレベルで操るということは、非常に難しいはずである。しかし、実際にはそのようなバイリンガルは存在する。これが可能になるには、脳が2つの言語を別々に記憶、処理しているのではなく、2つの言語に共通する部分は共有している、と考えるのが、現在有力な考え方である。これを**2言語基底共有説**、もしくは、2言語相互依存説という。そして、主として共有されるのは、**日常言語能力**（BICS）で

はなく、**認知学習言語能力**（CALP）である、とされる。これはある意味では納得のいく話で、たとえば、片方の言語で読む能力を身につければ、もう1つの言語でもう1度最初から読む能力を身につける必要はなく、かなりの部分スキルが転移するからである。ここで注意しなければならないのは、BICS に関しては、1、2年で身につくが、CALP が、年齢相応のレベルに達するのは少なくとも5、6年かかる、ということである。たとえば幼少時に日本に移住した外国人子弟が1、2年で日常会話がこなせるようになったとしよう。それを見て、もうこの子は日本語は大丈夫だと過信してはいけないのである。実際、日本語の日常会話が流暢にこなせる子どもが、CALP 的な言語使用、たとえば数学の文章題を理解したり、複雑なディスカッションをしたりすることがまったくできない、ということはよくある。ただ単にまだ第二言語で複雑な内容を処理する能力がないという可能性もあるが、多くの場合 CALP そのものが発達していないのである。2言語基底共有説によれば、この CALP は学習者の母語で身につけてもいいし、第二言語である日本語で身につけてもいいのだが、どちらにしろ、BICS よりは長い年月がかかるので、注意が必要なのである。よって、母語で10歳くらいまで教育を受けて CALP を発達させてから移民した子どもの方が、それより若く、CALP が未発達なまま移住した場合より均衡バイリンガルになる可能性が高いという研究結果が出ている。

　もちろんこのことから、若いうちに移住してはいけないということになるわけでなく、その場合は、母語による教育をつづけて CALP に習熟させるか、もしくはバイリンガル教育の成功例であるカナダの**イマージョン教育**のように、子どもたちの第二言語で教科を教えることにより第二言語で CALP を発達させ、それを逆に母語の CALP に転移させる、という方法をとらねばならない。ただ、**イマージョン**の場合、教科をとっている学生はすべて第二言語である。それに対して、移民の場合、多くのケースで母語話者と同じクラスで授業をとらないといけない（**サブマージョン**（submersion）という）ので、この場合、第二言語能力が不十分だと教科内容が理解できないで「沈没（= submerge）」してしまう可能性がある。いずれにせよ、十分な注意を払い、すべての子どもが CALP を発達させることができるような環境をととのえあげなければならないのである。なお、カミンズは最近では誤解をさけるために、BICS を conversational proficiency（会話能力）、CALP を academic proficiency（学習言語能力）と呼んでいる。またこの両者は完全に質的に別のものでもなく、連続線上におかれるべきものだという。

上で述べた臨界期仮説の影響からか、子どものころから第二言語環境におかれれば、自然に均衡バイリンガルになる、といった幻想があるが、実際にはさまざまな要因により、そうならない場合が多いのである。第二言語の日常会話能力だけ発達して、複雑な会話ができないのでは、均衡バイリンガルとはいえないし、ひどい場合には、母語でも第二言語でもCALPが発達しないまま終ってしまうケースも考えられるのである。

　カミンズは、さらに**敷居仮説**（もしくは**閾仮説**）(threshold hypothesis) を提案して、どのような場合に子どもの両言語、認知発達がうまくいくかの説明を試みた。この説では、敷居を2つ想定し、上の敷居に両言語が達した場合のみ、認知発達にプラスとなるとし、両言語とも下の敷居に達しない場合は、認知発達にマイナスとなり、学業不振になりがちだという。片方の言語だけ上の敷居に達した場合は、認知面にはプラスもマイナスもなく、片方がより強いバイリンガルになる、という。

　バイリンガリズムと認知発達の関係についてはまだわからないことも多く、カミンズの理論も完全に受け入れられているわけではない。日本の状況にてらして考えれば、移民などの子どもの将来を考えた**母語保持**と日本語教育のバランスを考えた政策が望まれるところである。母語でも日本語でも認知的に複雑な言語使用ができない、という状況を生み出さないようにしなければならない。

アルコールの効用？　　　　　　　　　　　　　　column

アルコールが入ると、抑制がとれて、外国語ができるようになるのではないか。ハイファ大学のアレクサンダー・ギオラ (Guiora et al. 1972) らは、少量のお酒を飲ませることにより、自己抑制の度合いを下げるという実験をした。すると、お酒を飲んだグループのほうが、外国語（タイ語）の発音がよかったのである。おもしろい研究だが、その後検証されていない。また、その他の面（流暢さとか、文法的正確さ）ではどんな変化があるのか大変興味深いところだ。ただし、タイ語の発音もアルコールの量が多すぎると、悪くなり、また空腹でアルコールを飲んだグループは発音がよくならなかったそうである。ほろ酔い程度がいいのかもしれない。

【タスク】

(1) インプット仮説とアウトプット仮説について、どちらがより信憑性があるか、みんなでディスカッションしなさい。

(2) 手続き的知識と宣言的知識の違いについて、日本語、英語、言語以外の例をあげて説明しなさい。

(3) 日本語学習者が犯す（と思われる）誤りを3つあげて、それぞれ、どんな誤りとして分類できるか考えなさい。

(4) 次の①〜⑤について正しいものに〇、間違っているものに×をつけなさい。
  ① CALPの方が短期間で身につくのに対し、BICSが身につくには相当な時間がかかる。
  ② 中間言語分析では、おもに学習者の中間言語が母語話者の基準とどのようにずれているかを分析する。
  ③ 教えた項目が身につかないのは、教え方が悪いからである。
  ④ 学習者の母語が第二言語の学習に影響することを言語転移という。
  ⑤ 言語のルールはすべて意識的に学習されるべきものである。

(5) 次の文章は第二言語習得理論について述べたものである。（　）に適切な語句を書きなさい。

　言語習得が（　①　）を理解することのみによっておこるという（　②　）の仮説は（　①　）仮説と呼ばれるが、この理論では、意識的な（　③　）は、言語習得には直接むすびつかず、自分の発話が正しいかチェックする（　④　）の機能しかないとする。これは（　⑤　）の立場である。これに対し、（　⑥　）理論は、意識的に覚えた知識も、練習することにより、実際に使えるようになるというものである。

【読書案内】

白井恭弘（2004）『外国語学習に成功する人、しない人―第二言語習得論への招待（岩波科学ライブラリー100）』岩波書店
　☞第二言語習得の研究成果を一般向けに、具体的な話も交えながらやさしくまとめた入門書です。まずさっと通読して流れをつかみ、2度目以降は精読するとよいでしょう。なお、本書の一部が2006年の「日本語教育能力検定試験」に出題されています。

白井恭弘（2008）『外国語学習の科学―第二言語習得論とは何か（岩波新書新赤版1150）』岩波書店
　☞白井（2004）を改訂、拡大したもので、新しい研究も入れて、分量的には倍程度になっています。こちらも、日本語教育能力検定試験、大学入試、大学院入試などに出題されています。

大関浩美 (2010)『日本語を教えるための第二言語習得論入門』くろしお出版
　☞最新の第二言語習得論研究の成果がわかりやすく解説されています。
佐々木嘉則 (2010)『今さら訊けない…第二言語習得論入門』凡人社
　☞入門書を何冊か読んでもまだ何か腑に落ちないという人に、次のステップとして最適です。巻末には「SLA セルフチェック・テスト 33 問」も収録。
迫田久美子 (2002)『日本語教育に生かす第二言語習得研究』アルク
　☞第二言語習得の基本的事項を日本語教師対象にわかりやすくまとめてあり、役に立ちます。
小柳かおる (2004)『日本語教師のための新しい言語習得概論』スリーエーネットワーク
　☞迫田 (2002) と同様の読者層を対象としていますが、やや専門的な部分もあります。著者の専門であるフォーカス・オン・フォームについて詳しい記述があります。
Larsen-Freeman, D. & Long, M. H. (1990) *An introduction to second language acquisition research.* London: Longman. (牧野高吉・大場浩正・萬谷隆一訳『第 2 言語習得への招待』号プレス)
　☞やや古いですが、第二言語習得研究の本質がわかる好著です。
小池生夫編 (2003)『応用言語学事典』研究社
　☞知らない用語があれば、この本で確認できるので便利です。
お茶の水女子大学日本語教育コース (2002-2008)『第二言語習得・教育研究の最前線― 2002 年～ 2008 年版』凡人社
　☞お茶の水女子大学日本語教育コースの『言語文化と日本語教育』の増刊号として毎年 1 冊発行されています。最新の研究動向をまとめたレビュー論文が便利です。
中島和子 (2005)「バイリンガル育成と 2 言語相互依存性」『第 2 言語としての日本語の習得研究』, 8, 135-166.
　☞やや専門的な部分もありますが、バイリンガリズム研究の重要なポイントをカミンズの理論を中心に論じています。

【参考文献】

寺内正典 (1994)「形態素の習得」SLA 研究会編『第二言語習得理論に基づく最新の英語教育』大修館書店　pp. 24-48.

峯布由紀 (2002)「Processability theory に基づいた言語習得研究」日本言語文化学研究会編『第二言語習得・教育研究の最前線 2002 年版』凡人社　pp. 28-44

Andersen, R. W. (1983) Transfer to somewhere. In S. Gass & L. Selinker (Eds.) *Language transfer in language learning*, Rowley, MA: Newbury House. pp. 177-201.

Anderson, J. R. (1983) *The architecture of cognition.* Cambridge, MA: Harvard University Press.

Anderson, J. R. (1995) *Cognitive psychology and its implications* (4th ed.). New York: Freeman.

Busch, D. (1982) Introversion-extroversion and the EFL proficiency of Japanese students. *Language Learning*, 32, 109–132.

Corder, S. P. (1967) The significance of learners' errors. *International Review of Applied Linguistics*, 5, 161–170.

Ellis, R. (1994) *The study of second language acquisition*. Oxford: Oxford University Press.

Guiora, A., Beit-Hallahmi, B., Brannon, R., Dull, C. & Scovel, T. (1972) The effects of experimentally induced changes into ego states on pronunciation ability in a second language: an exploratory study. *Comprehensive Psychiatry*, 13, 421–428.

Gardner, R. C. (1986) *Social Psychology and Second Language Learning: The Role of Attitudes and Motivation*. London: Edward Arnold.

Kanagy, R. (1994) Developmental sequences in learning Japanese: A look at negation. *Issues in Applied Linguistics*, 5, 255–277.

Kawaguchi, S. (2005) Processability theory and Japanese as a second language. 『第二言語としての日本語の習得研究』, 8, 83–114.

Krashen, S. D., Long, M. H. & Scarcella, R. C. (1979) Age, rate and eventual attainment in second language learning. *TESOL Quarterly*, 13, 573–82.

Krashen, S. D. & Terrell, T. D. (1983) *The Natural Approach: Language Acquisition in the Classroom*. Hayward, CA: The Alemany Press.（藤森和子訳『ナチュラル・アプローチのすすめ』大修館書店）

Long, M. H. (1981) Input, interaction and second language acquisition. In H. Winitz (Ed.) Native language and foreign language acquisition. *Annals of the New York Academy of Sciences*, 379, 259–78.

Long, M. H. (1990) Maturational constraints on language development. *Studies in Second Language Acquisition*, 12, 251–85.

Long, M. H. (1991) Focus on form: A design feature in language teaching methodology. In K. de Bot, R. B. Ginsberg & C. Kramsch (Eds.) *Foreign language research in cross-cultural perspective* Amsterdam: John Benjamins. pp. 39–52

Luk, Z. P. & Shirai, Y. (2009). Is the acquisition order of grammatical morphemes impervious to L1 knowledge? Evidence from the acquisition of plural -s, articles, and possessive's. *Language Learning*, 59, 721–754.

McLaughlin, B. (1978) The Monitor Model: Some methodological considerations. *Language Learning*, 28, 309–332.

McLaughlin, B., Rossman, T. & McLeod, B. (1983) Second language learning: An information-processing perspective. *Language Learning*, 33, 135–158.

McLaughlin, B. (1987) *Theories of second language learning*. London: Edward Arnold.

Naiman, N., Frohlich, M., Stern, H. H. & Todesco, A. (1978) *The Good Language Learner*. Toronto: Modern Language Centre, Ontario Institute for Studies in Education.

O'Malley, J. M., Chamot, A. U. & Walker, C. (1987) Some applications of cognitive theory to second language acquisition. *Studies in Second Language Acquisition*, 9, 287–306.

Oxford, R. L. (1990) *Language Learning Strategies: What Every Teacher Should Know*. Boston, MA: Heinle and Heinle. (宍戸通庸・伴紀子訳『言語学習ストラテジー』凡人社)

Pienemann, M. (1989) Is Language Teachable?: Psycholinguistic experiments and hypotheses. *Applied Linguistics*, 10, 52–79.

Robinson, P. (2002) Effects of individual differences in intelligence, aptitude and working memory on adult incidental SLA: A replication and extension of Reber, Walkenfield and Hernstadt, 1991'. In P. Robinson (Ed.) *Individual Differences and Instructed Language Learning*. Amsterdam: John Benjamins. pp.211–266.

Schachter, J. (1974) An error in error analysis. *Language Learning*, 27, 205–214.

Schumann, J. (1979) The acquisition of English negation by speakers of Spanish: a review of the literature. In R. Andersen (Ed.) *The acquisition and use of Spanish and English as first and second languages*. Washington, D. C.: TESOL. pp. 3–32.

Selinker, L (1972) Interlanguage. *International Review of Applied Linguistics*, 10, 209–231.

Strong, M. (1983) Social styles and the second language acquisition of Spanish-speaking kindergartners. *TESOL Quarterly*, 17, 241–258.

Swain, M. (1985) Communicative competence: Some roles of comprehensible input and comprehensible output in its development. In S. Gass & C. Madden (Eds.) *Input in second language acquisition*. Rowley, MA: Newbury House. pp. 235–253.

Tomasello, M. (2003) *Constructing a Language: A Usage-Based Theory of Language Acquisition*. Cambridge, MA & London: Harvard Univ. Press.

Whitman, R. & Jackson, K. L. (1972) The Unpredictability of Contrastive Analysis. *Language Learning*, 22, 29–41.

タスクの答え　(4)①×　②×　③×　④○　⑤×、(5)①インプット　②クラシェン　③学習　④モニター　⑤ノン・インターフェイス　⑥自動化

第9章　異文化理解と心理

本章ではまず、異文化接触によって浮かび上がる＜心と文化＞の問題を取り上げます。私たちの日常生活に文化がどう関わっているのか、発達心理学や異文化間心理学などの知見もふまえながら概説します。さらに、ヴィゴツキーの発達理論や状況的学習論を取り上げ、言語教育における学習を考えます。

【キーワード】
カルチャーショック、U／Wカーブ、リエントリーショック、アイデンティティ、スキーマ、ステレオタイプ、高／低コンテキスト文化、言語／非言語メッセージ、自己開示、ALM、パターン・プラクティス、S-R理論、ヴィゴツキー、状況的学習、協働学習

1　異文化理解―なぜ日本語教師に必要な知識なのか

　日本語学習者が学校外で人々との交流に挑戦すると、大方は順調でもときにうまくコミュニケーションがとれなかったり、違和感を覚えたりすることがある。そんなとき、その原因や背景を理解しうる知識があれば、新たな学習動機に繋がり、精神的な落ち込みを防ぐこともできる。このように、異文化接触によるトラブルや心理的な危機に陥った学習者の援助も日本語教師の重要な責務であり、異文化理解の知識はそんなときに役立つ知識といえる。また同時に、日本語教師自身にも有益な知識でもある。たとえば、赴任先の海外で精神的な不安定を覚えたときや、教室で文化背景の異なる学習者の言動に戸惑いを感じたときなどに、自らの心理状態を客観的に眺める手がかりとなるだろう。日本語教師に欠かせない基礎知識として理解を深めてほしい。

2　異文化適応と文化化

2.1　異文化適応モデルとそのプロセス

　カルチャーショックは、異文化環境で初めて出会う事象や慣れない習慣に出

会ったときに感じる心理的な違和感やストレスとして広く知られているが、実は、この心理的な危機は単発的な現象ではない。大きな**異文化適応**プロセスの一部だといわれる。異文化適応プロセスを説明するモデルは複数あるが、本章はその中でもよく知られたUカーブとWカーブから紹介する。

　異文化に囲まれた生活は、初めは物珍しさや好奇心で精神的に高揚することが多いが、次第に周囲と自分の習慣や考え方があわないという事態が起こる。これがカルチャーショックに相当する時期である。こうして、精神的な落ち込みが続くが、ずっと落ち込んだままではない。環境になじむとともに、次第に精神的な落ち込みから回復し、日々の生活に対する満足度も向上するといわれる。ここまでの一連の軌跡をモデル化したものが、**Uカーブ**である。

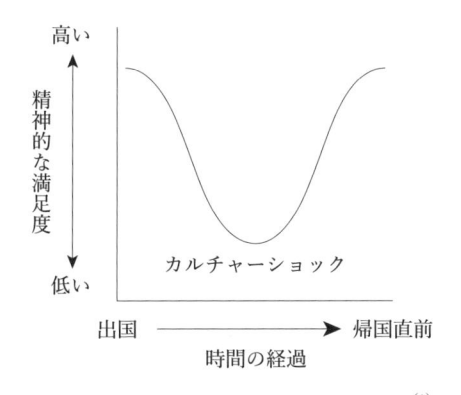

図1　Uカーブ（磯貝（1998: 245）を参照）[1]

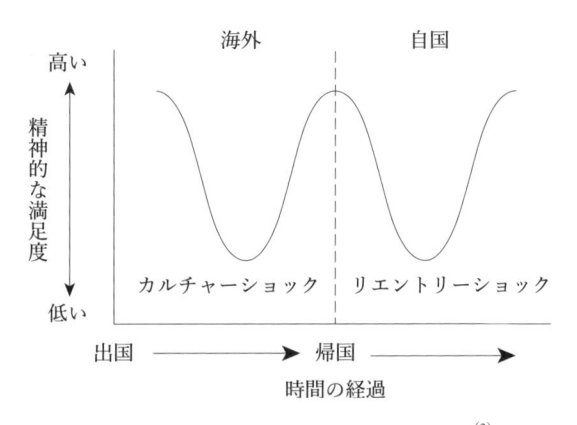

図2　Wカーブ（磯貝（1998: 245）を参照）[2]

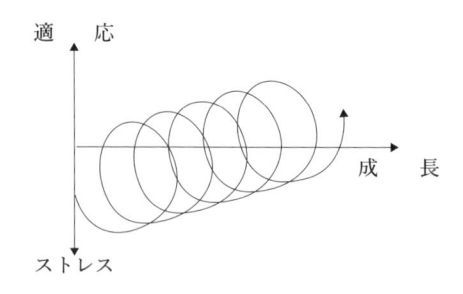

図3　ストレス―適応―成長曲線（石井他 2001: 121）

　しかしこうして回復した後に帰国すると、以前は全く違和感のなかった母国の習慣や価値観にストレスを感じることがある。これが**リエントリーショック**（＝再入国危機）と呼ばれる精神的な落ち込みである。この不適応状態はあまり注目されないが、「実際には外国に行ったときに起こるカルチャーショックよりもインパクトが大きい場合さえある」（石井他 1997: 288）と指摘される。というのも、Uカーブに現れた最初の落ち込みは、「ある程度の覚悟をしているのに対し」、異文化社会滞在中に価値観や行動様式が変化しているとは本人も周囲も全く予想しないばかりか、帰国しても「自分のよく知っている文化であるから難なく対応できると考える」（同: 288）ことが裏目に出るのだという。このように帰国時に発生する精神的な落ち込みと回復を、Uカーブの後に加えたモデルが**Wカーブ**である。
　UカーブとWカーブは、海外で滞在し、再び母国に戻るまでの精神状態をモデル化したものだが、移民の人々の文化適応研究からは、ストレス―適応―成長曲線というモデルが提示されている。これは、異文化適応とはUカーブのように単純に下がって上がるものではなく、常にらせんを描くように精神的な浮き沈みを体験するものの、それでも全体としては少しずつ適応に向かうと考えるモデルである。
　さて、以上のモデルでは異文化適応を1つの大きな変化としてとらえているが、同じプロセスを**認知・行動・情動**という3つの側面で進行する複合的な変化としてとらえる考え方もある。たとえば、箕浦（1990）は、日系アメリカ人の父と日本人の母を持ち、13歳のときにカリフォルニアから来日した女子高生の事例をあげている。彼女は来日後、日本の習慣や決まり文句を奇妙に思いつつも徐々に受入れるようにはなったが、それでもときに「なぜ自分はこんなことをやっているのだとか、こんなことをいうのか」という気分になったとい

う。箕浦はこの状態を「三年あまり日本で暮らすうちに、日本での適切な振る舞いについて知識を得（認知的側面）、おおむねそのように行動できるようになったが（行動的側面）、気持ちが行動についていかず、情動面と行動面にある種のズレが起きていた」（同：62-63）と説明する。認知・行動に較べると情動における適応は難しく、ズレが生じていることがわかる。ズレを自覚せざるを得ない異文化環境に対して、自文化では個々の行動がその背後にある意味や感情を考える必要もないほど当たり前になっているので、感情的に抵抗なく行動ができるという（同：62）。

2.2　異文化環境で浮上する自分の中の「文化」

　文化には数多くの定義や概念があるが、本章では異文化適応における文化の役割が包括的に描写された次の定義を採用する。少し長い引用になるが、じっくりと読んで、ここでの文化の概念をイメージしてみよう。

　　（文化とは）各規則におけるダイナミック（活動的）なシステムであり、明確なものや暗黙のうちに了解されているものがある。各集団が自らの生存のために作り上げてきたシステムで、態度、価値観、規範、行動などに関連している。集団内で共有されてはいるが、同じ集団内でもその中に存在する単位（集団をさらに分割した下位群）ごとに異なった解釈がされている場合もある。次世代へと伝えられていき、比較的変化しにくいものではあるが、時代とともに変化する可能性もある。　　　　　　（マツモト 2001: 27-28）

　"システム"というあたりが想像しにくいかもしれないが、私たちの価値観や習慣は互いに影響しあっていて、それぞれ独立したものではない点を考えてみてほしい。それらが結びつき、1つの大きな総体となったものを文化ととらえるなら、それはまさにシステムと呼べるのではないだろうか。

　私たちがいかに深く1つの文化に適応しているかは、異文化環境に置かれて初めて気づかされることが多い。ある文化で当たり前とされる行動規範や価値観が身についている人ほど、その文化には深くなじんで適応しているため、違和感を覚えることはないからだ。それゆえ、海外に出て初めて自分がいかに日本的な人間であるかを思い知った、と語る人は少なくない。このように異文化環境下にあるとき、私たちは出身文化の下では意識しなかった自分の文化的**アイデンティティ**を自覚するといわれる。つまり文化的アイデンティティとは、

自分は文化的な側面でどこの集団に属するかを自覚する感覚のことである。他にも、職業やジェンダーなど、さまざまな集団や意識ごとに異なるアイデンティティが存在するが、異文化間接触で人々が強く意識するのはこうした文化や民族に対するアイデンティティである。

このアイデンティティの根拠となるものは、国籍・言語・文化などであり、日本に住む多くの人々はこの3つが「日本」という点で共通している。そのため、自分の文化的アイデンティティが揺らぐことは滅多にない。しかし、同じ社会には事情の異なる人々もいる。たとえば、在日韓国・朝鮮人の3世や4世の場合、その国籍は北朝鮮もしくは韓国だが、母語や身についた文化の大半は日本のものであるため、自分の所属文化が曖昧になりやすい。

2.3 文化化のプロセス

私たちはいつの間に生まれ育った文化の習慣や考え方を身につけ、その文化の成員としての文化的アイデンティティを持つようになるのだろうか。そのプロセスが**文化化**(enculturation)と呼ばれるもので、「人間が所属集団の成員になるために、その集団の文化を学習する過程」[3](石井他 1997: 280)といわれる。ちなみに、同じプロセスを指して社会化(socialization)と呼ぶこともある。両者には、人がある社会に暮らすことで身につくものを、文化と見なすか、社会的に適切な行動や価値観と見なすか、という違いがある。

文化化の具体的なメカニズムについてはいくつかの説があり、子どもの生得的な能力と文化化は関係があるのか、発達は年齢に応じて段階的に出現するのか、などの点ではさまざまな意見がある。しかし、子どもは自分を育ててくれる親や周りの大人との相互行為によってその文化特有の価値観や習慣を身につけていくと考える点、さらに、学校教育が「子どもをその社会に適応させ、その社会の文化価値を教え確固としたものにする上で、もっとも重要なシステムとしての役割」(マツモト 2001: 96)を担うと考える点では概ね一致している。

ここで問題となるのが、異文化に暮らす子どもの文化化である。親は母国文化の価値観や習慣を完全に身につけた成人なので、異文化環境で適応を迫られても、その文化的アイデンティティが根本的に揺らぐことは少ない。ところが、子どもの文化間移動は、母国社会での文化化や言語習得が未完成の状態で本人の周囲の人々や環境が一変することを意味する。したがって、家庭や学校などの環境によっては、母国と移動先の文化のどちらによっても文化化されることなく発達を終えてしまうことがある。また、言語習得や認知的な発達への

影響も大きい。こうして文化的アイデンティティが曖昧となってしまった子どもたちは後年、心理的な葛藤に陥る場合がある。この状態を**アイデンティティ・クライシス**[4]と呼ぶ。前述した在日朝鮮人の3世や4世が自分の所属文化を見失った状態はその典型といえよう。

　また、中国残留孤児を母に持つ帰国2世の女性と、その一家を描いたノンフィクション作品にもその一例がある。主人公の女性は自らを時折自嘲的に「イーパーイーパー」と呼び、自分の中には、11歳で来日して成人した日本人の真理子（日本名）と、11歳のときに大人になるのをやめてしまった中国人の喜蓮（中国名）の2人がいるという。中国語の「イーパーイーパー（一半一半）」とは「半分日本人、半分中国人」を意味する。「真理子がしゃべる日本語は完璧じゃないですけど、二十一歳の女の人の言葉ですよね。（略）でも喜蓮は違うわ。なぜかというと、喜蓮は十一歳の子供の言葉しかしゃべらないもの。見た目は大人なのに、私の中の中国人は幼くて甘えん坊の言葉しかしゃべらない」（井田1995: 29）と、彼女はその複雑な言語感覚を語り、2つの言語と文化の間のアンバランスに悩む胸中を告白している。

　日本各地の工業団地で働く南米日系人の子弟も、文化化のプロセスと心身の発達という点では極めて厳しい状況にある。親たちの多くは工場労働に忙しい。その上、周囲に母国の文化や言葉を学べる場はほとんどなく、小学校では日本語による教科の指導が中心である。こうした環境で成長する子どもたちは、次第にポルトガル語やスペイン語が話せなくなり、日本の文化や言葉を身につけていく可能性が高い。日本文化による文化化が進んで、母文化からの乖離につながってしまうのである。そんな彼らが、長じて南米へ帰国すると、母文化や社会への不適応に直面し、それがきっかけとなって深刻なアイデンティティ・クライシスに陥りかねない。そこで、南米日系人の労働力を必要とするなら、親に連れられて来日する子弟らの母語・母文化保持教育も、日本社会は責任を持って支援するべきだという声もある。

3　私たちの記憶と行動

　前節では、文化化を実現する重要な要素として、発達時の文化的環境をあげたが、私たち自身の頭の中にも文化化に欠かせない働きが存在する。記憶をはじめとする脳の情報処理の働きである。

　私たちは成長するにつれて、周りの大人を通じて自文化に特有の習慣や態度

を経験する。しかし、その経験も即座に忘れてしまうようでは文化化にはつながらない。私たちの経験は記憶によって支えられており、その記憶の働きによって私たちは自文化を身につけていくのである。この記憶が蓄積されて知識となり、組織化されたものが**スキーマ**で、次のように定義される。

> 過去の体験が長期記憶として獲得されたもので、さまざまな状況や行動ルールについての情報、自分自身や周りの人々についての情報、実際に起こった事柄やさまざまな物事についての情報、自己が獲得した方略、情動についての知識、さらにこれらの情報や知識の間の関係などを含む組織化された認知構造。　　　　　　　　　　　　　　　　　　　　　　　（西田 2000: 84）

　子どもは、大人との接触を通じて文化ごとに特徴のある行動や思考を見聞きし、その経験をもとにスキーマを形成する。そして、その次はそのスキーマを日々の行動や判断の材料として活用するのである[5]。
　スキーマには、自然科学や歴史などの概念や、特定の人物や集団に対するもの、特定の状況化での手続きの仕方などがあり[6]、これらのおかげで私たちは初対面の人にも適切な話題が選べ、旅に出ても円滑に交通機関が利用でき、地震が起きても次に何をすべきか瞬時に判断できる。スキーマは、脳に流入する膨大な情報を効率よく手早く処理して適切な行動へと結びつけるためには欠かせない道具なのである。また、スキーマのなかでも、連続する手順の知識を特に**スクリプト**と呼ぶ。私たちがレストランに入ったら最初に何をしたらいいのか、その次にどうするか、迷うことなく行動できるのは、このスクリプトのおかげである。ただし、背景文化や年齢の違う場合は過去の経験にも差が大きく、形成されるスキーマやスクリプトにも似通った部分が少なくなるため、かけ離れた予測や行動をする場合がある。
　もう1つ、同じく溢れるような情報を短時間で処理するためのしくみとして、**カテゴリー化**[7]という脳の働きがある。これは、新しい情報を理解するときに、まず初めになんらかのカテゴリーに振り分けることで、個々の情報を一から丹念に処理する手間を省き、代わりに、すでによく知っているグループとしての特徴を用いて迅速に理解するという情報処理のしくみである。
　しかし、この便利なスキーマやカテゴリー化が裏目に出る場合もある。**ステレオタイプ**（＝人々が特定の人物や集団に対して抱く固定的なイメージ[9]）や**偏見**である。確かに、初対面の人が「ドイツ人」だと聞き、ステレオタイプに

よって「ビール好き」と結論づけるのは、考える手間や時間が省けて便利である。しかし、実際にこの予想が効果的に働くとは限らない。ステレオタイプによる決めつけに反発を覚える人や、ステレオタイプの特徴を持たない人もいるからだ。さらに、ステレオタイプに否定的な感情が加わって強まったものが偏見である。世界の歴史を振り返ってみると、偏見が集団同士の抗争を引き起こし、いくつもの集団虐殺や差別へと拡大したことがわかる。

私たちの脳の情報処理に効率化が欠かせない以上、ステレオタイプを防ぐことは容易ではないが、それをコントロールまたは低減することは可能だといわれている（上瀬 2002）。異文化接触におけるステレオタイプの低減を目指すなら、異文化トレーニングを活用するのも1つの方法だろう。

4 コミュニケーションにおける文化的差異

ここでは、文化ごとに存在するさまざまな特徴のうち、代表的なものをいくつかあげる。その多くがコミュニケーションに関係している上に、人々はその違いを自覚せずに、自文化を基準にして判断や解釈を行うため、異文化接触ではこうした文化差が誤解や衝突を招く場合がある。

4.1 高コンテキスト／低コンテキスト

コンテキスト（context）とは、コミュニケーションを取り囲む文脈のことである。たとえば、椅子の配置や部屋の明るさ（物理的コンテキスト）、お見合いの席（社会文化的コンテキスト）、相手との人間関係（対人コンテキスト）という設定を思い浮かべてみよう。現実のコミュニケーション場面では、複数のコンテキストが相互に結びついて、そのとき、その場だけのコンテキストが形成されている。そして、その場面設定でメッセージを伝達しようとするとき、コンテキストに対する依存度が文化や言語によって異なるといわれる。伝達したい内容を明確に言語化せず、コンテキストを利用して「察し」を求める傾向の強い文化を高コンテキスト文化、反対に、コンテキストには頼らず伝達内容をすべて言語化する傾向のある文化を低コンテキスト文化と呼ぶ。この文化的差異を指摘した文化人類学者のホールによると、日本文化は高コンテキスト文化の代表といわれる。そのため、低コンテキスト文化の人々が日本人と会話すると「言いたいことがわからない」「話が非論理的で信頼できない」と不満を感じることがあるという。

高コンテキスト文化

```
日本人            ・
アラブ人          ・
ギリシア人        ・
スペイン人        ・
イタリア人        ・
イギリス人        ・
フランス人        ・
アメリカ人        ・
スカンジナビア人  ・
ドイツ人          ・
ドイツ系スイス人  ・
```

低コンテキスト文化

図4　文化のコンテキスト度（青木 1999: 42）

4.2　言語メッセージ／非言語メッセージ

　コンテキストの役割を考えてもわかるように、私たちのコミュニケーションは言葉だけで成立しているわけではない。表情・ジェスチャー・視線・身体的距離・声の抑揚やスピード・沈黙なども情報を伝えている。これら言語によらず伝達された**非言語メッセージ**は、言葉で表現された**言語メッセージ**に較べると遥かに雄弁で、同文化圏の人間同士のコミュニケーションのうち、6～7割をこの非言語メッセージが担っているといわれる。

　しかし、異文化接触の場合はこの非言語メッセージが誤解の原因にもなる。たとえば、日本人が「おいでおいで」をしても、同じジェスチャーが「あっちへ行け」を意味する文化圏の人々ならば足早に立ち去ってしまうだろう。また、ジェスチャー以外でも、視線や身体的距離などのいくつかの非言語メッセージの中には文化によってその意味の異なるものがある。

4.3　談話構造

　「日本人は話が回りくどくてわかりにくい」としばしば批判される。前述したように、こうした不満の背景にはコンテキストに依存して言語化しない日本人独特のコミュニケーションスタイルの存在が考えられる。それを明らかにしたのがカプランの研究である。彼は、世界20地域から集まった滞米留学生の

作文で比較分析を行い、文化ごとに談話における展開の特徴を前掲したようなモデル図に表現した（Kaplan 1966）。これを見ると、アジア人の文章は結論が最後の最後に登場し、結論まで一直線の英語圏の人々とは正反対の展開であることがよくわかるだろう。カプランの研究には批判もあり、論争も長く続いたが、現在は多くの研究者が話し方や文章の展開には文化ごとの特徴があると主張している。

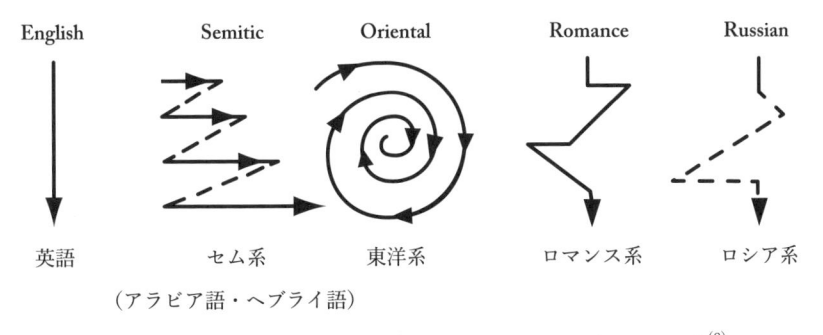

図5 滞米留学生による作文の母国語別モデル図（佐々木 2001: 68）[8]

4.4 自己開示

自己開示とは「個人的な情報を他者に知らせる行為」（榎本 1997）のことである。一般に、相手が親しくなるにつれ、開示するトピックは拡大し、同時にその内容も深くなるといわれる。この自己開示にも文化差があるといわれる。たとえば、"とっつきにくいドイツ人と開放的なアメリカ人"としばしば形容される両国の大学生を実際に比較調査してみると、アメリカ人のほうが男女共に自己開示度が高いという結果が出ている（次頁図6を参照）。

5　心理学における学習観と言語教育の教授法

　異文化理解同様に、いい授業をするために欠かせない日本語教師の基礎知識は他にもある。その1つが学習観である。これは、「学び」とはどういうものかを定義したものである。教師は、その「学び」の定義に基づく教授法や活動を考案し、それらを使った授業内容を考え、実行する。それゆえ、学習観とは授業のおおまかな方針を決める基本原則のようなものといえよう。

　一般に、学習観は心理学の影響を受けて形成されるため、心理学研究の動向

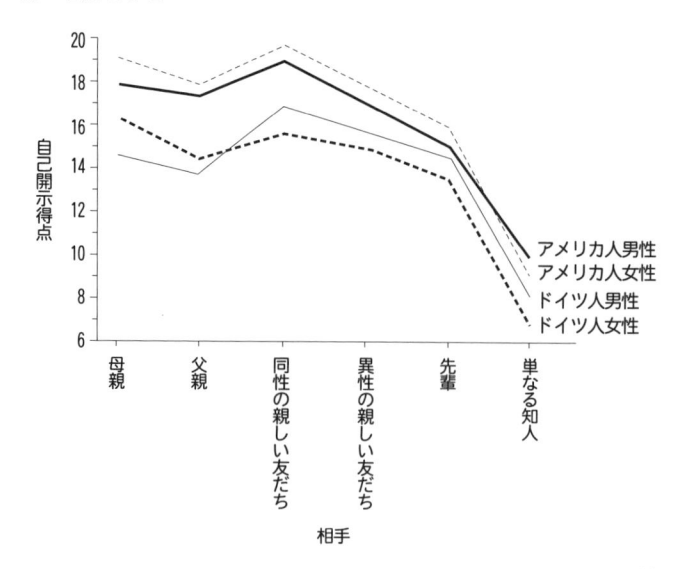

図6 ドイツ人とアメリカ人の相手別自己開示度（榎本 1997: 101）[9]

に応じて変化し、その新しい学習観に基づく新しい教授法や学習活動が登場する。現在、広く注目を集めている協働学習も、1990年以降の教育心理学や発達心理学研究の新しい潮流となっている**ヴィゴツキー**の発達理論および**状況的学習論**から生まれた学習観に支えられている。

6 これまでの言語学習と学習観

　新しい学習観とそれに支えられた言語教育を考える前に、これまでの学習観と言語教育の流れを振り返ってみよう。まずは、これまでの教授法の代表として、第二次世界大戦以降の言語教育で広く普及した**オーディオリンガル・メソッド（AL法）**を取り上げる。
　AL法の授業は、文型や語彙が自動的に口から出てくるまで何度でも練習する**ドリル**や、教師のキュー（＝合図）に反応して答えをいう**パターン・プラクティス**という練習方法によって構成される[10]。このように繰り返しによって言語が身につくという発想の背景には、当時の心理学で主流だった**行動主義心理学**の影響がある。行動主義心理学では、ある刺激（Stimulus）を繰り返すことで特定の反応（Response）が起きるように習慣づけられることを「行動が変化

した」と考え、その変化を学習ととらえていた（これを **S-R 理論**と呼ぶ）。この学習観に基づいて考案されたのがパターン・プラクティスやドリルである。その指導場面を想像すると、この学習観が学習者の自発的な思考や情動という要素をあまり考慮していないことが伝わってくるだろう。

さて、行動主義心理学の次に言語教育に影響を与えたのが、1960年代から70年代にかけて台頭してきた**認知心理学**[11]である。認知心理学は行動主義心理学とは異なり、人間の頭の中での情報処理のしくみや意識の働きに注目することから始まった。ちょうどその頃、本格的な開発が始まったコンピュータは、人間の脳の情報処理システムを見本にしながら大きく発展し、一方、認知心理学のほうも、できあがったコンピュータが人間と同じように情報処理ができるかを試すことで、こちらも大きく発展した。このような歩みを考えると、認知心理学にコンピュータが欠かせない理由がよくわかる。

こうして人間の情報処理のしくみが解明されると、同時に学習に対する考え方も変化した。認知心理学のもとでは、「『学習』とは概念の構造や認知構造を変えたり、利用したりすることであるとみる」（永野 2001: 77）とされたことでもわかるように、外から見ただけではわからない人間の内部に発生する情報処理システムの変化を学習と考えた。

以上までで、言語教育に特に大きな影響を与えた行動主義心理学と認知心理学の２つを概観した。両者に共通する点として、学習者の学びを学習者個人の内面で、もしくは個人と外部環境との関係で限定的にとらえていることに気づく。つまり、人が周囲の人々とのあいだで経験する社会的関係から受ける影響を考慮に入れていないことがわかるだろう。その点で対照的なのが、次に紹介するヴィゴツキーの発達心理学と状況的学習論である。

7　最近の言語教育と新しい学習観
　　　―ヴィゴツキー心理学と状況的学習

近年、学習者同士で日本語による相互行為を豊富に体験できる授業を目指して、新たな教室活動を模索する日本語教師は少なくない。そこへ登場したのが**協働**[12]学習である。協働学習とは、学習者が互いに協力しつつ共通の目的を達成するもので、さらに学習者同士の社会的関係（人間関係）を構築するという特徴も持っている。この活動の理論的背景となっているのが、ヴィゴツキーの発達理論と、その影響を受けて1980年代後半から90年代にかけて登場し

た状況的学習論である。

　ヴィゴツキーは、20世紀初頭に活躍した旧ソビエトの心理学者である。彼は、人間の言語と認知の発達を次のように考えていた。

> ヴィゴツキーは、ことばははじめは他者とのコミュニケーションの手段という極めて社会的な性格を持っているものの中にその起源があり、次第にこのコミュニケーションの道具が自己の中に内化していって自分の思考の道具となって性格を変えて立ち現れてくる、ということを指摘している。
>
> （佐藤 1999: 7）

　つまり、子どもが大人とコミュニケーションを交わすと、言葉を真似て使うことで（＝外言）身につく。次に、その言葉を心の中でつぶやく（＝内言）ようになると彼らの思考は深まり、認知的な発達が起きるという。

　また、子どもの能力には、単独では不可能だが大人の助けを借りることで問題解決が可能になる領域があり、そこがまさしく「次に発達する領域」だとヴィゴツキーは考えた。それが、最近接発達領域（**Z**one of **P**roximal **D**evelopment: ZPD）と呼ばれる領域である。このとき、大人が子どもに対して与える助けを、ヴィゴツキーに影響を受けた研究者たちは後に**スキャフォールディング**（scaffolding: 足場かけ）と名づけている（Wood, Bruner & Ross 1976）。

　ヴィゴツキーの没後、行動主義心理学者や、言語発達を生得的なものと考えるチョムスキーが現れたが、社会的な相互行為のなかで発達や学習が実現されると考える人々はしばらく登場しなかった。冷戦終結後、ようやくヴィゴツキー心理学の再評価が始まり、ちょうどその頃、人々の相互行為を分析する研究方法（会話分析、エスノメソドロジー、フィールドワークなど）が考案されると、再び相互行為に対する関心が集まるようになる。この流れの中から、**状況的学習論**と呼ばれる新しい学習理論が登場する。

　状況的学習論とは、職人など徒弟制度の集団に見られる弟子育成のプロセスで、新入りが親方や先輩の使い走りをするうちに徐々に知識・技術を身につけていく様子を一種の学習と考える理論である。この理論では、新入りが使い走りという周辺的なかたちで集団に参加するのは、正統的な参加の仕方であるとして**正統的周辺参加**（**L**egitimate **P**eripheral **P**articipation: LPP）と呼び、共通の目的を持つグループを実践共同体と呼んだ（レイブ・ウェンガー 1993）。

新入りが次第に実践共同体の中枢にいる親方に近づいていくように、正統的周辺参加は本人の技術・知識の向上と、集団内での位置の変化を伴う。さらにこの学習観では、知識は人々の頭の中ではなく、実践共同体（目的や技術を共有する集団）に属する人々の道具・技術・組織の間に分散された形で存在するという（永野 2001: 91）。つまり、学ぶべき事柄には常にその共同体独特のコンテキストや、仲間との相互行為が欠かせないことがわかる。

　ヴィゴツキーや状況的学習理論において、「学習」とは、具体的なコンテキストと、他者との社会的相互行為が欠かせない点で共通している。これらを重視して考案されたのが、協働活動と呼ばれる授業活動である。その代表として近年注目を集めているのが**ピア・レスポンス**だろう。ピア・レスポンスでは「いい作文を書く」という共通の目的を設定し、仲間同士で互いの作文について何度も話しあいを行う。その結果、独力では書き得ない、より優れた作文が完成し、同時に仲間との人間関係も構築されるといわれる。

　他にも、学習活動に具体的なコンテキストと仲間同士の協働作業を取り入れた試みは近年、ますます盛んに行われている。ヴィゴツキー心理学や状況的学習論から登場した新しい学習観が、日本語教育に深く浸透した証左といえるかもしれない。

「心理学のモーツァルト」と米ソ冷戦　column

ヴィゴツキーは、結核のために1934年に38歳で夭折したが、わずか10年ほどの間に、芸術・哲学・心理学に及ぶ幅広い分野で独創的な研究を次々と手がけた。そのため、「心理学のモーツァルト」と称されることがある。彼の研究は極めて先駆的であったが、米ソ冷戦という時代の影響により西側では長らく注目されることはなかった。しかし冷戦終結後は、コールやワーチなどヴィゴツキーの影響を受けた北米の研究者が次々と現れ、その結果、「社会―歴史（文化）的アプローチ」と呼ばれる学問的なグループが生まれた。日本は、冷戦時代にも教育学の分野においてソビエトから直接ヴィゴツキー理論が入り、その研究が継続されていたため、北米とは異なる独自のヴィゴツキー研究の歴史がある。

【注】

1. Lysgaard, S. (1955) Adjustment in a Forein Society: Norwegian Fullbright Grantees Visiting the United States. *International Social Science Bulletin*, 7, 45-51.
2. Gullahorn, J. T. & Gullahorn, H. E. (1963) An Extension of the U-Curve hypothesis. *Journal of Social Issues*, 19 (3), 33-47
3. Wiseman, R. L. (Ed.) (1995) *Intercultural Communication Theory*. Newbury Park, CA: Sage.
4. アイデンティティ・クライシスとは、アイデンティティ (＝自分らしさの拠り所) を見失って心理的不安定に陥った状態を指すため、文化的アイデンティティだけに発生するとは限らない。思春期のアイデンティティ・クライシスはそのひとつである。
5. 西田はカルチャーショックもスキーマによって説明する。つまり、母国で通用していたスキーマが異文化にあってはうまく通用しないために生じる精神的なショックだという (西田 2000: 154)。
6. スキーマの分類には諸説あるが、西田 (2000: 94-98) は、①事実／概念スキーマ、②人スキーマ、③自己スキーマ、④役割スキーマ、⑤状況スキーマ、⑥手続きスキーマの6つに分類している。
7. カテゴリー化は、私たちの言語理解や使用にも深く関与している。詳しくは「言語理解の過程」および「言語習得・発達」の章を参照のこと。
8. Kaplan (1966: 14)。
9. Plog, S. C. (1965) The disclosure of self in the United States and Germany. *Journal of Social Psychology*, 65, 193-203.
10. こうしたALMの練習方法は構造主義言語学の影響も受けている。構造主義言語学は、文字通り個々の言語要素の積み重ねによって私たちの言語はできていると考えるため、ALMも文型や語彙というパーツを繰り返し練習することを重視した。
11. 認知心理学という用語には、「『認知について研究する心理学』という意味と『認知主義的な心理学』という意味の2つが混在している」(守 1995: 4) という指摘がある。つまり前者は、知覚・記憶・言語・思考など人間の認知に関わる領域についての実験心理学的研究を意味し、一方、『認知主義的な心理学』というのは、「人間を情報処理システムとみなして、見えない部分においてどんなことが起こっているのかを積極的に『想像』」(同) を試みるものだという。
12. 「協働」や「共同」など複数の表記があるが、本書では最も英語の「collaboration」の語源に近い「協」＋「働」の表記に統一して使用する。

【タスク】

(1) ( )内のA～Dに適当な語を以下の①～⑤から1つ選びなさい。

日本語によるコミュニケーションは（ A ）やコンテキストに依存する傾向が強く、日本文化は（ B ）コンテキスト文化だといわれる。一方、ドイツやアメリカは（ C ）コンテキスト文化で、（ D ）に依存する傾向が強い。

> ①自己開示　②言語メッセージ　③非言語メッセージ　④高　⑤低

(2) A群の1～4に最も関連のある語をB群のa～dから選んで線で結びなさい。

A群	B群
1. 行動主義心理学	a. 最近接発達領域
2. ヴィゴツキー	b. LPP
3. 認知心理学	c. S-R理論
4. 状況的学習	d. スクリプト

【読書案内】

市川伸一（1995）『現代心理学入門3　学習と教育の心理学』岩波書店
　☞これまでの教育心理学の研究成果がどのように教育現場に応用可能かがコンパクトにまとめられています。本章では言及しなかった動機づけ・知識獲得のプロセス・評価なども概説されており、この領域の入門書として最適です。

大島弥生・池田玲子・大場理恵子・加納なおみ・高橋淑郎・岩田夏穂（2005）『ピアで学ぶ大学生の日本語表現―プロセス重視のレポート作成』ひつじ書房
　☞ピア・レスポンスの授業の手順が、具体的な課題とともにわかりやすく構成されたテキストです。

シーナ　アイエンガー（2010）『選択の科学（櫻井祐子訳）文芸春秋
　☞シーク教徒の移民家庭に生まれた筆者による、選択をめぐる社会心理学の本。選択における文化的違いをテーマとする章があり、多文化集団の難しさについて新しい側面から考えさせてくれます。

鈴木伸子（2007）『日本語教育能力検定試験に合格するための異文化理解13』アルク
　☞本章では、多くの理論やキーワードが登場しました。しかし大切なのは、日常生活のレベルでそれらを理解すること。本書は、留学生や日本語教師による実際の異文化体験談をさまざまな研究や理論によって解説しており、「異文化理解と心理」を身近な

ところから理解することができます。

ジーン レイブ・エディエンス ウェンガー (1993)『状況に埋め込まれた学習—正統的周辺参加』(佐伯胖訳) 産業図書
☞ 状況的学習論を代表する基本文献です。学習と教育について新しい考え方を示した本としてよく知られています。

【参考文献】

青木順子 (1999)『異文化コミュニケーション教育』渓水社
磯貝友子 (1998)「異文化との出会い—カルチャーショックと異文化適応」八代京子・町恵理子・小池浩子・磯貝友子『異文化トレーニング—ボーダーレス社会を生きる』三修社
石井敏・久米昭元・遠山淳・平井一弘・松本茂・御堂岡潔編 (1997)『異文化コミュニケーション・ハンドブック』有斐閣
石井敏・久米昭元・遠山淳 (2001)『異文化コミュニケーションの理論』有斐閣
井田真木子 (1995)『小蓮の恋人—新日本人としての残留孤児二世』文芸春秋
榎本博明 (1997)『自己開示の心理学的研究』北大路書房
佐藤公治 (1999)『学びの中の対話と成長』金子書房
ロビン C スカーセラ・レベッカ L オックスフォード (1997)『第二言語習得の理論と実践—タペストリー・アプローチ』(牧野高吉監訳) 松柏社
永野重史 (2001)『教育心理学通論—人間の本性と教育』放送大学教育振興会
西田ひろ子 (2000)『人間の行動原理に基づいた異文化間コミュニケーション』創元社
古田暁・石井敏・岡部朗一・平井一弘・久米昭元編 (1990)『異文化コミュニケーションキーワード』有斐閣
デイビッド マツモト (2001)『文化と心理学—比較文化心理学入門』(南雅彦・佐藤公代訳) 北大路書房
箕浦康子 (1990)『文化の中の子ども』東京大学出版会
守一雄 (1995)『現代心理学入門 1 認知心理学』岩波書店
ジーン レイブ・エディエンス ウェンガー (1993)『状況に埋め込まれた学習—正統的周辺参加』(佐伯胖訳) 産業図書
Kaplan, R. (1966) Cultural Thought in Patterns in Inter-Cultural Education. *Language Learning*, 16, 1-20.
Wood, D., Bruner, J. S. & Ross, G. (1976) The role of tutoring in problem solving. *Journal of Chile Psychology and Psychiatry*, 17, 89-100.

タスクの答え　(1)：A-③　B-④　C-⑤　D-②　(2)：1-c　2-a　3-d　4-b

第4部
言語と教育

第10章　言語教育法・実技（実習）

本章では、実際に日本語の授業を計画し、実施する上で必要な事柄について考える。日本語の知識があるからといって、それだけですぐに日本語が教えられるわけではない。学習者をどう把握し、どう授業を組み立て、実践していくか、その過程で必要となる知識や考え方を身につけながら、自らも実践できる力を身につけてほしい。

【キーワード】
コースデザイン、ニーズ、レディネス、シラバス、カリキュラム、直接法、パターン・プラクティス、コミュニカティブ・アプローチ、熟達度テスト、インフォメーションギャップ、ロールプレイ、ストラテジー教育、主教材、副教材、レアリア、教案、インターアクション

1　コースデザイン

授業を行う際、最初に必要な作業は**コースデザイン**である。本節では、コースデザインの流れと必要な作業について、具体的に考える。

1.1　コースデザインとは

だれかに「日本語を教えてください」といわれたとき、どのような準備が必要だろうか。たとえば、適当な教科書を1冊用意すれば教えられるだろうか。レッスンを始めたとたんに、学習者が学びたいと考えている内容と自分が教える内容があわない、学習者の都合で時間が十分にとれず、予定していた内容の半分も教えられないなどさまざまな問題が起こるであろう。そして、こうした問題は、教え始める前のコースデザインが十分に検討されていないことに起因する場合が多いのである。

コースデザインとは、日本語コース全体の計画をする上で必要なさまざまな作業の総体を指す。個人レッスンのような小規模なものから、日本語学校の経営のような大規模なものまで、どのような規模のコースであっても、「だれが」「だれに」「いつ」「どこで」「何を」「何のために」「どのように」教えるのか、

それらの問題の1つ1つを考慮して計画を立てる必要がある。まずコースデザインの全体の流れから見ていこう。

1.2　コースデザインの流れ

　次ページの図1は、コースデザインの流れの概略を示したものである。
　コースデザインには、「調査・分析」「計画」「実行」「評価」の段階がある。「調査・分析」の段階は、コースデザインを行う上で必要な情報を集め、分析する段階である。この段階で必要な情報を正確に集めることが、コースデザインにとっては重要なポイントとなる。そして、最終段階の「評価」で問題があった場合は、再び、「調査・分析」「計画」の段階にもどって、コースの見直しを行う必要がある。まず、「調査・分析」の段階から考えてみよう。

2　コースデザイン―「調査・分析」の段階―

　図1の最初に「どこで」「だれが」といった問題が示されている。この問題は、ある機関に所属して教えている場合など特に重要である。学校の設備や環境、経営者の方針、場合によっては、国や地域の教育方針などを把握しておかなければならない。また、教える教師の問題も重要である。機関によっては複数の教師によるティームティーチングが行われる場合があり、同じティームの教師のことも把握しておく必要がある。一人で教える場合でも、自身の得意、不得意分野を認識しておく必要があろう。
　図1では、次に「何のために」「だれに」の問題が続く。この問題はコースデザインの中で、最初の重要なポイントであり、**ニーズ調査**、**レディネス調査**と呼ばれ、その分析に基づいて、目標言語行動を調査・分析し、コース目標を設定することになる。

2.1　ニーズ調査・分析

　ニーズ調査とは、学習の目的、到達目標、実際にどのような日本語が必要とされるのかなどを判断するため、必要な情報を得るために行われる調査である。たとえば学習の目的が「観光旅行をするため」であったとする。この場合、外国人向けのパックツアーに参加するだけなのか、自分で計画、手続き、交渉を行うのかで、実際に必要となる日本語は異なってくる。単に学習の目的を尋ねるだけではなく、どのような場所(状況)で、どのような人たちと日

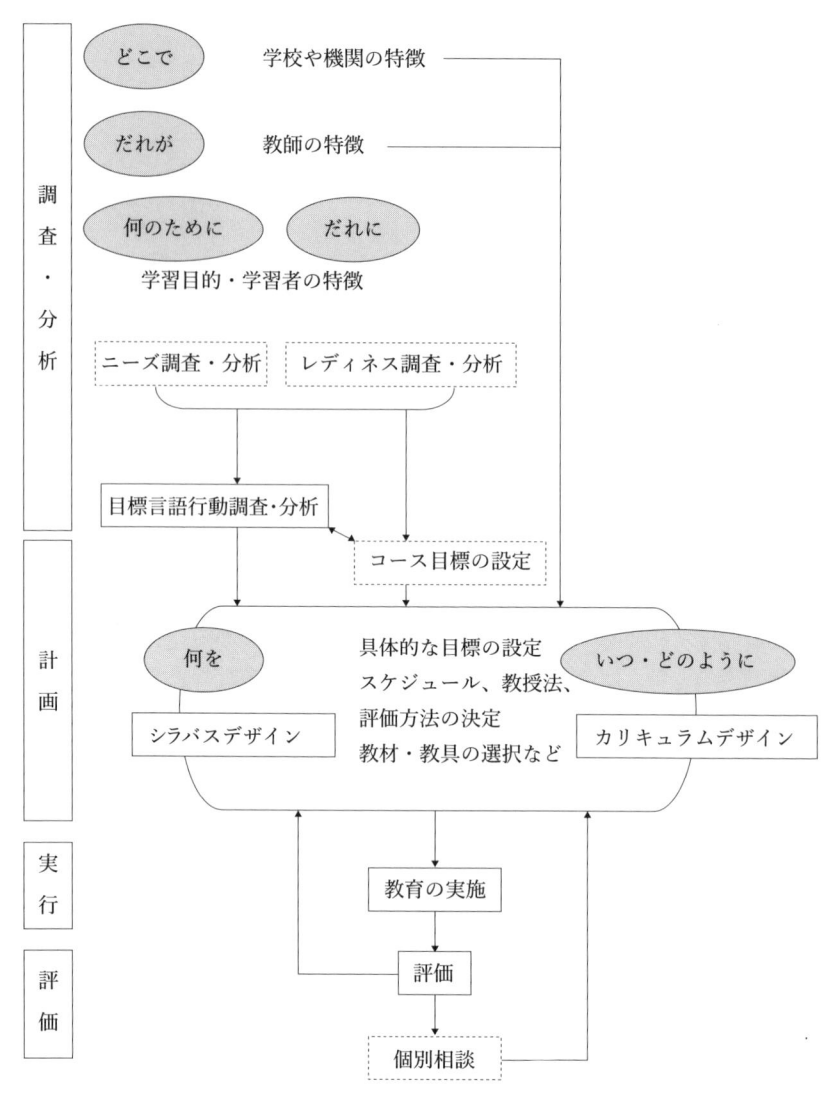

図1 コースデザインの流れ

調査・分析
- どこで — 学校や機関の特徴
- だれが — 教師の特徴
- 何のために / だれに — 学習目的・学習者の特徴
- ニーズ調査・分析
- レディネス調査・分析
- 目標言語行動調査・分析
- コース目標の設定

計画
- 何を — シラバスデザイン
- いつ・どのように — カリキュラムデザイン
- 具体的な目標の設定
- スケジュール、教授法、評価方法の決定
- 教材・教具の選択など

実行
- 教育の実施

評価
- 評価
- 個別相談

本語を話すのか、どのレベルまでの上達が必要か、どのような技能（読む・書く・話す・聞く）の習得が必要かなど、より詳細な情報を得る必要がある。
　また、ニーズ調査の対象は、学習者に限らない。学習者が年少者であれば父兄の希望、ビジネスピープルであれば職場の要望、留学生であれば学校側の求めているレベルなどが、必要とされる日本語を決める上で重要な情報となる。また、既に同じような立場で学習を始めている、あるいは学習を経験した先輩学習者からの情報収集も重要である。

2.2　レディネス調査・分析
　レディネスとは、学習者が既にどのような状況にあるかということを指す。日本語の学習経験、経験がある場合は既に身につけている日本語能力、学習したテキスト、他の外国語の学習経験とレベル、外国語学習ではどのような教授法が効果的だと考えているかなど、学習者個人の能力や学習スタイルに関わる項目を調査する。またさらに、どのくらいの期間学習する予定なのか、どのくらいの頻度で、どの時間帯にクラスに出席できるのか、自習する時間はあるのか、どのような機材を持っているのかなど、学習環境に関わる項目も調査する必要がある。文献によっては、学習者の日本語学習経験や日本語能力をレディネスと呼び、目標言語以外の学習経験や能力、学習環境に関わる項目を学習条件として分けて考えている場合もあるが、ここでは、それら全てを含めてレディネスと呼ぶ。またさらに、学習者が言語学習について持っている能力を測るため、言語学習適性テスト（本章8節を参照）を行う場合もある。ここでは、このテストの結果も学習者の既に備えている能力としてレディネスと呼ぶ。

2.3　目標言語行動調査・分析
　ニーズやレディネスを調査し、その結果を分析したら、具体的に目標とする言語行動は何かを調査したり分析したりする目標言語行動調査・分析を行う。
　たとえば、日本人観光客の多いホテルでカウンター業務をするために、必要な日本語を学習するというニーズがあるとする。ホテルのカウンター業務で、実際にどのようなやりとりをするのか、どのような日本語が使われているのかを調査する。そのとき、ことばだけでなく、必要な非言語行動やマナーまでも把握する必要がある。最終的にその言語行動をうまく行うためには、言語以外の要素も重要だからである。従って、ここでは、調査する内容を、言語と限定せず、言語行動としてとらえる。調査の方法は実際にその場面で行われている

言語行動を観察し記録する実態調査、その場面でどのような言語行動が行われているのか、どのようなやりとりがあるのかを日本語母語話者に尋ねる意識調査、教師自身の内省、つまり教師自身が自分自身に対して行う意識調査などの方法が考えられる。

　最終的には調査の結果得られた資料を分析し、必要な言語行動、そこで使われる語彙や文型、表現、文化的な要素などを決定していく。本来、こうして実際の場面で行われる言語行動、そこで使われる言語の資料から学習内容を決定し、教材を作成していくことが理想であるが、そうした教材を開発するには膨大な時間と労力が必要となる。従って、実際には市販の教材を利用する場合が多い。しかし、市販の教材を利用する場合でも、教材を選定する段階(「計画」の段階)で、この目標言語行動の調査資料に立ち返り、照らし合わせて、できるだけ目標言語を教えるのにふさわしい教材を選定することが必要である。

3　コースデザイン―「計画」の段階―

　次に「計画」の段階に入る。ここではまず、コースの目標を決定し、次に具体的に内容やスケジュール、教え方、教材、評価方法などを決めていく。

3.1　コース目標の設定

　「調査・分析」の段階で得られた資料をもとにまずコースの大きな目標を決める。コースを修了したときに、最終的にできるようになること、大まかな目標設定をする。それは、現在、学習者に何ができるのか、どのぐらいの学習時間を確保することが可能なのかといったレディネスと、何のために日本語を学習するのかといったニーズに照らし合わせ、さらに、目標言語行動調査から得られた結果も考慮して、何ができるようにしたいのか、できるようにすることが適当なのかを考えて決めることになる。「日本での日常生活で、最低限の行動(あいさつ、買い物、道聞き、電話の応対など)ができるようになる」「日本語で書かれた専門分野の論文を読み、理解し、内容について日本語で説明したり、意見を述べたり、討論したりすることができる」など、レベルや内容の広がりはさまざまであることが予想される。

　公的な教育機関の場合、コース目標は、既に国や地域で広く用いられている言語教育ガイドラインや指導要領などに基づいて決める場合がある。ある程度自由にコース目標が設定できる場合も、学習者にできる言語行動の現在

の段階、次にめざすべき段階などを確認するために、そうしたガイドラインや指導要領を参照すると良い。ACTFL (The American Council on the Teaching of Foreign Languages: 全米外国語教育協会) の Proficiency Guidelines (言語能力基準) やヨーロッパ共通参照枠 (Common European Framework of Reference for Languages: Learning, assessment) という能力基準枠などはよく参照される。ヨーロッパ共通参照枠は、ヨーロッパにおいて言語教育のシラバスやカリキュラムガイドラインを作ったり、言語を教えたり、言語教育を評価したりするための共通の枠組みで、6段階に分けて、学習者の熟達度レベルを記述している。またこの考え方を基に、「JF日本語教育スタンダード2010」というツールも開発されインターネット上で公開されている。(http://jfstandard.jp/)

3.2 シラバスデザイン

シラバス (syllabus) とは、「学習項目」あるいは「学習項目の一覧表」を指す。コース全体でのシラバスを特にコースシラバスと呼び、その作成作業をシラバスデザインと呼ぶ。

シラバスデザインのためには、まず前述のコース目標に基づいて、より具体的で詳細な言語行動目標を決める。そして、それを達成するために必要な表現、語彙、文法知識、文化的な要素など、さまざまな項目を決定していく。そうした項目を、コースを始める前に全て事前に決定し、完成しているシラバスを先行シラバス、コースを終了した時点で完成するシラバスを後行シラバスという。先行シラバスは効率的である半面、学習者のニーズの変化に対応したり、ある課題を達成するために、学習者に不足している要素や言語知識があることを発見したときに対応したりすることが難しい。一方後行シラバスは、学習記録のようなものであり、学習者のニーズの変化に対応し、学習者の知識や運用力の不足を常に把握しながらそれに対応していくことになるが、教師の負担が大きく効率も悪い。そこで、先行シラバスに最初からある程度柔軟性をもたせ、コースの途中で学習者に合わせて内容を変更できるようにした可変シラバスと呼ばれるものを考える場合がある。あらかじめ課題とその達成のために必要であると予想される言語項目を決めておき、課題をさせる過程で教える言語項目を追加したり差し替えたりするような場合もその例と言えるだろう。

ここでは、コースシラバスとして、先行シラバスの代表的なものを紹介する。コースシラバスはどのような観点からシラバスを分類したかによっていくつかの種類に分けられる。

3.3 構造シラバス、文型シラバス、文法シラバス

言語を「形」の観点から分類し、並べたものを構造シラバス (structural syllabus) という。構造シラバスということばは、文の構造という狭い意味で使われる場合、文型シラバスと同義で用いられる。また、文型だけでなく、品詞、時制、アスペクトなど、文法項目の観点から分類した文法シラバス (grammar syllabus) を指す場合もある（文献によってはこの文法シラバスを構造シラバスとは全く別のものとして扱っているものもある）。いずれも、易しいもの、単純なものから難しいもの、複雑なものへと体系的に整理して学習項目を並べることが特徴である。しかし、どのような並べ方が適切なのかは明確ではなく、この言語の「形」だけを学んでも実際の言語運用に結びつけることは難しい。従って、構造シラバスを後述の機能、場面、技能、話題、課題といった観点からのシラバスと組み合わせることが多い（3.9　複合シラバス参照）。

3.4 機能シラバス

言語を「機能」や「意味」の観点から分類し、並べたものを機能シラバス (functional syllabus) という。「依頼する」「誘う」「命令する」「謝罪する」など、言語のコミュニケーションで果たす機能がシラバス項目となり、その機能のために使われる文型や語彙はその下位項目となる。

たとえば、「誘う」の機能では、「映画を見よう」「映画を見に行きませんか」「一緒に映画を見に行きたいと思っているんですが…」など、さまざまな表現が使われるが、これらの表現はすべて「誘う」という機能のシラバスに含まれることになる。

3.5 場面シラバス

言語をその言葉が使われる場面や場所の観点から分類したものを場面シラバス (situational syllabus) という。レストラン、銀行、郵便局、買い物など、場面や場所がシラバス項目となり、そこで行う言語行動に必要な文型、語彙、言語技能などが下位項目となる。

たとえば「レストラン」の場面では、メニューの内容、料理や材料の名前、数や値段などの語彙項目、注文する、料理の内容を尋ねるなどの言語行動（機能）、日本のレストランでの慣習など、さまざまな項目が下位項目として含まれることになる。

3.6　技能シラバス

　言語技能の観点から分類したシラバスを技能シラバス (skill syllabus) という。技能とは、読む・書く・話す・聞くの4技能を指すが、技能シラバスでは、その4技能をさらに具体的に細かく分類した技能がシラバスとなる。
　たとえば、「読む」という技能であれば「看板を読む」「メニューを読む」「手紙を読む」「雑誌の記事を読む」など読む対象によって技能が異なる場合がある。また、「広告を読む」行為1つを取り上げても、「全体を把握する」「商品名、値段、会社名などの必要な情報を読み取る」「詳細な内容を理解する」など読む目的によって技能が異なる。そうした内容が下位項目となる。

3.7　話題シラバス

　話題（トピック）の観点から分類したシラバスを話題シラバス (topic syllabus) という。レベルによってさまざまな話題がシラバス項目となり、それぞれの話題で行う言語行動に必要な文型、語彙などが下位項目となる。初級の段階では学習者にとってごく身近な「家族」「趣味」「学校」のような話題が、レベルが上がるにつれて「教育」「環境」「健康」など、一般的で社会性を帯びた、あるいは抽象的な話題が取り上げられる場合が多い。学習者に関心のある話題は、学習動機や意欲を高める。

3.8　課題シラバス

　言語は何かの課題を成し遂げるために使われる。その課題の観点から分類したシラバスを課題シラバス (task syllabus) という。たとえば「友達と映画を見に行く」という課題を設定する。この課題には、その日の映画を調べ、問いあわせて確認し、友達を誘い…と、さらに具体的な課題がある。課題シラバスでは、こうした課題が中心となりその課題の達成のために必要となる文型、語彙、日本事情的知識、技能などは、その下位項目となる。タスクの並べ方に関しては、認知的に易しいタスクから難しいタスクへという考え方があるが、まだ解明すべき点が残されている。

3.9　複合シラバス

　コースシラバスを考える上で、いくつかのシラバスを組み合わせたものを複合シラバス、あるいは折衷シラバスという。
　たとえば、日本留学を目指し日本語学校で勉強している学習者の場合、留学

試験のために、構造シラバスを中心にしたシラバスデザインをする場合が多い。しかし、3.3節で述べたように「形」だけを学んでも実際の言語運用には結びつかない。そうした知識を使って達成したい目標言語行動があるはずである。それは「読む」「書く」といった技能に特化したものである場合もあれば、「経済」「政治」など話題に特化したものかもしれない。また、その学習者には、日本で日常生活を送るための日本語も必要である。1学期に何回か「技能」や「話題」、あるいは日常生活で必要な「場面」「機能」「課題」などを中心にしたシラバスを組み合わることも必要である。

4　カリキュラムデザイン

　シラバスデザインによって学習項目を決定すると同時に、その各項目を、「いつ」「どのように」教えるかを決める。これを**カリキュラムデザイン**(curriculum design)と呼ぶ。コース目標に基づき、より具体的で詳細な目標をどのように配置するのかを考え、時間的な枠組み、シラバス項目の提出順序、教授法、教室活動を決める。教材、教具などを選択し、最終的な評価方法を決めるのもこの段階である。
　5節以降では、コースデザインをする上で必要な教授法、教材・教具、評価についてその代表的な考えや背景を概観する。

5　教授法

　この節では代表的な外国語教授法と、その教授法に理論的な根拠を与えた言語理論について概観する。
　教授法といっても、アプローチ(approach)、メソッド(method)、テクニック(technique)とさまざまな呼び方がある。メソッドはアプローチを踏まえて確立された教授法であると解釈する場合もあれば、アプローチとほとんど同義で用いられる場合もある。またテクニックは実際的な技術を指すが、メソッドとあわせて広い意味で教授法と呼ばれる場合もある。いずれにせよ教師は、教授法を選択する際、テクニック面だけでなく、その背景にある教授法や理念を把握し、それらを踏まえた上で、上述した到達目標を達成するために最適な方法を考える必要がある。
　以下に代表的な教授法について、ほぼ年代に沿って概観していく。

5.1 文法翻訳法（Grammar Translation Method）

文法翻訳法は、中世ヨーロッパのギリシャ語教育・ラテン語教育から始まった伝統的な教授法である。当時のヨーロッパでは、ギリシャ語・ラテン語で書かれた古典の理解を通して教養を身につけることが教養人の資格として求められていた。そしてこの文法翻訳中心の考え方が、18世紀後半の欧米において、現代語教育の教授法としても用いられるようになった。

文法翻訳法の特徴は、文字言語を重視することであり、学習の目的は、目標言語で書かれた文学作品が読めるようになることである。そしてそのためには、文法規則や単語の意味を暗記し、母語と目標言語の翻訳が自由にできるようになることが重要だと考えられた。またこうして外国語を理解することは、母語に対する理解を深め、知的成長にも役立つと考えられていた。

5.2 ナチュラル・メソッド（Natural Method、自然的学習法）

18世紀後半の産業革命以降、交通機関の発達とともにヨーロッパ諸国では人的物的交流が盛んになり、19世紀には、生きたコミュニケーションの手段としての外国語能力の養成が求められるようになった。このような状況のもと、19世紀後半になって、文法翻訳法に代わる教授法としてナチュラル・メソッドが提唱された。

ナチュラル・メソッドとは、外国語習得の最良のモデルを、幼児の母語習得の過程（第一言語習得過程）にみるものであり、グアン（F. Gouin）とベルリッツ（M. D. Berlitz）が代表的な提唱者である。

グアンの教授法は、ナチュラル・メソッドの中でも、特に幼児の心理的発達に注目することからサイコロジカル・メソッド（Psychological Method、心理学的教授法）、また、すべての出来事は、小さい出来事の連鎖（series）として記述できるとしたことから、連鎖法（Series Method）とも呼ばれる。

ベルリッツが考案したベルリッツ・メソッドは、指導訓練を受けたネイティブ・スピーカーの教師による少人数のクラス編成で、教室活動から学習者の母語を排除し、実物、絵、動作などを多用する。発音に関しては教師のモデルを真似させる方法をとり、母語による説明などを行わないのが特徴である。

5.3 フォネティック・メソッド（Phonetic Method、音声学的教授法）

19世紀後半、文法翻訳法に代わり提唱されたもう1つの教授法にフォネティック・メソッドがある。音声重視の教授法であり、文字言語は音声言語に

付随的なものであるという考え方に基づいている。

スウィート(H. Sweet)、イエスペルセン(O. Jespersen)などが推進者であり、教師のモデルを真似させるのではなく、音声記号を用いた系統的な音声指導を目指した。

5.4 オーラル・メソッド(Oral Method)

オーラル・メソッドは、20世紀に入り、パーマー(H. E. Palmer)が提唱した教授法である。パーマーは、スイスの言語学者ソシュール(Ferdinand de Saussure)の、言語能力「ランガージュ」(langage)には、社会的側面である「ラング」(langue)と個人的側面である「パロール」(parole)があるとする考え方に影響を受け、言語には、「記号の体系」(「ラング」に当たるもの)と「運用」(「パロール」に当たるもの)の両面があるとし、言語教育が対象とすべきものは「運用」であるとした。

言語が運用できるようになるためには、直接的な教授法に基づいて、①耳による観察、②口まね(①の模倣)、③口ならし、④意味づけ、⑤類推による作文、という言語学習の5習性を身につけなければならないと主張し、この習性を養成する練習として、①音を聞き分ける練習、②発音練習、③反復練習、④再生練習、⑤置換練習、⑥命令練習、⑦定型会話、の7つの練習活動をあげている。

パーマーは、1922年に文部省の招きで来日し、以後約15年間、オーラル・メソッドによる英語教育の普及に努めた。その協力者であった長沼直兄は、このパーマーの理論を基に日本語教授法を開発し、以後、日本語教育に大きな影響を与えることになった。

5.5 直接法(Direct Method)

直接法という名称は、1つの独立した教授法を指すのか、あるいはある一定の共通する考え方をもつさまざまな教授法、指導法を総称した概念なのか、この問題に関しては、実は様々な議論があり、明確に定義されていない。

しかし、一般的には、直接法とは、ナチュラル・メソッド、フォネティック・メソッド、オーラル・メソッドなど、文法翻訳法に代わって生まれた、使われる場面や状況を提示することによって、文や語の意味を、直接目標言語の形式と結びつけて理解させようという教授法の総称を指す。

以上、19世紀後半から20世紀前半にかけて、実用的な言葉の学習の必要性

から、文法翻訳法に代わり開発されたいくつかの教授法について概観してきた。その後20世紀前半から中盤になると、言語の教え方に構造言語学など科学的な考え方が導入されるようになる。以下、さまざまな理論を背景とした教授法を概観する。

> **日本の「直接法」**　　　　　　　　　　　　　　　　　　column
>
> 「5.5 直接法 (Direct Method)」で、直接法について概説しているが、日本語教育の現場でよく用いられる「直接法」という用語は、この用法とは異なり、単純に媒介言語を使用しない教え方という意味で用いられることが多い。
>
> 　例えば、オーディオリンガル・メソッドを基盤にして、コミュニカティブ・アプローチなどを組み合わせて教えているような場合でも、同時に「直接法で教えている」ということがある。「直接法」という用語は、日本では独自の使われ方をしていると考えて良いであろう。

5.6　ASTP (Army Specialized Training Program、陸軍特別訓練プログラム)

　第二次世界大戦中、米国政府は、対戦国に関する情報収集にあたる将校を短期間に養成する必要があった。このような要請を受け開発されたのがASTPである。ASTPは、1920年代、アメリカの文化人類学者ボアズ (F. Boas) や言語学者のサピア (E. Sapir)、ブルームフィールド (L. Bloomfield) などによって提唱された構造言語学理論に基づいて開発されたプログラムであり、そこで用いられた教授法は別名アーミー・メソッド (Army Method) と呼ばれる。

　構造言語学 (structural linguistics、構造主義言語学) では、言語は本来音声であり、構造体であるとし、言語の体系を、音素、形態素、語、句、節、文というように線状に連なる組織的構造ととらえている。したがって、このような言語観に基づく学習は、言語の構造あるいは型を学習することであると考えられた。

　ASTPでは、上級教師 (senior instructor) とドリル・マスター (drill master) の2種類の教師がおかれた。上級教師はアメリカ人の言語学者で、目標言語の音声や文法構造などについて英語で講義を行い、ドリル・マスターは目標言語の母語話者で、上級教師が講義した言語項目について徹底的な口頭練習 (ドリル) を行った。口頭練習中は目標言語のみを使用し、それ以外の言語は禁止された。口頭練習のクラスは少人数で、反復、模倣による練習、暗記が徹底して

行われた。

5.7 オーディオリンガル・メソッド (Audio-Lingual Method、AL 法)

オーディオリンガル・メソッド (以下 AL 法) は第二次世界大戦後、ASTP を受け継いだ形で、ミシガン大学のフリーズ (C. C. Fries) によって確立された教授法である。ミシガン・メソッド、フリーズ・メソッドとも呼ばれる。AL 法はその理論的裏づけを、構造言語学だけでなく、行動主義心理学 (behaviorist psychology) にもおいている。行動主義心理学によれば、人間や動物は、外界からの刺激に対してさまざまな反応を示し、その中で強化された反応が再び起こりやすくなり、そしてやがて習慣になっていくと考えられている。このような言語学習観のもと、習慣形成のため繰り返し練習を行うことが大切であるという主張が生まれ、**パターン・プラクティス** (pattern practice) と呼ばれる口頭練習が開発された。

なお文献によっては、フリーズが開発した教授法だけでなく、基となった ASTP も含めて AL 法と呼ぶことがある。

5.8 サイレント・ウェイ (Silent Way)

サイレント・ウェイは、心理学者であるガテーニョ (C. Gattegno) によって提唱された。ガテーニョは、母語習得の過程に注目し、言語学習は、モデルの模倣や暗記、パターン・プラクティスなどによる習慣形成では達成できず、学習者の試行錯誤を通した自らの気づきによって行われると述べた。したがって、サイレント・ウェイの授業の中心は学習者で、教師は沈黙し、学習者の自立を助ける観察者、補助者の立場をとる。授業では教科書は使わず、フィデル・チャート (色彩を施した文字を組みあわせた音声組織表) を用いて音声体系の学習を行ったり、ロッド (長短さまざまな色つきの棒) を用いて、語彙、統語、語形の学習を行ったりする。

5.9 CLL (Community Language Learning、コミュニティ・ランゲージ・ラーニング)

CLL は、米国の心理学者カラン (C. A. Curran) によって提唱された学習法である。カウンセリングの理論と技術を外国語教育に応用させたもので、カウンセリング・ラーニング (Counseling Learning = CL) とも呼ばれる。カウンセラー (教師) は新しい環境である目標言語環境で困難を感じているクライア

ント（学習者）に安心感を与え、助言者となり、自立を助ける役割を持つ。
　CLL による授業では、学習者は話したい内容を自由に話すことができ、目標言語での言い方がわからないときは、教師の援助を得ることができる。話し合い後、教師は、学習者の発話を録音したテープを再生し、使われた文型や表現を媒介語で説明する。CLL では、話した活動がそのまま教材となり、その内容について学習することによって、知識を得るだけでなく、その学習過程や方法を自ら意識化することができる。

5.10　TPR（Total Physical Response、トータル・フィジカル・レスポンス、全身反応教授法）

　TPR は、米国の心理学者アッシャー（J. J. Asher）によって提唱された教授法である。聴解力を重視し、聞いたことに全身で反応する方法を用いる。この方法も母語習得の方法をモデル化したものであるが、特に、幼児が話し始める前に長期間にわたり大量の目標言語を聞いていること、さらに目標言語による命令に身体で反応し、それを評価されることによって、言語（音声）と動作（意味）を結びつけているという点に着目して開発された。
　TPR では、媒介語による翻訳は行わず、また、「話す準備（readiness to talk）」ができるまで、学習者は話すことを強制されない。初級の段階では、教師の与える音声による「命令」に対して学習者が体を動かして反応するという方法がとられる。

5.11　ナチュラル・アプローチ（Natural Approach）

　ナチュラル・アプローチは、米国のスペイン語教師テレル（T. D. Terrell）が、1970 年代後半、第二言語習得研究の成果を応用して開発した教授法である。この理論は、同じく米国の応用言語学者クラッシェン（S. D. Krashen）によって支持され、1980 年代初頭、外国語教育界で注目された。この教授法も幼児の第一言語習得の過程を参考にしている。クラッシェンは、「習得・学習の仮説」「自然な順序の仮説」「モニター仮説」「インプット仮説」「情意フィルター仮説」という 5 つの仮説を提唱した（第 8 章 2.3.1 節を参照）。

5.12　サジェストペディア（Suggestopedhia、暗示式教授法）

　サジェストペディアは、ブルガリアの精神科医ロザノフ（G. Lozanov）による、暗示学（Suggestology）の理論を外国語学習に応用させた教授法である。ロ

ザノフは、学習者を緊張から開放してリラックスした心理状態にさせ、顕在意識と潜在意識を統合・活用させ、潜在能力に働きかけて活用させることが重要であると主張した。学習への不安やストレスを取り除き、できるだけくつろげる環境を作るために、教室にはリラックスできる空間が作られる。音楽をかけながらの朗読や、ロールプレイなどが用いられる。

5.13 認知学習アプローチ (Cognitive Approach)

1960年代、アメリカにおける言語学の主流は、構造主義言語学からチョムスキー (N. Chomusky) の提唱した変形生成文法へと変遷していった。認知学習アプローチは、この変形生成文法理論と認知学習理論を基盤にして開発された教授法である。

チョムスキーの変形生成文法では、人間は生まれながらに言語獲得を可能にする何らかの知識を持ち、この知識に導かれて言語を獲得するとしている。オーディオリンガル・メソッドでは、習慣形成によって言語を獲得させようとしたのに対し、認知学習アプローチでは人間の認知能力を利用して言語規則を理解させ、その上で言語習得のための練習をすべきであるという考え方をとる。

5.14 コミュニカティブ・アプローチ (Communicative Approach)

最後に、**コミュニカティブ・アプローチ**について概観する。コミュニカティブ・アプローチとは、コミュニケーション能力の育成を目的とする教授法の総称である。教育内容から変革しようとするアプローチと、教育方法を変革し、目標言語の技能や運用力を養成していこうとするアプローチがある。その意味でも、特定の「教授法」ではなく、アプローチであるといえる。

ヨーロッパのコミュニカティブ・アプローチは、英国のウィルキンズ (D. A. Wilkins) が、外国語教育プログラムの開発を行っていたヨーロッパ協議会 (Council of Europe) へ提出した報告書がはじまりである。ウィルキンズはその中で概念シラバス (notional syllabus) を提唱した。概念シラバスとは、言語の構造ではなく、概念（動作の開始や継続、頻度や順序、行為者、手段など）とコミュニケーションにおける伝達機能（要求、受諾、拒否、感情表明など）の側面から、言語を記述・分類したシラバスである。

一方、米国の社会言語学者ハイムズ (D. Hymes) は、1972年、コミュニケーション能力 (communicative competence) を、言語能力 (linguistic competence) に相対する概念として提唱した。コミュニケーション能力とは、言語の体系だ

けでなく使い方も含めた知識と運用能力を指すとした。

　コミュニカティブ・アプローチは、それまでの教授法が文法知識の習得を前提とし、「教え方」のバリエーションに注目していたのに対し、「何を教えるか」、言語のどの側面（構造か運用か）を教えるかに重点をおいた。また「教え方」や「教える内容」のバリエーションも、教授者側の言語観や言語習得観の違いより、むしろ個々の学習者の違いに応じたものであるべきだと考えられている。

6　言語形式への焦点化を意識した指導法

　文法訳読法やオーディオ・リンガル・アプローチは、文法や文型といった言語形式を項目ごとに積み上げて習得することが目標であった。このようなタイプの指導方法を「フォーカス・オン・フォームズ（focus on forms）」と呼ぶ。一方、ナチュラル・アプローチやイマージョン・プログラム（→本章15節を参照）は意味中心で、学習者の意識を言語形式に向けることを重視していない。このようなタイプの指導を「フォーカス・オン・ミーニング（focus on meaning）」と呼ぶ。教授法の流れでとらえると、フォーカス・オン・フォームズからフォーカス・オン・ミーニングへの移行があったことが指摘できる。

　近年、第二言語習得を効率良く促進する指導方法として「フォーカス・オン・フォーム（focus on form）」という概念が注目されるようになった。これは、意味を優先させながら、適宜、学習者の注意を言語形式にも向けさせようとする指導方法である。具体的には、課題（タスク）を設定し、意味の伝達を重視する活動を行う過程で、特定の文法項目のインプット強化、意味の交渉、明示的指導、暗示的指導などを行う。自然なやりとりのみを重視している中では見逃されてしまったり、学習者に気づかせにくかったりする文法項目に焦点を当てることで、学習者の習得が進むと考えられている。

7　評価法

　コース全体では、教師から学習者へ、学習者から教師や機関へ、あるいは教師自身、学習者自身の自己評価など、様々な関係性による様々な視点、方向による評価が考えられる。本節では、まず、教師が学習者に対して行う評価について考える。

7.1　評価の種類

　コースにおける評価は、「実施時期」と「目的」という観点から、事前的評価、形成的評価、総括的評価の三つに分けることができる。

　事前的評価とは、コースの開始時、開始前に行われる評価であり、学習者の現在の日本語能力を知るため、あるいは言語学習に対する適性を知るために行われる。レディネス調査の1つとして行われる評価である。この評価の結果によってクラス分けが行われることも多い。形成的評価とは、学習の途中段階で行われる評価である。各課の小テスト、各学期の中間テストや期末テストなどがこれにあたる。学習者にとっては、今自分ができることとできないことが見極められ、その後の学習活動の方向づけと動機づけの指針に、教師にとっては、コースの内容や自らの教え方を振り返り、その後の教育活動を改善するための指針となる。総括的評価とは、学習が一段落、あるいは終了した時点で、学習者がどの程度目標を達成したかを明らかにする評価をいう。学習者にとっては自らの学習成果を知る機会となり、教師や教育機関にとっては、コースデザインが適切であったかを振り返るための資料となる。

　評価の「基準」という観点からは、絶対的評価と相対的評価に分けることができる。絶対的評価とは、絶対的な到達目標があり、学習者がそれにどの程度まで達しているかを評価するものである。相対的評価とは、ある集団の中における学習者の位置づけを示すための評価をいい、能力の差が明確になるような弁別力のある問題でテストが作られる。

7.2　テストの種類

　日本語能力の測定には、テストが用いられることが多い。テストはその形式・種類・目的によって、いくつかのカテゴリーに分類できる。

熟達度テスト (proficiency test)：

　学習者がある言語にどれだけ習熟しているかを測るテストである。特定のコースや教科書の学習内容を前提とはせず、その言語についてどれだけの能力を持っているかを測るものである。熟達度テストの例として日本語能力試験とOPIを概観する。

　日本語能力試験は、独立行政法人国際交流基金と財団法人日本国際教育支援協会が共催で実施している試験であり、原則として日本語を母語としない者を対象に、日本語能力を測定し、認定することを目的としている。試験の構成と認定の目安は、表1の通りである。

ACTFL(American Council on the Teaching of Foreign Languages、全米外国語教育協会)・OPI(Oral Proficiency Interview)は、ACTFLの基準に沿って行われるインタビューによる口頭能力テストである。テスター(試験官)が受験者と1対1でインタビューを行う。時間は30分以内で、初級後半以上のレベルの受験者にはインタビューの後半部分でロールプレイが実施される。表2はOPIの評価基準である。正確さやテクストの型だけでなく、言葉を使ってどのような機能が果たせるか、どのような内容に対応できるかといった面にも焦点をあて、総合的に判断される。レベル判定は初級、中級、上級、超級の4つのレベルに分けられ、超級以外はさらに3つの下位レベルに分けられる。

到達度テスト(achievement test):
特定のコースや教科書の学習内容をどれだけ習得したかを測るテストである。出題範囲はそれまでの教育内容に限定されている。コースの途中に形成的評価として、あるいは終了時に総括的評価として実施される。

診断テスト(diagnostic test):
学習者がどのような技能や知識を持っているかを測るものであり、今後どのような内容の学習が必要かを明らかにすることができる。コースの開始前の事前的評価、あるいはコース途中での形成的評価として実施されることが多い。

プレースメント・テスト(placement test):
クラス分けのためのテストであり、学習者を適切なクラスに配置するために行う。プレースメント・テストという呼び方は、テストの結果をどのように使うかという観点からの名称で、熟達度テスト、診断テストなどのように、テストそのものの形式や内容を規定するものではない。事前的評価として行った熟達度テストのように、クラス分けのために行うテストはすべてプレースメント・テストとしての機能を果たしていることになる。

言語学習適性テスト(language aptitude test):
文字通り言語学習適性を測るテストで、将来の学習の成否や、習得の度合いを予測することから、予測テスト(prognostic test)と呼ばれることもある。架空の言語の文法規則を推測する能力や、視覚情報を処理する能力を測る問題などが出される。言語学習適性テストの結果は、クラス分けの資料となる他、学習困難点を予測したり、学習者にあった教授方法を選んだりするために利用される。

表1 「日本語能力試験」認定の目安

レベル	認定の目安
	各レベルの認定の目安を【読む】【聞く】という言語行動で表します。それぞれのレベルには、これらの言語行動を実現するための言語知識が必要です。
N1	**幅広い場面で使われる日本語を理解することができる** 【読む】 ・幅広い話題について書かれた新聞の論説、評論など、論理的にやや複雑な文章や抽象度の高い文章などを読んで、文章の構成や内容を理解することができる。 ・さまざまな話題の内容に深みのある読み物を読んで、話の流れや詳細な表現意図を理解することができる。 【聞く】 ・幅広い場面において自然なスピードの、まとまりのある会話やニュース、講義を聞いて、話の流れや内容、登場人物の関係や内容の論理構成などを詳細に理解したり、要旨を把握したりすることができる。
N2	**日常的な場面で使われる日本語の理解に加え、より幅広い場面で使われる日本語をある程度理解することができる** 【読む】 ・幅広い話題について書かれた新聞や雑誌の記事・解説、平易な評論など、論旨が明快な文章を読んで文章の内容を理解することができる。 ・一般的な話題に関する読み物を読んで、話の流れや表現意図を理解することができる。 【聞く】 ・日常的な場面に加えて幅広い場面で、自然に近いスピードの、まとまりのある会話やニュースを聞いて、話の流れや内容、登場人物の関係を理解したり、要旨を把握したりすることができる。
N3	**日常的な場面で使われる日本語をある程度理解することができる** 【読む】 ・日常的な話題について書かれた具体的な内容を表す文章を、読んで理解することができる。 ・新聞の見出しなどから情報の概要をつかむことができる。 ・日常的な場面で目にする範囲の難易度がやや高い文章は、言い換え表現が与えられれば、要旨を理解することができる。 【聞く】 ・日常的な場面で、やや自然に近いスピードのまとまりのある会話を聞いて、話の具体的な内容を登場人物の関係などとあわせてほぼ理解できる。
N4	**基本的な日本語を理解することができる** 【読む】 ・基本的な語彙や漢字を使って書かれた日常生活の中でも身近な話題の文章を、読んで理解することができる。 【聞く】 ・日常的な場面で、ややゆっくりと話される会話であれば、内容がほぼ理解できる。
N5	**基本的な日本語をある程度理解することができる** 【読む】 ・ひらがなやカタカナ、日常生活で用いられる基本的な漢字で書かれた定型的な語句や文、文章を読んで理解することができる。 【聞く】 ・教室や、身の回りなど、日常生活の中でもよく出会う場面で、ゆっくり話される短い会話であれば、必要な情報を聞き取ることができる。

日本語能力試験 JLPT ホームページ (http://jlpt.jp/index.html)「N1～N5：認定の目安」より

表 2　OPI の評価基準

	総合的タスク・機能	コンテクスト	内容	正確さ	テクストの型
超級	意見の裏付けをしたり、抽象化したり、仮説を立てたりすることによって、広範囲にわたって議論ができる	ほとんどのフォーマル、インフォーマルな場面	広範囲にわたる一般的興味に関する話題と、いくつかの特別な関心事、専門領域の話題、具体的、抽象的なじみのない話題	間違いがあっても、実質的にコミュニケーションに支障をきたしたり、母語話者を悩ませたりすることはない	広範囲にわたる、連続した談話（副段落）
上級	主な時制・アスペクトを使って物事の描写、叙述ができる	ほとんどのインフォーマルな場面	個人的、あるいは一般的な興味に関する具体的で事実に基づく話題	母語話者でない人との会話に不慣れな人にも困難なく理解できる	段落を持つ談話
中級	簡単な質問をしたり、質問に答えることにより、簡単な対面型の会話が維持できる	いくつかのインフォーマルな場面と限られた数の何かに対処するような場面	主に自分自身と身近な出来事に関係した話題	母語話者でない人との会話に慣れている人には、何度か繰り返したりすることによって、理解してもらえる	短文、又は二、三の連文
初級	発話は、決まり文句や物事をリストアップしたり、列挙することに限られる	非常に予測しやすい、一般的な日常的場面	日常生活における、身近で断片的な事柄	母語話者でない人との会話に慣れている人にさえ、理解するのが困難である	個々の単語と句

キャサリン・バック編、牧野成一監修、日本語 OPI 研究会訳『ACTFL−OPI 試験官養成マニュアル』アルクより

7.3　客観テストと主観テスト

　テストを客観性の観点から考えてみると、客観テスト（objective test）と主観テスト（subjective test）に分けることができる。

　客観テストの形式には、多肢選択法、真偽法、単純再生法、組みあわせ法、空所補充法などがある。採点者の主観によって得点が左右されることがなく、採点の機械的処理ができるので、短時間で大量の回答処理ができるという長所がある。しかし、質、量ともに適切な問題を作成するのは難しい。測定できる内容も総合的な運用能力を測ることが難しい場合が多い。一方、インタビューテストや文章産出テストなどに代表される主観テストには、得点が主観に左右され、採点に時間と手間がかかるという短所があるが、言語能力、特に運用能力の面で、客観テストでは測れない部分を測ることができる場合がある。

　なお、空所補充法を応用したテストで、クローズ・テスト（cloze test）と呼ばれるものがある。まとまった文章から一定の間隔で単語を削除し、その空欄を再生する形式のテストであり、総合的な言語能力が測定できるとされている。日本語では1語の認定が難しいため、削除する間隔は、文字を単位とすることが多い。

7.4 テストそのものの評価

テストの良し悪しを測る尺度には、信頼性、妥当性、客観性がある。信頼性とは、テストに一貫性があるかどうかを問題とする。つまり同じテストを同じ条件で何回実施しても、いつでも同じ結果が得られるかどうかである。妥当性とは、測ろうと意図したものを、そのテストが本当に測っているかについての度合いをいう。客観性とは、採点の結果に採点者の主観が入り込む度合いをいう。ただし、客観性が低いからといって、必ずしも主観テストを排除すべきであるという意味ではない。測る内容によっては主観テストが適している場合もあり、その場合は、採点基準をはっきりさせ、複数の採点者でチェックするなど、主観テストでありながら信頼性を高める工夫をすることも必要である。その他にもテストの使い勝手の問題もテストを評価する上で重要な尺度となる。テストの準備、実施、その後の処理にかかる時間、労力、費用に比べてどれだけの効果があるかという問題である。

7.5 テスト結果の統計的分析

テスト結果を正確に把握し、学習者へのフィードバックやテストの見直し、教授法、シラバスの見直しに利用するためには、何らかの形で統計処理を行う必要がある。

クラス間の違いや特徴を把握するために、採点で得られた得点（素点）の平均値を出す方法がある。しかし、平均値を出すだけではクラス内のレベルのばらつきまでは把握できない。そこで、標準偏差（standard deviation, SD）と呼ばれるものを算出する。標準偏差の値が大きければ大きいほど集団の中のばらつきが大きい。また、偏差値を出すことで、学習者の得点が全体の中でどの位置にあるのかを把握することができる。さらに S-P 表（Student-Problem Table）を作成して、学習者の到達度に関する質的、量的両面からの情報を得ることができる。形成的評価のために行われたテストの分析や、問題項目の適切さを検討する上でもこの方法が有効である。近年統計処理用のコンピュータソフトの開発が進んでいる。

7.6 テストによらない評価

結果を得点化するタイプのテストは、学習の結果に焦点がおかれ、その過程で行われていることを評価することはほとんどない。したがって、結果を出すためにその過程で使った能力、たとえばストラテジー能力や、異文化理解能

力、意欲や努力などが評価されることはあまりない。しかし、そうした学習の過程も評価し、学習の助けになるよう対処する必要があるといわれるようになり、ポートフォリオやジャーナル（日記）、あるいは教師と学習者の定期的な面談による評価などが取り入れられるようになった。ポートフォリオは、伝統的なテストだけでなく、学習成果である作文、プロジェクトの作品、スピーチ発表の記録（音声・映像記録や教師からのコメント）などを内省の記録とともに学習者自身が保存するものである。これは、「結果」が、どのような練習や成功の経験、あるいは失敗の経験を通して得られたか、その「過程」を観察するものであり、言語活動の一部分ではなく全体を評価したり、学習方法や意欲の変化などを長期的に観察したりすることができる。学習者自身も、自分の成長を確認し、自信をつけることができ、動機付けにもつながる。

8 授業の計画と実施－初級レベルの場合

本章1節では、コース全体の流れについて考えたが、この節では、1回ごとの授業をどのように計画し、実施すればよいのかを考える。

例として、文型シラバスを中心としながらも、場面シラバスを組み合わせる場合を考える。できるだけコミュニケーションを重視した教え方を採用する。コースは9ヶ月間で、全体の目標として、最終的に日本で生活する上で必要な基本的な活動が日本語で行えるようになることを目標とする。まず、授業準備として必要な作業を、順を追って説明する。

8.1 学習目標の確認

最初に、その日の授業の最終目標を確認する。既にカリキュラムデザインの段階で授業一回ごとの学習目標まで細かく確定している場合もあるが、週や月ごとの目標など、大まかな内容になっている場合は、この段階で、その日の授業の最終目標を決める必要がある。1回1回の授業においても、語彙数や文型の数など知識面だけでなく、まず、授業が終わったときに日本語で何ができるようになるのかという言語行動に関する目標を設定しておく必要がある。

8.2 シラバスの確認と整理

その回の最終目標を達成するために必要な学習項目を確認し、整理する。語彙、文型、場面、機能、言語行動、日本事情など、コースシラバスのタイプに

よってその扱い方は異なると思うが、全ての項目を羅列するだけでなく、どのように組み合わせて提示すると効果的か、必須項目とそうではない項目、理解させればよい項目と実際に運用できるようにさせたい項目はどれかなどを整理しておく必要がある。特に市販の教科書を利用して教える場合、どうしても教科書通りに提示してしまうことがある。その回の学習目標に照らしあわせて、自分なりの整理作業を行う必要がある。

8.3 授業の流れを考える

次に**授業の流れ**を考える。実際には具体的な教授活動と一緒に考える必要があるが、まず初級段階の一般的な授業の流れについて述べておく。

最初にウォーミングアップをし、その日の授業の最終目標となる言語活動、たとえば会話の例を提示する。次に目標を達成するための部分部分の練習に入る。一般に学習項目ごとに、「導入→基本練習→応用練習」という過程が考えられる。また、それぞれの段階で理解できたか、使えるようになったかなどを確認しながら次の段階に進む必要がある。そして最終的には学習した内容を総合して最終目標の言語活動を行う。図2は授業の流れの例である。

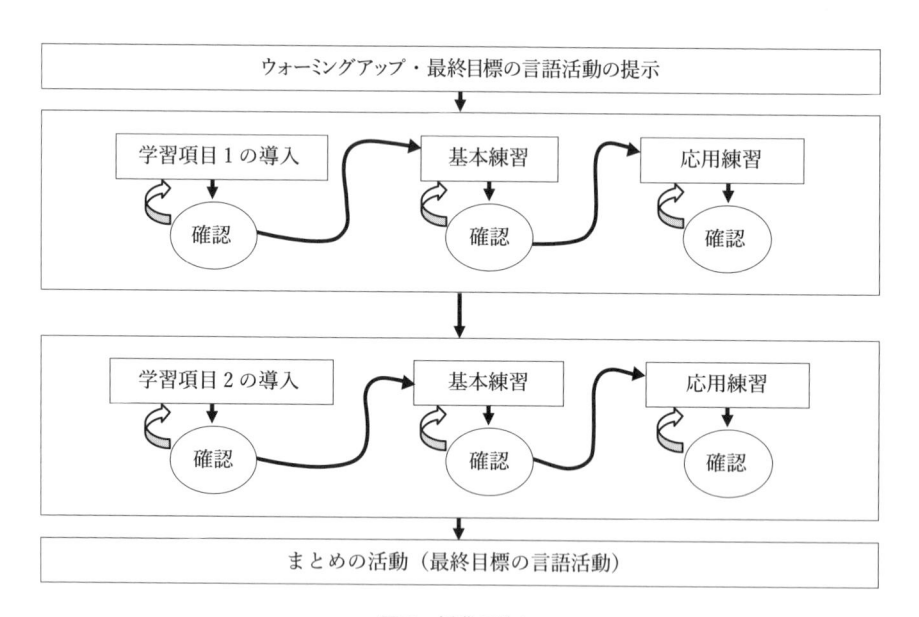

図2 授業の流れ

8.4 教室活動を考える

次に図2の授業の流れに添って具体的な教室活動について考えてみよう。

8.4.1 ウォーミングアップ・最終目標の言語活動の提示

ウォーミングアップでは、まず学習者をリラックスさせ、授業が楽しく進められるよう雰囲気づくりをする。あいさつ程度の場合もあるが、前回の復習も兼ねたゲームなどをする場合もある。次に、その日の授業の最終目標となる言語活動、たとえば会話の例などを示す。できれば、視覚的な資料も示し、最終的に、どのような場面、機能を扱おうとしているのか、何ができるようになるのかを示す。学習者の不安を取り除き、**動機付け**を行う意味もある。

8.4.2 導入を考える

学習項目ごとの導入には、いろいろな方法が考えられる。ここでは文型シラバスを中心としているため、導入の目的は、文型を提示し、その形や意味を理解させることになる。しかし、単純に文型の説明をすれば良いというわけではない。たとえば、「○○です」という文型を導入するときに、単にこの文型の形や使い方を教師が一方的に説明するのでは、この文型を使う意味や機能まで本当の意味で理解してもらうことにはつながらない。この文型を「名乗る」という機能で導入するのであれば、絵や動作を使って名乗っている場面を見せたり、様々な人が名乗っている自己紹介ビデオを見せたりすると効果的である。そしてまだ意味がわからなくても、名乗っている場面で、「○○です」という音が聞こえてくることに気づかせることができれば理想的である。

8.4.3 基本練習を考える−構造を意識させる

ある学習項目を導入したら、次に練習の段階に入る。語彙や文型などは、一度聞いただけですぐ使えるとは限らない。まずその項目が使われる場面とともに何度も音を聞かせること、十分なインプットを与えることが必要である。できればここで、インプットの内容がどの程度理解できているのか確認する活動をしておくと良い。たとえば、「～てから～ます」といった文型であれば、「本を読んでからでかけます」といった文を聞かせたあとに、行動の順番にあてはまる絵(「本を読む」絵と「でかける」絵)を選ばせるといった活動である。ここでは、発音できなくても、聞いた内容が理解できる段階にしておく。

次に学習者自身にアウトプットの機会を与える。前述のオーディオ・リンガ

ル・メソッドで紹介したパターン・プラクティスは、この段階でよく利用される。この方法は、習慣形成を目的とするものであまり意味がないという批判があるが、学習者に音や構造に意識を向けさせたり、自分の理解した音や構造が、実際に発してみて、正しいかどうかチェックする機会を与えることができる。学習者の学習スタイルによっては不安感を和らげる効果をもたらすこともある。パターン・プラクティスの基本的な形には以下のようなものがある。

①反復練習：繰り返し言う練習
②代入練習：文の一部を指示に従って入れ替える練習
　例）私はりんごが好きです　→（みかん）私はみかんが好きです。
③変形（転換）練習：与えられた文の形を変える練習
　例）私はりんごが好きです　→（否定）私はりんごが好きではありません。
④拡張（拡大・展開）練習：与えられた語句を付け加えて長い文を作る練習
　例）行きます→（東京）東京へ行きます（明日）明日東京へ行きます
⑤応答（Q&A）練習：質問に答える練習
　例）すきやきを食べたことがありますか。→はい、あります。

　しかし教師は、これらの練習の中で応答練習以外は、実際のコミュニケーションとはかけ離れたものであることに注意し、できればこの段階からコミュニケーションとして意味のある練習に近づける努力が必要である。
　たとえば、「何ですか」と聞いたあとに「本」という札を出して「本です」という文をつくらせる。次に「かばん」という札を出して「かばんです」という文をつくらせる。これは前述の代入練習にすぎない。そこで「本」あるいは「かばん」という入れ替え語句の提示に本物の本やかばんを使う。これは前述の応答練習に近い形になり、いくらか現実に近づく。しかし、このような**キュー**（入れ替え語句など、文をつくるときの手掛かり）を実物に変えたとしても、まだ意味のあるやりとりとは言えない。実際に目で見て「本」とわかるものを指して「何ですか」と聞くことにはほとんど意味がないからである。次に、どうすれば意味のある練習に近づけることができるのか考えてみよう。

8.4.4　基本練習を考える－インフォメーションギャップ

　コミュニカティブ・アプローチでは、**インフォメーションギャップ**を利用した活動が行われる。インフォメーションギャップとは、会話をしている二人の間で、一人が知っていてもう一人が知らないというような情報の差があることを指す。また二人の間の意見の違いをオピニオンギャップと言う。インフォ

メーションギャップやオピニオンギャップがあるからこそことばを使って人にものを尋ねたり、何かを頼んだり、あるいは意見を述べたりする。

　たとえば前述の「何ですか」「〜です」という文の練習のとき、学習者にわからないように予め分厚いノートを机の上に置き、その半分以上を風呂敷のような布で隠しておく。学習者に「何ですか」と質問させる。本かノートかわかりにくいものであれば、本当に何かわからなくて質問することになる。教師は「ノートです」と言って風呂敷をとる。今度は学習者にそれぞれ好きなものに布をかぶせさせ、他の学習者の質問に答えさせる。こうすることでいくらか意味のある練習へと変化する。他にも、AとBで異なる情報の紙をもち、お互いに知らない部分を聞きあう活動などもインフォメーションギャップを利用した基本練習と言える。

8.4.5　応用練習を考える－実際のコミュニケーションに近づける

　上述のような工夫でいくらか基本練習を意味のある練習に近づけたとしても、まだ実際のコミュニケーションからは遠い。物に風呂敷をかぶせて尋ねたり、お互いに情報の異なる紙をもったりすることは、意味のある練習が効率的に行われるためにつくられた設定であり、実際のコミュニケーション場面ではない。そこで、応用練習の段階でより実際に近づける工夫する必要がある。

　実際のコミュニケーションでは、8.4.4節で考えたように、インフォメーションギャップやオピニオンギャップがある。そしてさらに、「反応」と「選択権」がある。「反応」とは発話に対する相手の反応であり、その反応に応じてさらに会話を進めることになる。「選択権」があるとは、話すことばを選ぶことができるという意味である。実際の会話では、あらかじめ決められた文型や語彙を必ず使わなければいけないということはなく、自分で話すことばや表現を選ぶことができる。文型を中心にしたシラバスでは、どうしても、その日に導入した文型や語彙を中心に発話をするようになってしまうため、こうした応用練習のときには、「選択権」のある活動になりにくい。そこで、応用練習の段階で、場面、機能、課題を中心にしたシラバスを取り入れる必要がある。「反応」も、場面や機能があるからこそ、それに応じた反応が生れる。

　たとえば、ここでは場面シラバスを取り入れてみる。「知らない物の名前や内容をたずねる」ことができるようになることを目標として、授業を行ったとしよう。そして、上述の「何ですか」「○○です」の文型もこの日の学習項目であったとする。たとえば、学習者が留学生であったとすれば、学生食堂で並

んで食べ物の皿をとるとき、見たこともない食べ物や材料であれば当然そのものを指して「何ですか」と尋ねるであろう。宗教的な理由、アレルギー、ダイエット中など、様々な理由で尋ねる。そこで、「学生食堂」という「場面」を想定して、応用練習をさせることにする。そこでは、料理の名前を尋ねる前に、「あのう、すみません」と、調理師に呼びかける必要があるかもしれない。調理師が「牛肉のスープです」と答えたあとで、「そうですか」と受け答える必要もあるだろう。このように、実際に近い場面を想定することによって、実際に近い会話が想定される。そして、さらに、この場面で必要とされる、料理や材料の前などの語彙も、導入することが必要になる。

活動形態としては、シナリオがある程度決まっている会話練習や、役割を決めたロールプレイがよく使われる。こうした会話練習をすることによっていくらかでも現実に近い会話を体験させることができる。

8.4.6 まとめの活動

まとめの活動では、最終目標の言語活動を行う。それまでの複数の応用練習を組み合わせて、最終目標の言語活動を行うと効率的である。たとえば、応用練習で「名乗ったり、自分の職業を述べたりする」「自分の好きなものについて話す」といった活動をしておき、最終目標の「自己紹介をする」という活動に結びつける。

9 授業の計画と実施－中級以上のレベルの場合

中級以上のレベルになると、学習の目標が、初級レベルのときのような、単純で基本的な言語行動ができるようになること、そしてそのために基礎的な言語知識を得ることではなく、より具体的に、現実に近い複雑な言語行動として示されるようになる。また、「読解」「聴解」「発話・会話」「作文」のように、技能ごとに授業を行い、さらにそれを組み合わせた授業を行うことが多い。以下、技能別に授業の実際について考える。

9.1 「読解」「聴解」技能を中心にした授業

「読解」には様々な方法がある。テキストを詳しく細かく読む精読、大量に読む多読、速く読む速読などである。現実の生活を考えても私たちは目的に合わせて様々な読み方をしている。文学小説をじっくり読む場合と自動販売機の

前に貼られた故障の貼り紙を読む場合では読み方の深さも速さも異なる。

認知や理解、言語処理の方法を表すのに、**ボトムアップ処理**、**トップダウン処理**という用語がある。「読解」の過程について言えば、テキストの文字情報、語句の意味、文法関係などを分析して、それからテキスト全体を理解しようとする作業がボトムアップ処理であり、理解のために読み手がすでにもっている背景知識や常識、「**スキーマ**（過去の経験によって形成された概念構造）」などを利用して予測や推測のもとに仮説を立て、テキストを読みながらその仮説を検証する作業がトップダウン処理である。従来は、ボトムアップ処理の読み方が授業で取り入れられることが多かったが、最近ではトップダウン処理の方法も取り入れ、様々な読み方、「読解」過程を学習させるようになった。

また、**ストラテジー教育**を授業の中に組み込むことも重要であると言われる。「読解」という行為について言えば、我々は、新聞を読む場合、見出しから内容を類推したり、ざっと読んで、**スキミング**と呼ばれる大意をつかむ方法をとったりすることがある。また、テレビ欄などは、**スキャニング**と呼ばれる必要な情報だけを取り出す方法を使って読んだり、時には重要な部分にアンダーラインを引いたりする。こうしたストラテジーを意識化させ、各技能の能力を高めようとする考え方である。

以下に、トップダウン処理や、ストラテジー教育を取り入れた「読解」の授業の流れを紹介する。

図3中の「前作業」「本作業」「後作業」の各段階を具体的に見てみよう。「前作業」の段階では、本作業で読む内容のテーマについて、イラストを見せたり、関連する話題を提供したりして、学習者のスキーマを活性化させる。「本作業」では、まず学習者に全体の内容の把握に関わるような質問を与えてから速読をさせ、いわゆるトップダウン処理をさせる。次にもう一度、今度は詳細な点に関する質問を与えてから、精読をさせてボトムアップ処理を行わせる。後作業では、他技能と組み合わせて、ディスカッションや作文作業などをさせ、読んだ内容を自分自身の問題と関連付けることができるようにする。

「聴解」技能を中心とした授業も図3と同じような流れで行うことができる。また、前作業の段階では、「スキーマ」を活性化させると同時に、何のために「聴く」のか目的をはっきり示すことが必要である。

こうした内容や意味の理解を重視し、ストラテジー能力の向上を目指した指導のなかで、言語項目にも注意を向けさせる方法がある。6節で述べた「フォーカス・オン・フォーム (focus on form)」の考え方を取り入れた指導で

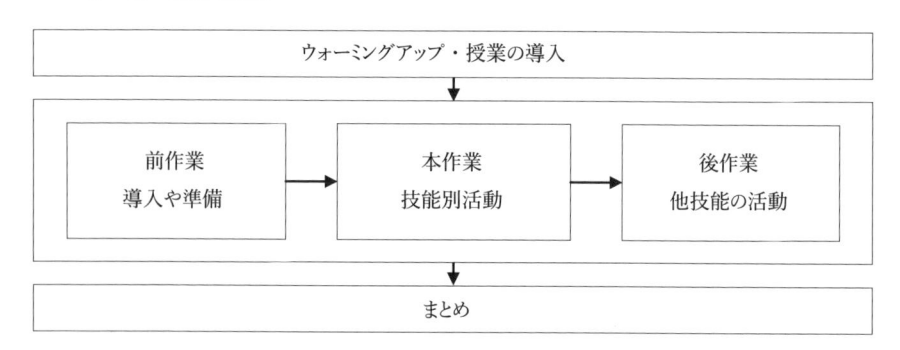

```
┌─────────────────────────────────────────────────────┐
│           ウォーミングアップ・授業の導入              │
└─────────────────────────────────────────────────────┘

┌──────────────┐    ┌──────────────┐    ┌──────────────┐
│   前作業     │ →  │   本作業     │ →  │   後作業     │
│ 導入や準備   │    │ 技能別活動   │    │ 他技能の活動 │
└──────────────┘    └──────────────┘    └──────────────┘

┌─────────────────────────────────────────────────────┐
│                     まとめ                           │
└─────────────────────────────────────────────────────┘
```

図3 「読解」技能を中心にした授業の流れ

ある。具体的には、たとえば、後作業の段階で、本作業で使用した読解文や聴解文などをもういちど聞かせ、その内容を完全に近い形に再構築させる方法である。ディクトグロスと言われる方法で、学修者同士の協働作業で行わせることが多い。文章の中で使われた語彙や文構造に意識を向けさせることができ、あとで正解の文章と照合することで、自分の知識と聞いた文章で使われていることばのギャップに気づくことができる。

9.2 「発話・会話」「作文」技能を中心にした授業

　中級以上のレベルの「発話」「会話」の授業になると、学習した文型や語彙を実際に近い談話の中で使うというよりも、「発話」「会話」の目的があって、その目的のためにこれまでの既習項目を利用するという形態が多くなる。正確さの練習というよりも、より自然にコミュニケーションが行えるようになるための練習になる。活動形態としては、**スピーチ、ロールプレイ、ディスカッション、シミュレーション、ディベート、プロジェクトワーク**などがある。

　ロールプレイは初級前半の段階から行われる活動であるが、初級段階では、シナリオを覚えて演じたり、シナリオの中の限られた語彙だけを自分の判断で入れ替えたり、あるいはフローチャートの筋書き通りに会話をしたりといった、かなり制限のある中での活動が多い。中級レベルになると、自分の判断で語彙や文型や表現が選択できる自由度の高い練習をさせることになる。

　また、初級レベルでは、学習項目を導入、練習させてから、役割を与えて行う表現先行型といわれるロールプレイが多いが、中級レベル以上になると、**タスク先行型**の**ロールプレイ**も効果的であると言われる。つまり最初に役割や課題を与えてロールプレイをさせ、その後**フィードバック**という形で不足してい

た表現などを導入していく方法である。自分にできることとできないことを自覚し、さらにフィードバックを得て、知識のギャップに気づき、意識化が進み、習得がしやすいと言われる。

プロジェクトワークとは、地元の観光案内ビデオをつくる、記事を集めて壁新聞をつくるなど、最終的に何かを成し遂げることを目的に学習者が主体となって共同で作業を行う活動である。活動は教室外の実際の社会との接触を通して行われることが多い。こうした実践的な活動は既習項目を実践に結びつけるだけでなく、動機づけの面からも効果的である。また、教室に日本人を呼んで行う**ビジターセッション**なども効果的である。

「作文」授業は、初級段階から行われるが、文型作文練習ではなく、まとまりのある内容を書かせるようにする。論理の展開の仕方、文体の使い分けと統一の問題など技術的な面の指導も必要だが、やはり課題を与えるときに、作文の目的、その文章を書く対象（読み手）について明確にする必要がある。また、要約文、説明文、意見文など様々な内容の作文をさせることも必要である。モデル文の形式を真似ることも必要であり、将来論文を書かせるのであれば引用の仕方についても指導する必要がある。作文の添削指導は難しい面が多いが、できるだけ学習者自身が誤りに気づき、自己訂正できるようにもっていくことが必要であろう。

最近は学習者同士が助け合いながら問題解決を行う協働学習が取り入れられることが多く、作文の指導でも盛んに取り入れられている。こうした協働学習は**ピア・ラーニング**とも呼ばれる。9.1節で紹介したディクトグロスもピア・ラーニングで行われることが多い。学習者の能力を信頼し、教師のフィードバックの前に、学習者同士で指摘しあい、問題解決を行うことによって、学習者の気づきを促す方法である。

10 活動の形態を考える

次に活動の形態について述べる。教室活動の形態には、教師が質問し、学習者がそれに答えるという教師と学習者のやりとり（1対1、1対多）のほかに、学習者が二人一組になって練習をする**ペア・ワーク**、グループになって練習をする**グループ・ワーク**などがある。練習の目的によって取られる形態は異なるが、様々な形態をとることで学習者をあきさせず、授業を進めることができる。人数の多いクラスで学習者に発話の機会を多く与えたいときには、ペア・

ワークやグループワークが効果的であろう。

　机の位置も活動の形態に合わせて様々な形が考えられる。発話を重視した授業であれば、お互いの顔の見える円形が効果的であろうし、グループワークの多い授業であれば、予め机をいくつかの塊に分けておくことも考えられる。

11　教材分析・開発

　本節では、コースで主に使う教材を「**主教材**」と呼び、一般的に「教科書」と呼ばれるものと同義とする。また「主教材」とは別に補足的に使われるものを「**副教材**」、教室活動を助けるために使われる道具を「**教具**」と呼ぶ。

11.1　主教材の選択

　本来、コースデザインの理論に従えば、主教材あるいは教科書（以下主教材）は、ニーズ分析、学習言語調査に基づいて教師自らが作成することが理想である。しかし、実際には、主教材開発には多大な時間、労力、知識、技能が必要である。長年日本語教育を行っている大学や日本語学校などでは、学習者のニーズや学校の方針に沿って既に教材が開発されている場合があるが、一般的には、市販の教材の中から学習者のニーズにあう主教材を選択する場合が多く、不足の部分は市販あるいは自作の副教材で補っているのが実情である。従って、主教材を選ぶときに、いかに学習者のニーズにあった、設定したシラバスやカリキュラムにあった教材を選ぶかが重要である。そして、主教材を教えるのではなく、主教材で教えるということを忘れてはならない。学習者のニーズ分析の結果必要と判断されたシラバスを、主教材を利用して教えるのであり、主教材の内容そのものがシラバスとなるわけではない。

　主教材を選ぶ時のポイントには次のようなものがある。
　①対象者　②学習の最終目標（最終レベル）　③シラバス（学習項目の内容と量）　④想定学習時間　⑤想定されている教授法や授業の流れ　⑥媒介言語（母語による解説言語）の有無　⑦表記：ローマ字、ひらがな、漢字仮名交じり、振り仮名つき、分かち書き　⑧文法的な説明の有無　⑨教材の構成（会話文、練習問題など）　⑩付属教材

　また、学習項目の順番は、常に簡単なものから難しいものへと組み立てられているわけではない。たとえば、**モジュール型教材**といわれる教材は、各単元がそれぞれ完結しており、使う順序を自由に決められる形式の教材である。

11.2　副教材

　主教材の不足を補うためには「副教材」が必要である。副教材は、市販のものでも、教室活動を補う活動集、技能面の不足を補う技能別教材など様々な種類のものがあるので、まずそうしたものを利用するのが効率的であろう。しかし、副教材は主教材に不足する部分をいわば補正するためのものであるため、なかなか合うものが見つけられない場合も多い。そうした場合は、教師自身が簡単なプリント教材を作成、開発することになる。副教材の開発といっても、素材そのものの開発から行うのでは膨大な時間と労力がかかるため、たいていは、市販の教材中の素材や生教材の一部を利用することになる。この場合、著作権や肖像権の問題に注意する必要があるが、最近はそうした問題に配慮した教材開発用の素材を提供しているインターネット上のサイトがあるので、利用すると良い(『みんなの教材サイト』http://www.jpf.go.jp/kyozai/)。

11.3　教具と教材の媒体の広がり

　前述の通り、主教材の不足を補うためには副教材が必要であった。さらに教室活動を補助するためには絵教材(イラスト教材)や写真教材、文字カード、五十音図、ロールプレイで利用する役割を書いたロールカードなど、さまざまな教具が利用される。それぞれの特性をうまく利用することが必要である。

　たとえば、写真教材は、絵教材よりも現実感があるが、情報量が多く、必要な情報以外も伝えてしまう危険性がある。絵やイラストは現実をそのまま伝えることはできないが、情報量を抑えたり、存在しないものをも描いたりすることができる。

　現在、主教材、副教材、教具、それぞれに、紙媒体のものだけでなく、音声(音声テープ、CD)、動画(ビデオテープ、DVD)など、さまざまな媒体のものが開発されている。従って、それらを再生するための機材も必要となる。また、コンピュータを利用した学習も盛んになり、CALL(Computer Assisted Language Learning)と呼ばれるコンピュータ支援言語学習システムを利用した教育も行われている。学習プログラムが収められたCAI(Computer assisted Instruction)教材は、CD-ROMに収録されているものもあれば、オンライン上で利用できるようになっている場合もある。インターネット上のサイトで提供される日本語学習用のツールも増えており、そうしたサイトを利用して自習することも可能になった。

　また、教室で教師が学習内容を示す際に、従来の黒板にかわって、プロジェ

クターを利用してコンピュータ画面を映し出す場合も多くなってきている。

11.4 生教材・レアリア

　教材や教具は常に教育のために作られたものだけではない。実際の生活で使われている素材を教材や教具として利用することもできる。そうした素材を生教材、あるいは、レアリア (realia) という。厳密には、教具として利用する場合、たとえば、「雑誌」を雑誌ということばの意味を教えるときに物として使用したり、文型練習のキューとして利用したりする場合にはレアリアと呼び、「雑誌」の中に書かれている情報(特集記事、広告、ファッションのページ、占いのページなど)を読解教材として利用する場合などには生教材と分けて考える場合がある。本節でも両者を分けて考えることにする。

　生教材には、実際の社会で使われている日本語が使われているが、使い方によっては、初級レベルでも使うことができる。たとえば、広告に書かれているキャッチフレーズなどの文字をひらがなとカタカナと漢字に分けさせるといった文字の識別の練習や、同じ広告から商品名と値段など必要な情報だけを読み取らせる作業も広告の種類によっては初級レベルから可能である。早い時期から、生教材を適切に取り入れていくことは、実践的な言語運用能力の養成を助け、学習の動機づけにもなり、有効である。ただし、著作権、肖像権の問題に十分注意する必要があり、海外で教える場合には、その国の法律や規則が異なる場合が多いので、認識しておく必要がある。

　レアリアは教室に現実感をもたらし効果的に使うことによって教室活動をいきいきとしたものに変えることができる。しかし、その利用には注意も必要である。たとえば、「本」ということばを導入するのに、薄い雑誌のようなものを示してしまうと、「本」というものがそうした薄い形状のものに限られると思わせてしまうことがある。この場合、様々な形状のものをもっていき、その語彙の意味範囲を示す必要がある。

12　教案を作成する

　実際に授業を行う前には、これまで述べてきたことを参考に**教案**(授業プラン)を書いてみることが必要である。教案に含まれる項目には、日時、学習者人数、その日の授業の目的、学習項目、授業の流れ、手順、指導上の留意点、使用する教具などがある。教案は授業の効率化のために必要なだけでなく、授

業後に振り返り、改善していく上でも重要な材料となる。また、複数の教師で教えている場合、連絡用の資料としても利用することができる。

○月○日	○時限目	○○クラス	人数　○人	担当○○○
学習目標： 下記学習項目を使い、名乗ったり、自分の出身国を言ったりして、簡単な自己紹介ができるようになること。			教材： 『○○○』第○課	
学習項目 　文型：〜です　①名乗る　②出身国をいう 　語彙：③国名(インドネシア、中国、韓国、アメリカ、タイ、インド) 　表現：④はじめまして　⑤〜からきました　⑥どうぞよろしくおねがいします				
授業の流れ	学習項目	活動	教材教具	留意点
ウォーミングアップ	挨拶表現 （前回の復習）	T：おはようございます S：おはようございます T：S1さん、おはようございます S1：T先生、おはようございます ・・・・・・・・・		
本日の目標提示 学習項目①導入	はじめまして〜です。〜です。〜からきました。どうぞよろしくおねがいします 〜です（名乗る）	T：(自己紹介をする) 「〜からきました」のときに、地図の日本を指す。「どうぞよろしくおねがいします」でおじぎをする。 T：(自分を指して)〜です	世界地図 名札(自分と学習者の名前を書いたもの)	

図4　教案例

13　授業の分析と評価

　授業は教師が一人で行う場合がほとんどである。授業を良くしていくためには、時折自らの授業をビデオに録画したり、同僚に授業観察をしてもらうなどして、自己や他者による授業の評価・分析の機会をもつことが大切である。その際重要なのは、教師の発話の量や質、板書や動き方、学習者の発話の量や質、反応、教師とのやり取り（**インターアクション**）の有効性など、詳細な点を分析することに留まらず、授業の目標は達成できたのかどうか、そして学習者は達成感をもつことができたのかどうかを検討し、達成できなかった場合、どこに問題があるのかを分析する姿勢である。

教師が、自分自身と自分の授業を常に冷静に客観的に観察し、教育現場における問題点を見出し、問題解決を図る目的で行われる研究を**アクション・リサーチ**という。アクションリサーチでは、テスト評価や、教師側のインプット、学習者のアウトプット、教師と学習者のやりとり（インターアクション）、授業アンケートやインタビュー、ビデオ、メモ、教師の内省による授業記録など、すべてが研究の対象になる。

14　誤用分析

　既に8章で学んだように、学習者の誤用は「悪」ではなく、言語習得上自然かつ不可避なものであり、言語習得の一段階を示すものである。また、誤用の原因も、学習者の側だけでなく、教材の問題、**ティーチャートーク**の影響に代表されるような教師の指導上の問題にもあることを学んだ。教師は学習者の誤用を学習者の習得段階を把握し、効果的なフィードバックを行うために利用するだけでなく、教材や指導、広くコースデザインを見直す上でも有効に利用する必要がある。

15　目的・対象別日本語教育

　コースデザインの節でも述べたとおり、コースを考える上で学習者のニーズ分析は大変重要である。しかし、以前はどの外国語授業でも、「一般的な外国語 (Language for General Purpose)」が教えられていた。外国語教育の目的が教養や知的訓練のためと考えられていたからである。これに対して、特定の目的や職業に応じた効率的な外国語教育のためには、学習者のニーズに合ったコースが用意される必要があるとし、1960年代後半に、英語教育においてEGP(English for General Purpose) に対する ESP(English for Special/Specific Purpose) が提唱された。その影響を受けたのが、**JSP** (Japanese for Specific Purpose、特定の目的のための日本語) である。この用語は、立場を示したものであり、特定の教授法や教材を指すものではない。

　一方、学習者が将来必要とする（言語以外の）学習内容と言語教育を結び付けて実施する言語教育の指導法を内容重視の教授法と呼ぶことがある。言語以外の科目を目標言語（学習者にとっては学習している第二言語）で学ぶことによって科目の内容の理解と目標言語の運用能力を育成し、その科目に関するコ

ミュニケーション能力の向上を図るのが目的となっている。

JSPの立場はこの教授法を指示するものであり、**イマージョンプログラム**(Immersion Program)などは、この「内容重視の教授法」の一種であると言える。

イマージョンプログラムとは、子どもたちが、第二言語を習得できるように設置されたプログラムで、プログラムの初めの数年、第二言語のみで授業を行い、後に子どもたちの母語も導入される全面イマージョンプログラムと、一日のうちの数時間が第二言語で教えられる部分イマージョンプログラムがある。

近年日本国内では、外国人子女の日本語指導が問題となっている。そうした子どもたちに対して、**取り出し授業**と呼ばれる指導形態が採られることがある。取り出し指導では、日本語指導が必要な子どもを在籍学級から取り出して日本語や教科の勉強が行われる。入り込み指導では、日本語指導者が学級に入り込み、授業内容を易しいことばで言い換えたり、母語に翻訳したりしながら、外国人生徒に付き添って個別に対応し、学習を援助する。このほかに、ある一定期間、学習者を1カ所に集めて集中的に日本語指導を行う指導形態が採られることもある。こうした指導形態も、学習者の特殊な事情に対応した日本語教育の1つと言える。

以上、この節では、コースデザインのあり方を中心に実際に授業を計画し実行する上での問題点や様々な対応方法について概観した。より内容について知識を深めたい場合は、参考図書を読んで勉強することを勧める。

【タスク】

(1) 「学生食堂」の場面を取り上げ、場面シラバスで日本語の授業を行うとしたら、どのような下位シラバスが考えられるか。語彙、文型、表現、日本事情的要素などに分けて書き出しなさい。
(2) 初級日本語教科書を1冊選び、「11.1　主教材の選択」の主教材を選ぶ時のポイント①〜⑩を参考に教材分析をしなさい。
(3) 次の①〜⑥の説明文を読み、各教授法の名前を書きなさい。

①中世ヨーロッパのギリシャ語・ラテン語教育から始まった伝統的な教授法。母語と目標言語の翻訳が自由にできるようになることが重要だと考えられた。

②第二次世界大戦後確立された教授法。理論的裏付けを、構造言語学、行動主義心理学に置く。パターン・プラクティスと呼ばれる口頭練習が開発された。

③外国語習得の最良のモデルを、幼児の母語習得の過程にみるものであり、グアンとベルリッツが代表的な提唱者である。

④カウンセリングの理論と技術を外国語教育に応用させたもの。カウンセラー（教師）は新しい環境で困難を感じているクライアント（学習者）に安心感を与え、助言者となり、自立を助ける役割をもつ。

⑤暗示学の理論を外国語学習に応用させた教授法。学習者を緊張から開放してリラックスした心理状態にさせることが重要であると主張する。

⑥聴解力を重視し、聞いたことに全身で反応する方法を用いる。媒介語による翻訳は行わず、「話す準備」ができるまで、学習者は話すことを強制されない。

【読書案内】

国際交流基金(2006)『国際交流基金教授法シリーズ1　教師の役割とコースデザイン』(執筆者：久保田美子)ひつじ書房

国際交流基金(2011)『国際交流基金教授法シリーズ10　中上級を教える』(執筆者：藤長かおる・久保田美子・木谷直之)ひつじ書房

田中望(1988)『日本語教育の方法—コース・デザインの実際—』大修館書店
　☞多様な学習者に合わせたコースデザインの立て方や考え方を具体例に沿って解説。

石田敏子(1992)『入門日本語テスト法』大修館書店
　☞日本語教育の評価法全体について、詳しく紹介。

J.D. ブラウン、和田稔訳(1999)『言語テストの基礎知識』大修館書店
　☞テスト理論と実践の両面を紹介。テストの作成・採点・評価に関する基礎的な知識を提供。

三浦省五監修(2004)『英語教師のための教育データ分析入門』大修館書店
　☞言語教師のために教育データの分析方法について分かりやすく解説。

牧野成一他(2001)『ACTFL-OPI入門』アルク
　☞OPIの理論と実例を分かり易く解説。CDでサンプルを聞きながら勉強できる。

日本語教育学会編、岡崎敏雄、岡崎眸(1990)『日本語教育におけるコミュニカティブ・アプローチ』凡人社
　☞コミュニカティブ・アプローチについてその理論と具体例を説明。

鎌田修他編(2000)『日本語教授法ワークショップ(増補版)』凡人社
　☞代表的な教授法12種について、現場での指導法も交えて紹介。

西口光一(1995)『日本語教師トレーニングマニュアル④　日本語教授法を理解する本　歴史と理論編　解説と演習』バベル・プレス
　☞日本語教育史と教授法についての解説書。専門的な教養を高め、教師としての成長を助ける。

岡崎眸・岡崎敏雄(2001)『日本語教育における学習の分析とデザイン―言語習得過程の視点から見た日本語教育―』凡人社
☞日本語教育の理論を実際の教室活動に応用するための考え方や実践例を紹介。

岡崎敏雄(1989)『NAFL選書7　日本語教育の教材』アルク
☞日本語の学習教材の分析、評価から使い方、開発までを解説。

三牧陽子(1995)『日本語教師トレーニングマニュアル⑤　日本語教授法を理解する本　実践編　解説と演習』バベル・プレス
☞日本語教育のコース・デザインから授業の実際，評価にいたるまでの実践面を紹介。

小林ミナ(1998)『日本語教師・分野別マスターシリーズよくわかる教授法』アルク
☞様々な教授法を簡明にまとめてある。入門編とエキスパート編に分かれている。

髙見澤孟(2004)『新はじめての日本語教育2日本語教授法入門』アスク語学事業部
☞日本語教育に関する基本的な知識が学べる。理論だけでなく実践も意識して書かれている。

【参考文献】

キャサリン・バック編、牧野成一監修、日本語OPI研究会訳『ACTFL－OPI試験管養成マニュアル』ACTFL、ALC

タスク答え　(3) ①文法翻訳法　②オーディオリンガル・メソッド　③ナチュラル・メソッド
　　　　　　　④CLL(コミュニティ・ランゲージ・ラーニング)⑤サジェストペディア
　　　　　　　⑥TPR(トータルフィジカルレスポンス)

第11章　異文化間教育

異文化間教育とは普通の教育とどこが違うのでしょうか？　本章ではまず、どのような教育を異文化間教育と呼ぶのかを概観し、その特徴や私たちの発達に対する影響を考えます。さらに、具体的な教育事例を取り上げ、複数の文化を体験しながら成長することの意味と、異文化間教育の意義を考えます。

【キーワード】
異文化間教育、帰国［子女｜生徒］教育、海外子女教育、外国人［児童生徒｜子女］教育、学習言語、生活言語、取り出し授業、母語による先行学習、中国帰国者、国際理解教育

1　異文化間接触が日常化した現代と異文化間教育

　インターネットに代表される通信技術や交通機関の発達、政治・経済のグローバル化などによって、私たちと世界の距離はぐっと近くなった。人々は時差や国境を越えて移動し、文化という障壁も越え、さまざまな活動に従事している。今や、人・モノ・情報が、国や地域という枠を越えて行き来する時代といえよう。

　同時に、私たちの身近な生活もずいぶん変わった。普段の生活や職場で外国籍の人々と接点がある人は珍しくないし、知人や親戚が海外に赴任中という人もいるだろう。こうした社会の変化に伴い、複数の文化をまたいで成長する子どもや、生まれ育った場所とは異なる国で生活する人々、文化の異なる人々と日常的に接する人々が世界各地で急増している。そんな時代に必要とされる教育が**異文化間教育**である。

　異文化間教育は、「相異なる二つの文化のはざまで展開する人間形成の過程であり、また異文化・異民族との接触と相互作用の過程や結果に即して、あるいは接触・相互作用を想定して、行われる教育的活動」（江淵 1997: 16）と定義されることでもわかるように、極めて幅広い教育分野である。図1を見てもわ

かるとおり、帰国児童生徒や滞日日系南米人の子どもに対する教育から、小学校や中学校で実施される国際理解教育まで、その対象と教育内容にはさまざまな特徴がある。そこで本章ではまず、なぜ異文化間教育が必要になるのかを考えることから始めてみたい。

```
        教育人類学
   比較教育学
多文化教育        海外子女教育
          ┌─────┐
          │ 異文化間 │
留学生教育 │ 教育   │ 日本語教育
          └─────┘
                  異文化間コミュニケーション
   国際理解教育
```

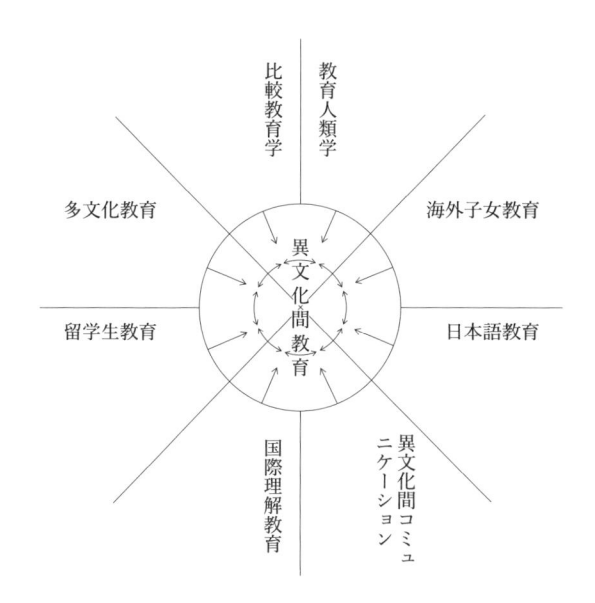

図1　異文化間教育と関連分野・領域（小林 1996: 90）

2　異文化間接触で何が起きるのか

　はじめに、異文化間心理学を専門とする渡辺（2002）が長期滞在したフィリピンでの体験を紹介しよう。「親しいフィリピン人の友人にお土産などを手渡した折に『これはいい』『すてきだ』『これ好き』などの返事は相手からかえってくるものの、こちらが期待していた『ありがとう』という言葉は帰って来ない」ことに気づいた彼は、ある日親しいフィリピン人の同僚にその理由を尋ねてみた。すると、「親しいのに『ありがとう』というのは他人行儀でしょう」と説明されたという（渡辺 2002: 7-8）。

　渡辺の体験した異文化間接触のエピソードからは、贈答という行動や、それに伴う人間関係のとらえ方が、日本人とフィリピン人では違うことがわかる。しかも、彼のようにわざわざ言及しない限りその違いは表面化しないため、普

通は、目の前の出来事をそのまま出身文化のルールによって結論づけることが多い。実際、「ありがとう」をいわない外国人に出会ったら、すぐ日本式発想で「無礼だ」と判断してしまうかもしれない。これを「文化の違い」と結論づけるなら、文化をどのようなものと考えたらいいだろうか。

　本章は、第3部「言語と心理」の第9章「異文化理解と心理」と同じく、文化を次のようにとらえる。すなわち、各集団が自らの生存のために作り上げたさまざまな規則におけるシステムで、態度、価値観、規範、行動などに関連してその集団のメンバーに影響を与えるもの（p99参照）とする。つまり、集団内部の人々の思考や行動に一定の特徴が存在するのは、文化という「各規則におけるシステム」が広く共有されているからであり、人々はこのシステムによって、その社会で適切とされる行動や思考の基準を与えられ、その枠内で活動するようになる。

　このような文化の役割をふまえ、ある文化から文化へ移動するときに一体何が起こるか考えてみよう。衣食住などの物質的側面よりもむしろ、表面には現れない、人々の考え方や行動を規定するルールの変化のほうが個人の生活や精神に与える影響は大きいと推測できるだろう。さらに、ここには言語の問題が加わることも多く、移民、駐在員、留学生、帰国児童生徒、外国人児童生徒など、いずれも言語と文化の双方で困難を覚えるのが一般的である。

　江淵（1997）は、異文化間教育という研究領域の役割について、「間」という文字を強調しながら次のように説明する。すなわち、「間」とは「二つ（あるいはそれ以上）の相異なる文化の『間』の『相互（作用）関係』の構造・過程・効果を明らかにし、人間形成に対するその影響や意味を追求しようとする異文化間教育研究の主題と研究視角を表している」（江淵 1997: 14-15）という。異文化間教育というと、文化間移動を経験した人々が注目されることが多く、彼らに対する研究や実践が主眼であるように感じられるが、江淵のこの指摘でもわかるとおり、そもそも異文化間教育は接触する文化のどちらか一方に限定して注目するものではない。帰国児童生徒や外国人児童生徒の例でいえば、彼らを対象とする研究・教育はもちろん、彼らを受入れる日本人生徒側への研究と教育も同時に考えるのが異文化間教育である。

3 文化間を移動する人々のための異文化間教育

　人々は以前よりも手軽に国境を越えるようになったが、その移動の背景は一律ではない。自ら進んで移動する人々もあれば、社会的な変動や家庭の事情でやむなく移動する人々もいる。このように人数やその目的、人々の属性いずれも格段に多様化したが、そもそも日本で文化間を移動する人々に注目が集まったのは、80年代の**帰国児童生徒**（旧称は「帰国子女」）の登場以降のことである。このとき、彼らに対する教育問題をめぐって、異文化間教育という研究・教育分野が本格的にスタートした。以来、企業や保護者の努力や異文化間教育研究の成果に、国際化という時代の変化も相まって、帰国児童生徒をめぐる状況はかなり改善されてきた。その一方で、現在各地の教育現場で新たに浮上しているのが外国人児童生徒の教育に関わる諸問題である。

3.1　帰国児童生徒
　帰国児童生徒の人数は、日本企業の海外における動向と密接に関わっている。彼らは、60〜70年代における戦後の高度経済成長期の頃より既に存在していたが、飛躍的に増加したのは、企業の海外進出が本格化し、社員の海外赴任が相次いだ80年代以降のことである。父親に伴われて主に欧米へと転居した子どもたちが帰国すると、彼らへの対応が日本各地の教育現場でクローズアップされ、一種の社会問題となった。

　彼らは、心身の発達において極めて重要な子どもの時期を海外で過ごすため、日本社会で生まれ育った子どもたちとは異なる価値観や行動規範を身につけていることが多い。また、日本語よりも日本語以外の言語（主に英語）の力が強くなってしまうこともある。当時はまだ、こうした彼らの特徴が社会に広く理解されず、学校での教育的な配慮も十分ではなかったため、帰国した彼らの中には、日本語力の不足に起因する学習困難に陥る生徒や、文化的差異に基づく行動様式や発想の違いで周囲から孤立する生徒もいた。

　彼らをめぐるクラスメイトや教員の対応は、当時「外国はがし」と呼ばれたことでもわかるとおり、海外で身につけた彼らの文化や言語を一方的に剥ぎとっていくものであった。同様に、当時の帰国児童生徒教育そのものも、日本の生活や学校に同化させようという適応教育的な性格が強く、彼らが培った貴重な海外体験や言語能力を教育場面で活用しようという発想は薄かった。

　しかしその後、日本企業の海外進出や社会の多文化傾向が進むと、帰国児童

> **海外子女教育**   column
>
> 海外に暮らす邦人子弟向けの教育が海外子女教育である。保護者や企業の努力の甲斐あって、以前に較べると海外に暮らす邦人子弟向けの教育施設はかなり整備された。主なものとして、日本人学校・補習授業校・私立在外教育施設の3つが挙げられる。日本人学校とは、国内の小学校又は中学校における教育と同等の教育を行うことを目的とする全日制の教育施設である。一方、現地校に通う子どもが、土曜日や放課後などを利用して通う学校が補習授業校である。ここでは、日本国内の小学校又は中学校で学ぶ一部の教科を、日本語で指導している。これらに対し、国内の学校法人などが海外に設置した全日制の教育施設も少数ながら点在し、私立在外教育施設と呼ばれる。

生徒は国際化のシンボルとして肯定的に評価されるようになり、帰国児童生徒教育も日本への適応を第一と考える姿勢から、彼らの豊富な異文化体験を活かそうという姿勢へと変わる。また、彼らとともに学ぶことで、国内育ちの日本人生徒や児童は多様な文化に接することができ、国際理解教育の上でもメリットがあると考える教育関係者や保護者も次第に増加した。

現在では、以前から帰国児童生徒を受け入れてきた国立や私立の教育機関に加え、国際理解教育推進校や帰国・外国人児童生徒支援校に指定された一部の公立小中学校でも帰国児童生徒の受け入れを行っている。

3.2 外国人児童生徒

仕事などのために親に連れられて海外から日本へやってくる子どもたちを**外国人児童生徒**と呼ぶ。これまでも外国籍の子どもたちは日本に住んでいたが、1990年の出入国管理法及び難民認定法の改正以降、ブラジルやペルーなど南米出身の子どもたちが急速に増えた。この改正は、バブル期に深刻な人手不足に陥った国内メーカーの苦境を救うべく、海外に住む日本人の子孫に限って就労可能な定住ビザを許可するものであったため、多くの南米日系人が就労目的で来日し、各地の工場で働き始めるようになった。現在、外国人児童生徒の全体の約3割（※文科省2010年の統計から）を占めるブラジル出身の外国人児童生徒は、その多くがこうして来日した一家の子どもである。

彼らの大半は幼く、母語であるポルトガル語が発達途上の状態で言語や文化

の全く異なる日本へやってくることが多い。そのため、小学校でも日本語がわからず苦労するが、国語や算数などの教科学習でも困難を覚えることが多い。というのも、教科学習で登場する「比例」「重力」などの抽象的な概念を持つ語彙は難解なものが多く、それらを理解して使いこなす**学習言語能力（CALP: Cognitive Academic Language Proficiency）**は習得までに5年以上かかるといわれているからだ。私たちは1〜2年で習得できるといわれる日常会話（この会話には**生活言語能力（BICS: Basic International Communication Skills）**が必要）を流暢に話す姿を見て、外国人児童生徒たちの日本語力を判断しがちだが、日常会話が上達した子どもでも、教室で飛び交う学習のための日本語能力が充分にあるとは限らないのである。

　こうした子どもたちの苦境を救うべく、**取り出し授業**と呼ばれる個人指導の時間を設けて彼らに日本語や生活の指導を行うことがある。しかし、残念ながらごく短期間で終了するケースが多い。また、一部の教育機関ではボランティアの協力を得て国語や社会などの教科で**母語による先行学習**（＝母語に翻訳された教科書を使い、母語のわかる教員と共に予習をすること）を行い、成果を上げているケースもあるが、全国的な普及まではいたらず、各地の教育現場では模索が続いている。さらに近年では、帰国予定・経済的な事情・学校への不適応などにより、学校に通うことなく滞日を続ける外国籍の不就学児童が増加しており、将来的な影響はもとより、不就学に伴う青少年非行の問題なども指摘されている。

　一方、滞日が長期化すると、新たな問題も浮上する。特に問題視されているのが、日本語の上達と反比例するように母語や母文化が失われがちなことである。母語を喪失してしまうと、親子間のコミュニケーションが困難となり、家族関係に亀裂が入ることも珍しくないという。さらに、言語や文化的アイデンティティの点で日本人の子ども同様に成長した場合、彼らにとってブラジルは母国というよりむしろ異文化社会に近い存在となる。そのため、後年帰国したときには再び異文化適応を迫られることとなり、その結果、心理的な安定を欠いたり、学習上のハンディを背負ったりする場合がある。

3.3　中国帰国者（中国残留邦人）

　第二次世界大戦後の混乱期に、主に中国大陸の東北部（旧満州国とその周辺）に残された日本人の子どもや女性で、永住帰国した人々を一般に**中国帰国者**と呼ぶ。特にこの人々のうち、肉親と生き別れて中国人養父母によって育てられ

たかつての子どもたちは中国残留孤児と呼ばれ、80年代以降、家族を伴い次々と永住帰国した。帰国後はまず、全国の中国帰国者定着促進センターや中国帰国者自立研修センターで日本語教育や生活指導を受けることが多い。彼らはここで、買い物、銀行、学校、引っ越しから近所づきあいまで、1人の市民として日常生活を送る上で必要な日本語と生活指導を重点的に学習する。しかし、人生の大半を中国で過ごし、平均年齢60歳代を迎えた元孤児たちにとって、日本での暮らしは言語的にも文化的にも慣れないことが多く、就労はおろか社会的に孤立してしまう者もいる。そこで2001年、新たに中国帰国者支援・交流センターが設立された。ここでは、日本語指導や生活相談以外に、帰国者と地域住民との相互理解を深める交流事業や支援グループの立ち上げなどを手がけており、帰国者が近隣の人々と共に健やかな社会生活を送れることを目標に活動を行っている。しかし、彼らの高齢化に伴い、介護などの新たな問題も浮上している。

4　多文化社会を迎えるための異文化間教育―国際理解教育

　多くの人々が国境を越えて移動した結果、世界の多くの国や地域内で、複数の民族・文化・言語の人々が共に暮らす状態が日常になりつつある。長年、特定の民族もしくは文化の人々が圧倒的多数を占めてきた日本でも、近年急速に社会の多文化・多民族化が進んでいる。そこで、次世代を担う子どもや若者には多文化社会を深く理解することが求められており、日本の学校教育における異文化間教育の重要性はますます高まっている。しかしその反面、複数の民族・言語によって長らく社会が構成されてきた欧米の国々に較べ、多文化状態を理解し受け入れるための教育がこの国に広く整備されているとはいえないだろう。

　現在、日本の学校教育で実施されている異文化間教育としては国際理解教育があげられるが、これは特定の教科を指すものではない。国語や外国語や社会などの教科を通じ、子どもたちが世界に対する理解を深め、国際社会の一員として行動できるように育成することを目指す、学習指導要領に盛り込まれた教育内容の1つである。

　国際理解という概念は、1974年のユネスコによる「国際理解、国際協力及び国際平和のための教育並びに人権及び基本的自由についての教育に関する勧告」という勧告を受けて日本ユネスコ国内委員会が作成した「国際理解教育

の手引き」(1982年) を経て日本の学校教育に持ち込まれたもので、具体的には1989年の学習指導要領改訂の際に初めて登場した概念である。当時、国内的には戦後の高度経済成長が続き、海外では米ソ冷戦が雪解けを迎えてベルリンの壁が崩壊するという時代ではあったが、現在のように社会が多文化傾向を強める時代ではなかった。それに対して、すでにさまざまな民族・背景文化の人々が共に暮らすようになった現在の日本においては、身近な社会の内部における国際理解が不可欠となっており、国よりもひと足早く教育現場での取り組みが始まっている。

たとえば、外国籍児童の受け入れを通じて国際理解を考えたり、彼らの母語や母国を学んだりする試みはその代表といえよう。早くから外国人児童を受け入れてきた豊橋市のある小学校では、全校児童に対し、10分間ほど「わからない言葉で授業を受ける」体験をしてもらったという。すると、「言葉がわからないために生じる誤解とフラストレーションを日本人児童らが体験し、外国人児童らが毎日どのような気持ちで日本の学校で授業を受けているのかということについて理解を深めた」という (村田 1997)。また、この実践では、教師側に外国籍児童の指導を通して子どもの能力や個性を多角的に把握して評価しようという視点が生まれた点も見逃せない。村田は、外国人児童教育とは「画一的・形式的な教育を重視してきた日本の教育」にとって、個性化教育を推進するばかりか、背景文化の異なる生徒同士でともに学ぶ協働学習の推進にも貢献すると指摘している (村田 1997: 181-182)。

国際理解教育は、独立した教科ではなく、具体的な学習項目が定められたものでもないため、具体的な教育実践となると現場の教員に任される範囲が大きい。総合学習の時間を活用して国際理解教育を試みるケースも見られるが、全体としてはいかにして何を指導すべきか模索が続いている。これに対して、プロジェクトワークのような学習活動や異文化間におけるコミュニケーションの指導に関して、日本語教育は一定の経験を有する。多様な文化的背景の人々が同じ社会で快適に働き、暮らすために役立つ教育という点では国際理解教育と日本語教育は共通しているだけに、日本語教師が地域の学校教育に対して貢献しうる点は少なくない。たとえば、外国籍児童の日本語指導のために日本語教師が各学校へ派遣される場合にも、小・中学校の教員との連携によって、日本語教育はもちろんのこと、充実した国際理解教育をも実現できるだろう。日本語教育という枠内に留まることなく、広く社会の中で日本語教師の役割や使命を考えてみてほしい。

【タスク】

(1) 文部科学省の「海外子女教育、帰国・外国人児童生徒教育等に関するホームページ（略称：CLARINET）」に公開されている文化間移動をする子どもたちに関する統計データを見て、その数字の変化にどのような社会的影響が反映されているのか考えなさい。

■海外子女教育・帰国・外国人児童生徒教育等に関するホームページ（文部科学省）

http://www.mext.go.jp/a_menu/shotou/clarinet/main7_a2.htm　　※ 2012 年 2 月 1 日現在

CLARINET へようこそ＞帰国・外国人児童生徒教育情報＞各種調査結果

CLARINET へようこそ＞その他＞各種統計情報＞海外の子どもの傾向

(2) 入国管理局における外国人登録者数の統計データの推移や分析コメントを見て、そこにどのような傾向が見られるかを考えなさい。

■法務省ホームページ、入国管理局、統計に関するプレスリリース

http://www.moj.go.jp/nyuukokukanri/kouhou/nyuukokukanri01_00013.html

※ 2012 年 2 月 1 日現在

【読書案内】

田尻英三・田中宏・吉野正・山西優二・山田泉（2004）『外国人の定住と日本語教育』ひつじ書房

☞外国人住民に対して日本語教育はどうあるべきかが多角的にまとめられています。冒頭のブックガイドはこの分野をさらに詳しく学びたい方に便利です。

箕浦康子（2003）『子供の異文化体験—人格形成過程の心理人類学的研究』増補改訂版　新思索社

☞帰国児童生徒の異文化体験と発達の問題を取り上げた研究の先駆け。心理学と文化人類学の両面からこの問題にアプローチしています。

【参考文献】

江淵一公（1997）「異文化間教育とは」江淵一公編『異文化間教育研究入門』玉川大学出版部 pp.13-40.

小林哲也（1996）「異文化間教育学の可能性—学会十五年の回顧と展望」『異文化間教育』, 10, 89-98. アカデミア出版

村田翼夫（1997）「在日外国人児童教育の課題」江淵一公編『異文化間教育研究入門』玉川大学出版会 pp.165-184.

デイビット　マツモト（2001）『文化と心理学—比較文化心理学入門』（南雅彦・佐藤公代訳）北大路書房

渡辺文夫（2002）『異文化と関わる心理学—グローバリゼーションの時代を生きるために』サイエンス社

タスクの答え　(1) の解答例：海外在留邦人子弟の滞在国別の推移でアジアが北米に迫るまでに増加したこと、バブル期の海外在留邦人子弟の人数急増とその後の増加の鈍化、など。(2) の解答例：日本の総人口の推移とは対照的に外国人登録者数は急増していること、在日を含む韓国・朝鮮国籍の外国人登録人数が最多ではあるが中国国籍者が急増してトップに迫る勢いであること、静岡県の外国人登録者の50%がブラジル出身であること、そのブラジル出身者が最も多く暮らすのは、自動車などの製造業の工場が集中する愛知県であること、など。現在の社会状況や新聞報道などとの関連性を考えながら、統計データの推移を考察してほしい。

第 12 章　日本語教育における
　　　　　　コミュニケーション教育

本章では、異文化間コミュニケーションになぜ問題が起こるかということについて説明し、文化によるコミュニケーション・スタイルの違いや、多様な視点を育てるための異文化トレーニング、日本語教育での異文化間コミュニケーション教育の実践を紹介します。

【キーワード】
意図、受け手中心、文化相対主義、自文化中心主義、異文化トレーニング、カルチャー・アシミレータ、クリティカル・インシデント、ファシリテータ、対照会話分析研究、コミュニケーション・スタイル、双方向的な学び

1　異文化間コミュニケーションにおける意図と解釈のずれ

　コミュニケーションは、単に情報や意図を送り手から受け手に伝達するという一方向的なものではなく、送り手と受け手の相互作用的なやり取りという双方向的なとらえ方が一般的である。しかし、送り手の**意図**の有無にかかわらず、「意味解釈の主体である私たちがそこに意味を見出したときにすでにコミュニケーションが始まっている」(八代他 1998: 53) ことを考慮すると、コミュニケーションを「**受け手中心**」にとらえたほうがさまざまな誤解や行き違いがより理解しやすいだろう。

　話し手の意図に関係なく、受け手が何らかの解釈をしていれば、コミュニケーションは生まれている。そして、このときに同じ文化背景を持つ人同士なら、共通点が多いため、相手がどのように解釈するか予想できるが、異文化間では、意図したものとは異なるメッセージとして伝わってしまう可能性が高い。

　たとえば、相手の提案を断ろうと、「考えておきます」と返答した場合、同じ日本人ならこれは相手を傷つけないための婉曲表現で、「話を終わらせると同時に断っている」のだと受け取り、送り手の意図通りに解釈する人が多いと

思われる。しかし、文化背景が異なり、コミュニケーション・スタイルも異なる異文化間では、受け手が「これから前向きに検討してくれるかもしれない」と期待を抱く場合も考えられる。

異文化間では、相手が自分の予想したように行動すると勝手に思い込んでいると、ずれが起こる。このようなずれが起こった場合に、自分の考えている「適切」なコミュニケーション行動を取れない相手を非常識な人だと、否定的な評価を下してしまいがちである。これは、自分の文化や、コミュニケーション・スタイルを相対化して中立的にとらえる（＝**文化相対主義**）ことができず、自分の母文化の価値基準で物事を判断している（＝**自文化中心主義**）ために起こる問題である。

2　日本語教育における異文化間コミュニケーション教育

2.1　異文化トレーニング

異文化間コミュニケーションにおいて、同じ事象に対して、異なる見方があり、自己の枠組みのみからだけではなく、多様な見方や考え方があることに気づくことが重要である。そして、その力を育てるための**異文化トレーニング**として、カルチャー・アシミレータや、クリティカル・インシデントなどの活動が有効である。

カルチャー・アシミレータは 1) 異文化摩擦のエピソード、2) その状況をどう解釈するかを促す設問、3) それに対する 3 ないし 4 の選択肢、4) 各選択肢に対する解説という 4 つの部分から成り立っている。解説部では、講師が口頭でより詳しく説明するのが効果的とされている。

クリティカル・インシデントは、異文化摩擦の場面を提示し、その状況をいかに解釈・評価するかグループで検討しあうトレーニングである。このとき、まず場面を観察・描写し、次に互いに相手の意図が理解できなかった理由は何かなどを、相手の文化の情報と自文化の情報をもとに、正確に理解し、そして、どのようにしたら問題が解決できるか、またどのようにすれば事前に避けることができるのかを話しあいの中で学ぶ。カルチャー・アシミレータとは違って、講師は、正解を与えたりはせず、参加者自らの考え、話しあいの手助けをする**ファシリテータ**的役割である。

2.2 文化によるコミュニケーション・スタイルの違い

　前節では、異文化間では異なるものの見方、解釈の仕方があると述べてきた。異文化間コミュニケーションに求められる多様なものの見方を育てるには、相手の文化の情報は重要な手がかりとなる。また、自文化をより客観的にとらえるためにも、他文化との比較は有効な方法である。

　たとえば、文化によって話し方が異なるというのは、直感的にわかることかもしれない。しかしどこが違うか、なぜ違うかについての知識があれば、より具体的な対処法を立てられる。たとえば、日本人とアメリカ人の相づちの打ち方や、大学生の討論などグループ活動における、討論の手続き、発言の順番、意見・理由の述べ方や、ビジネス会議における話題の管理など、さまざまな場面における日米の**対照会話分析研究**において、日本人とアメリカ人の文化による**コミュニケーション・スタイル**の相違点が指摘されている。

　また、アジア各国の日本語学習者が増えるにつれ、アジア各国の学習者の母語によるコミュニケーションの方略を日本人と比較する研究も見られるようになってきた。さらに、同じ場面における学習者の日本語と母語による言語表現などをそれぞれ対照分析した結果、学習者の日本語使用には、母語が大きく影響しているということも明らかになった。

　このように、人々のコミュニケーション・スタイルや方略は、文化によって異なり、その人が外国語を用いてコミュニケーションを図る際にも、大きな影響を与える。日本語教育においても、日本語教師は、日本語の規範から外れた学習者の言語表現に対し、単に日本人の規範に従った日本語の表現に直すのではなく、日本語・日本文化と学習者の母語・母文化の違いを提示し、双方のコミュニケーション・スタイルの違いに気づかせながら対応することが望まれる。

2.3 異文化理解を深めるための双方向的な学び

　円滑な異文化間コミュニケーションを行うためには、自文化を相対的にとらえ、文化やコミュニケーション・スタイルの多様性を理解し、「自分の見方や考え方を的確に表現する力、共感性、他者との関わりを通して、自分の考え方、行動の仕方等を柔軟に変える」(佐藤1999: 31)総合的な力が必要である。

　そこで、日本語教育においては、学習者に日本の文化や、日本的な会話のスタイルなどを一方的に教えるのではなく、文化による違いに気づき、それぞれの文化を尊重する**双方向的な学び**ができるような教育が求められる。近年、地

> **理由の述べ方に見る日米大学生の違い（Watanabe 1993）** column
>
> ディスカッションの中で、理由を述べる際、日本人は、時系列に詳しく話し、物語を紹介するように述べる。アメリカ人は理由だけを簡潔に述べる。これは、アメリカではディスカッションにおいては素早く要点を話すというスタイルが期待されるが、日本では、グループ内で摩擦や葛藤を起こさないために、要点を直接にいわずに間接的な述べ方が期待されているためであるとWatanabeは分析している。私たちのコミュニケーション・スタイルは所属する文化で期待されている暗黙のルールにあわせて行っている。また、その期待は社会・文化によって異なるということだろう。

域の日本語教室や大学ではこのような観点からさまざまな取り組みが行われている。

　地域の日本語ボランティア教室では、実生活からの問題意識を出発点に学習者中心の交流活動が行われている。ボランティア教室は、日本語学習の場だけではなく、外国人学習者と日本人ボランティアの双方が新たな発見をする異文化接触の場でもある。多くの日本人ボランティアは、外国人と直に触れあう中で、ボランティア教室を「日本語を教えてあげる」場から、「多くのことを学んでいく」場へととらえなおしていく。

　一方、大学では、留学生と日本人学生がともに学びあうさまざまな取り組みが行われている。留学生向けの日本事情の授業に日本人学生をいれた日本人学生と留学生による混合授業の試みの他、授業外の時間に教員主導による留学生と日本人学生の交流活動や、海外の日本語学習者との電子メールによるプロジェクトワークなどの実践が増えてきた。これらの授業・活動は、留学生に一方的に日本の社会や文化などを紹介するものではなく、留学生と日本人学生が身近な問題などについて話しあい、ある共通のテーマの下での共同活動を通して、参加者たちが自分の持つステレオタイプや、文化の多様性に改めて気づき、多様な視点を持つことができるようになっていくことが期待される。

　そして、このような交流プログラムにおいて、教師は**ファシリテータ**として交流を促進していく役割を果たす。たとえば、日本人対留学生という二項対立にならないようなテーマの設定や、活動に必要なコミュニケーションスキルの提示、活動を促進するための介入、活動後の参加者の内省への促しなど、活動

全体にわたり、教師の役割が非常に重要である。

　日本語教育の最終目的は、円滑なコミュニケーションにあろう。日本語教育に携わる者は、学習者の多様な文化を尊重し、学習者の母文化と日本文化との相違点などを踏まえた上で、日本人と学習者が相互理解を深めながら、ともに学び、成長していく教育活動を創出する努力が望まれるだろう。

【タスク】

　あるボランティア教室でのできごとである。この教室は日本人と外国人がさまざまな問題について話しあう場である。ある外国人参加者が「日本では、外国人が外人と呼ばれているが、外車という言葉もあり、物扱いされている感じがするので、外人と呼ぶのをやめてほしい」と発言した。これに対して、日本人参加者が「外国人を外人と呼んでいるが、別に悪意があるわけではない」と主張した。それ以降も双方の意見が平行線をたどるだけだった。あなたがもしその教室の教師だったら、そのときどうするか。

【読書案内】

泉子　K. メイナード (1993)『会話分析』くろしお出版
　☞これまでの日英対照会話分析で得られた知見をわかりやすく概観した上、著者自らのデータに基づく研究もいくつか紹介されています。

八代京子・町田恵理子・小池浩子・磯貝友子 (1998)『異文化トレーニング―ボーダレス社会を生きる』三修社
　☞異文化間コミュニケーションに、どのような態度とスキルが必要かを噛み砕いて解説しています。各節にトレーニング・エクササイズが収録され、参考になります。

【参考文献】

佐藤郡衛 (1999)『国際化と教育―日本の異文化間教育を考える』財団法人放送大学教育振興会

八代京子・町田恵理子・小池浩子・磯貝友子 (1998)『異文化トレーニング―ボーダレス社会を生きる』三修社

Watanabe, S (1993) Cultural Differences in Framing: American and Japanese Group Discussions. In Tannen, D. (Ed.) *Framing in Discourse*. New York; Oxford: Oxford University press. pp. 176-209.

第13章　言語教育と情報

インターネットの普及により、多様な情報を容易に入手し、発信できるようになりました。言語教育においても、コンピュータを活用した教育が盛んになってきています。本章では、教師自身がさまざまな情報を取捨選択し、自由な発想で授業を組み立てることを目指して、日本語教育におけるコンピュータの活用やその際に必要となる能力や注意すべき点などについて考えます。

【キーワード】
CALL、CMC、CMI、情報リテラシー、メディア・リテラシー、著作権、知的所有権、教材開発

1　日本語教育におけるコンピュータの活用

　近年のコンピュータやインターネットの普及により、メールやチャットなどを用いてコミュニケーションを図ることが日常的なことになった。このような社会の変化に伴い、日本語教育においてもコンピュータやインターネットを利用した授業がより身近なものになってきている。

1.1　授業場面での活用

　現在、教育場面では、コンピュータが幅広く活用されており[1]、このうち言語学習での活用を**コンピュータ支援言語学習**（**CALL**: Computer Assisted Language Learning）という。

　CALL を導入した日本語の授業としては、従来、日本語の文法、漢字などの言語要素や、聴解、読解、作文などについて CALL 教材を用いて学習することが多かった。このような場合の学習は、コンピュータ対学習者のやりとりとなる。しかし近年では、人対人のやりとりである**コンピュータ媒介コミュニケーション**（**CMC**: Computer Mediated Communication）を取り入れた日本語学習も実施されている。たとえば海外の日本語学習者に対する E メールによる

作文指導や、チャットを用いた会話能力の育成を目的としたものなどがある。
　以上のように、これまでのCALLでは、コンピュータはあくまで日本語学習の手段として用いられてきた。しかし、学習者が日本語によるEメール、チャットといったCMCを行う機会は、今後ますます増えていくだろう。このため、今後、CALLの分野では、コンピュータを活用した日本語学習だけではなく、コンピュータを媒介して人とどのようにコミュニケーションを図るかということを教えるCMC教育が重要になると考えられる。

1.2　その他の場面での活用

　教室での授業の他にも、コースデザイン、成績管理、評価、教材作成など教師にはさまざまな業務があるが、これらを効率的に行い、よりよい授業を提供するためにコンピュータが大きな力を発揮する。
　上記のように「授業活動などによって発生する各種のデータ処理や資料作成処理などを教師がコンピュータを利用して行うこと」（池田2003: 5）を**CMI**[(2)]（Computer Managed Instruction）という。たとえば、教材作成のためにワープロソフトを使ったり、学習者の成績管理に表計算ソフトを使うこと、教師が集う掲示板で教え方について相談することなど、これらは皆、CMIとしてのコンピュータ利用となる。このように、コンピュータの活用の仕方次第で、良質な教材の開発や教師のネットワーク形成など、単なる作業の効率化以上の効果が得られ、その結果として、質の高い教育を学習者に提供することが期待できる。

2　情報に関わるリテラシー

2.1　情報リテラシーとメディア・リテラシー

　情報は文字や音声、写真、映像などさまざまな様式で伝達され、また情報伝達の手段にインターネットも含まれるようになるなど、我々が接する情報量は膨大なものとなっている。**情報リテラシー**とは、この膨大な情報を扱う上で必要となる知識や能力のことをいい、情報の収集や分析、新しい情報の構成や発信という一連の作業を効率的に行う能力である。一方で、インターネットの普及により情報の双方向性が高まり、発信する機会が増えている。そのため、今までは情報の受け手側のリテラシーという側面が強かったが、今後は情報の送り手側のリテラシーが重要になると考えられる。

> **Eメールを活用した日本語教育の例（板倉・中島 2001）** column
>
> 香港理工大学の日本語学習者と鹿児島大学の日本人学生による「電子メール双方向型プロジェクトワーク」を紹介する。これはEメールによる日本語学習と異文化理解を目的としている。決められたトピックに関するアンケート調査項目を、日本語学習者と日本人学生が共同で作成し、双方の大学の学生に対してアンケート調査を実施し、その結果を比較しあうもので、Eメールはそのための手段として使われた。異文化理解を目的の1つに取り入れることで、学習者と母語話者の双方にメリットがあり、日本語による実際のコミュニケーションを経験でき、興味が長続きしやすいため、日本語学習が効果的に行われるなどのメリットが報告されている。

メディア・リテラシーについて、鈴木（2000: 17）は「市民がメディアを社会的文脈でクリティカルに分析し、評価し、メディアにアクセスし、多様な形態でコミュニケーションを作り出す力をさす。またそのような力の獲得をめざす取り組みもメディア・リテラシーという」と定義している。つまりマスメディアなどの持つ支配的な影響力に対して、伝達される情報を批判的に分析し、活用する能力だといえるだろう。

2.2　日本語教育との関係

教材開発をする過程で、教師は情報リテラシーを活用し、学習者のニーズや日本語のレベルを考えながら必要な情報を取捨選択し、学習者にとって理解しやすいように情報を再構成する。

　学習者に対しても、情報リテラシーについて教える必要がある。たとえば、インターネットで情報を入手する場合、キーワードを選定し、検索の仕方を知り、入手した情報を正しく理解しなければならない。さらに近年では、学習者が、授業の中でホームページを作成したり、プロジェクトワークの中でプレゼンテーション用ソフトを用いて資料を作成するなど、情報の送り手となる場合も増えてきている。このため、日本語学習を通して情報リテラシーも身につくような授業を行うとよいだろう。

　メディア・リテラシーについては、特に日本事情の指導の際に、教師が留意する必要がある。日本事情の授業では、テレビ番組、新聞などを扱うことも多

い。学習者はそれらをもとに日本について学ぶわけだが、このときに情報を無批判に受け取ることで、日本についてのステレオタイプが植えつけられる危険性がある。教師は、メディアを介した情報には必ず作り手の意図が反映することを理解した上で、学習者が情報を無批判に受け取るのではなく、さまざまな視点から読み取れるような授業を行うことが大切である。

3 著作権

　すでに述べてきた通り、教師や学習者が多様な情報を入手し発信する機会が増えているが、このようなときに、教師や学習者自身が無意識のうちに**著作権**を侵害してしまう恐れがある。著作物を著作権法で定められた範囲で利用するために、**知的所有権**の1つである著作権に関する理解が必要になる。

　ここでは著作物の複製について説明する。著作物の複製には、著作権者の許諾が必要であるが、学校その他の教育機関(営利目的のものを除く)での「教育を担任する教師」及び「授業を受ける者」による複製については、著作権者の許諾は必要ない(著作権法第35条)。つまり、授業の資料作成のために担当教師が著作物を複製する場合や、学習者が授業の一環としてレポートを作成する際にインターネットなどから収集した資料を複製する場合は、許諾を得る必要はない。しかし、営利目的として設置された民間の日本語教育施設はこの教育機関には該当しない。また、これに該当する場合でも、授業以外で使用するための複製や、クラスの人数以上の複製、ワークブックなど学習者が購入することを想定して作られた物の複製は認められない。

　実際に許諾を得ることは教師や学習者にとって負担が大きいので、このような場合は「引用」の範囲で利用するか、または日本語教育の教材作成に役立つ素材を提供するウェブサイト(「みんなの教材サイト」(国際交流基金日本語国際センター運営) <http://minnanokyozai.jp>)などを利用するとよいだろう。

　教師や学習者は利用者であるだけでなく、著作者となり権利を侵害される恐れもある。そのため、著作者の立場からも著作権を保護する必要性について理解し、学習者に対してもその重要性を授業の中で教える必要がある。

【注】

1. コンピュータ支援教育（CAI: Computer Assisted Instruction）という。
2. 狭義では、CMI とは、成績管理システムなど、授業に関わる教師の業務を支援するコンピュータ・システムを指す。

【タスク】

大学の日本語のクラスの活動のうち、著作権者に許諾を得る必要があるものを選びなさい。
(1) 教師が茶道に関するウェブページを印刷し、日本事情の授業で配布する。
(2) 日本語学習者の作文を教師が大学のウェブサイトに載せる。
(3) 日本語学習者がインターネット上で公開されている画像を授業の発表資料に使用する。

【読書案内】

鳥谷善史(2004)「第2編 言語情報処理」『改訂新版 日本語教師養成シリーズ⑥ 異文化理解と情報』(佐治圭三・真田信治監修) 東京法令出版　pp.59-102.
　☞言語教育と情報に関わる基礎的な内容が簡潔にまとめられており、日本語教師を目指している人に役立つ内容です。

畑佐一味(2002)『日本語教師のための IT リテラシー入門』くろしお出版
　☞日本語を教える文脈でのコンピュータの利用方法を紹介しており、コンピュータが苦手な人にもわかりやすい内容です。

三宅和子・岡本能里子・佐藤彰編(2004)『メディアとことば1』ひつじ書房
　☞メディアとことば、メディアの中のことばという視点に立った内容で、基本概念や用語の説明なども紹介されている良書です。

【参考文献】

池田伸子(2003)『CALL 導入と開発と実践―日本語教育でのコンピュータの活用』くろしお出版

板倉ひろこ・中島祥子(2001)「IT 時代における日本語教育―香港・鹿児島間の電子メール双方向型プロジェクトワークの試み」『世界の日本語教育(日本語教育事情報告編)』6, 227-240.

鈴木みどり編(2004)『新版 Study Guide メディア・リテラシー(入門編)』リベルタ出版

> タスクの答え　(2)ウェブサイトへの掲載は作品の複製、公衆送信にあたるため、教育目的であっても著作権者である学習者の許諾が必要である。

第5部
言語一般

第 14 章　言語の構造一般

本章では世界の言語にはどのようなものがあるか、その中で日本語とはどのような言語かを考えます。またそのような言語を研究する学問分野としての言語学ではどのような研究がなされているのか、日本語学や日本語教育との関係はどうなっているのか、などについて考えます。

【キーワード】
語族、歴史言語学、言語類型論、屈折語、膠着語、孤立語、格、主語、主題、助数詞（類別詞）、言語学、日本語学、音韻論、形態論、統語論、意味論、語用論、対照言語学、比較言語学、理論言語学、応用言語学

1　世界の諸言語

　世界には数千もの言語があるといわれている。起源（祖語）が同じ言語を同系の言語といい、それらの集まりを**語族**という。世界には、インド・ヨーロッパ語族、シナ・チベット語族、ウラル語族、アルタイ語族など、いくつもの語族が存在している（語族の分け方や呼び方も諸説ある）。

　インド・ヨーロッパ語族は、世界の半数近くの人々によって話され、ゲルマン語（英語、ドイツ語など）、ギリシア語、イタリック語（フランス語、スペイン語、ポルトガル語、イタリア語など）、インド・イラン語（インド・アーリア語、イラン語など）などが含まれる。**シナ・チベット語族**は現在の中国・チベット地方で用いられている言語の多くが含まれ、中国語、ミャンマー語、チベット語などがある。**ウラル語族**にはフィン諸語（フィンランド語、エストニア語など）、ウゴル諸語（ハンガリー語など）などが、**アルタイ語族**にはモンゴル語派（モンゴル語など）、チュルク語派（トルコ語、ウイグル語、カザフ語、キルギス語など）、満州・ツングース語派などが含まれる。

　語族に関してはいくつもの学説があり、まだまだ不明なことが多いのが現実である。典型的な例が日本語や韓国語（朝鮮語）で、さまざまな類似性ゆえに

アルタイ語族に含める場合も多いが、そうした類似性が共通の祖語に由来するのか、接触によるものなのかは今も不明である。日本語と韓国語との関係についても類縁関係は指摘されているものの、詳しいことはわかっていない。

2 言語の類型—日本語はどのような言語か

言語の分類には上記のような発生的・系統的な分類の他、類型論的な分類がある。これは、歴史的な親族関係ではなく、音韻論（母音の種類、声調を用いるかなど）、形態論（文法、語順）、語彙論などの形式的な類似性から言語を構造的なタイプ（類型）に分けようといった試みである。このような言語の分類は**言語類型論**が研究を行っている。日本語を例に、類型論的な分類をしてみよう。

2.1 SOV型言語

語順といえばだれしも、英文和訳の際に語順で苦労した経験を持っているであろう。また漢文の授業で返り点を頼りに漢文を読み理解した経験を持っている。これらは英語や（かつての）中国語が日本語と語順を異にしていることを示している。それに比べ韓国語を学ぶ際には、こうした苦労は皆無に等しいが、これは韓国語と日本語は基本的に語順が同じだからである。表1は語順に関し日本語と韓国語、中国語、英語を比較したものである。図で「＋」は、その言語の従属部（修飾語など）が主要部（被修飾語など）の前に置かれていること、「－」はその逆であることを示す。

語族はどうやって決めるの？ column

言語が同系かどうかは、古い文字で書かれた遺物などを用い、共通の祖語から離散したことを示す形式的な類似性を見出し行われていく。文字で書かれた遺物が豊富な言語の場合にはこれが可能だが、遺物が少ない言語もあり、それが語族の決定を難しいものにしている。このような言語の分類は18世紀以降、**歴史言語学**が研究を進めてきた。

表1 日本語・朝鮮語・中国語・英語の語順(角田1991の大付録より)

	日本語	朝鮮語	中国語	英語
S、OとV	SOVなど	SOVなど	SVOなど	SVO
名詞と側置詞	+	+	−	−
所有格と名詞	+	+	+	−、+
指示詞と名詞	+	+	+	+
数詞と名詞	+	+	+	+
形容詞と名詞	+	+	+	+
関係節と名詞	+	+	+	−
固有名詞と普通名詞	+	+	+	−、+
比較の表現	+	+	その他	−
本動詞と助動詞	+	+	−	−
副詞と動詞	Vより前	Vより前	さまざま	さまざま
副詞と形容詞	+	+	+	+、−
疑問の印	文末	文末	文末	無し
一般疑問文でのS、V倒置	無し	無し	無し	有る
疑問詞	平叙文式	平叙文式	平叙文式	文頭
特殊疑問文でのS、V倒置	無し	無し	無し	有る
否定の印	動詞語尾	V・助動詞の直前；否定助動詞	SとVの間	Vの直後
条件節と主節	+	+	+	+、−
目的節と主節	+	+	不明	−

注)「+」はその言語の従属部が主要部の前に置かれていること、「−」はその逆であることを示す。色をつけた部分は日本語と共通している項目を示す。

　これを見ると日本語と韓国語(朝鮮語)では、基本語順も同じSOVであり、語順に関してほとんど差がないのに対し、中国語では基本語順がSVOで、語順の相違点がやや目立つようになり、英語にいたっては、数詞・指示詞・形容詞と名詞に関する語順のみがかろうじて日本語と一致しているが、それ以外は異なっていることがわかる。

　日本語の特徴は、従属部がつねに主要部の前に置かれている言語である(表1で日本語は「+」ばかりで、「−」がないことがそれを示す)。英語では、この一貫性が崩れている。修飾関係という観点から見れば、日本語の場合には修飾語(従属部)が常に被修飾語(主要部)の前に置かれているということである。英語の場合にはそうはならず、形容詞の名詞修飾のように前に置かれるもの

> **日本語の語順は少数派？**　　　　　　　　　　　　column
>
> 欧米の言葉に接することの多い私たちは、日本語の語順が少数派であるかのように考えてしまいがちだ。しかし世界の言語を見渡したとき、基本語順で最も多いのは日本語のようなSOVで、次いで英語のようなSVO、その次がアイルランド語などのVSOのタイプと続く。これらは主語（S）が目的語（O）に先行するという普遍性を持っている。それ以外の語順はごくわずかしか存在しない。また語順の面で日本語と比較的似た言語としては、韓国語の他、モンゴル語、トルコ語、マリ語、ヒンディー語、ベンガル語などがある。

（表では＋で表示）、関係節の名詞修飾のように後ろに置かれるもの（－で表示）に分かれる。また英語の前置詞や日本語の助詞などの側置詞について見ると、日本語では名詞（従属部）が側置詞（主要部）の前に置かれる（＋）が、英語や中国語では名詞は側置詞の後ろに置かれる（－）。このように考えると日本語は語順に関して、目的語が動詞に先行する（SOV）という類型的特性を持ち、従属部が主要部の前に置かれるという一貫性を持った言語であるといえる。

2.2　膠着語

　言語類型論的な分類の中で、とりわけ形態論的な分類から、世界の言語は**屈折語、膠着語、孤立語**に分けられることがある。

　屈折語：活用などの語形変化（語の内的構造の変化）により格などの文法関係を表す言語。ラテン語、ギリシア語、アラビア語など。
　膠着語：文法的な意味を表す単位をくっつけることにより、格などの文法関係を表す言語。日本語、韓国語など。
　孤立語：活用などの語形変化がない言語で、格などの文法関係は語順を用いて示される。中国語、ベトナム語、サモア語など。

　ただし、これらは明確に区分できるわけではない。1つの言語に複数の性格を有している場合も少なくない。たとえばエスキモー語やオーストラリアの諸言語は、膠着語としての特徴と屈折語としての特徴を有している。また英語は屈折語であるが、語形変化が少なくなった分、語順の重要性が高まり、やや孤

立語の性格を有している。さらに「anti・abortion・ist（中絶反対論者）」といった語形成を見ると膠着語的な特徴も有している。日本語は膠着語であるが、口語体では、助詞を省略し、語順で格などの文法関係を表すことも多いので、その点は孤立語的な性格を有している。

　格表示についていえば、日本語は主格、対格、与格などの格を表すときは格助詞をつけ、使役、受身などのヴォイス、進行、完了などのアスペクト、過去などのテンスなどを表すときには、動詞のあとにそれらを表す形態素をつけて表す。これは韓国語でも同じであるが、英語を考えると格は I-my-me の人称変化に見られるように、屈折が表し、ヴォイスやアスペクト、テンスなどは活用変化で表すなど日本語とは若干性格を異にしている。さらに中国語は屈折もなく、語順が格役割を表している。

2.3　格

　日本語は主格、対格、与格などの格をガ、ヲ、ニなどの格助詞で表すが、英語と同じように自動詞文では主格が共起し、他動詞文では主格と対格が共起する。この際に「自動詞文の主格」と「他動詞文の主格」が同じ形（主格、日本語ではガ）で表され、他動詞文の対格のみが異なった形（対格、日本語ではヲ）で表される。このような言語は**主格・対格型**の言語というが、世界の言語がすべてこのタイプに属するわけではない。言語にはこれ以外に**能格・絶対格型**の言語が多数存在している。能格・絶対格型の言語では、「他動詞文の対格」と「自動詞文の主格」が同じ形（絶対格）で表され、「他動詞文の主格」はこれらとは異なる形（能格）で表される。たとえばワルング語の場合には(1)のように、「男が犬を殺した。」「男が座った。」では「（殺した）男」が能格で、「犬」や「（座った）男」が絶対格で表される。

(1) pama-ngku　kantu-ϕ　　palka-n.
　　男-能格　　犬-絶対格　殺す-過去／現在
　　pama-ϕ　　nyina-n.
　　男-絶対格　座る-過去／現在　　　　　　　　　　（角田1991より）

　これに属する言語としてはインド北部の諸語、コーカサス語、エスキモー語、ポリネシア諸語などがある。
　この他「他動詞文の主格」、「自動詞文の主格」、「他動詞文の対格」がそれぞ

れ別の形で表される言語、3つが同じ形で表される言語などがある。

2.4　主語と主題

世界の言語のどの文にも必ず**主語**があると思いがちだが、必ずしもそうではない。確かに英語では省略された場合を除き、主語は必須である。しかし日本語や韓国語では主語はないことがある（**無主語文**）。たとえば「地震だ。」「ご飯ですよ。」などは主語がない（単に省略なら復元できるはずだが復元できない）。日本語では主語が必須ではないため、英語の it、there のような**形式主語**も必要ない。

主題に関していえば、日本語には主題のある文が多い（**有題文**）が、ない文もある（**無題文**）。「先生はいません。」は有題文で、「先生がいません。」は無題文である。ただし、無題文は眼前の状況全体が主題であると考えることもできる。

なお、ハで表された名詞句を主語であると誤解する場合があるが、必ずしもそうではない。たとえば「私はパンを食べた。」で、「私は」は主語が主題化してハで表されているので「主題＝主語」で問題ないが、「パンは私が食べた。」では、「パンは」は目的語が主題化したものであり、主語ではない。

また英語母語話者の日本語を聞いていると、やたらと「私は」を連発し、くどいと感じることがある。日本語や韓国語は主語の省略がよく起きる言語である。主語の省略といっても、特に話者である1人称主語の省略が多い。これにはさまざまな要因が作用している（第17章3.1を参照）。

主語優勢の言語と主題優勢の言語　　column

世界の言語には主語が重要な**主語優性**の言語（Subject-prominent 言語）と、主題が重要な**主題優勢**の言語（Topic-prominent 言語）とがあるという考え方がある（Li 1976）。英語は前者、中国語は後者である。Li（1976）によれば日本語は主語も主題も強い言語であるという。また「主語廃止論」で有名な三上章は、日本語は主語ではなく、主題が強い言語であるといっている。主題の強い言語には、それを表す形態素が存在していることが多い。日本語ではハ、韓国語では「은/는」がそれである。中国語ではそのような助詞は存在しないため、主題は語順が表し文頭に置かれるのが普通である。

3 言語学・日本語学・国語学

言語学とは言語について、その構造や体系を研究する学問分野であることはいうまでもない。言語は、**音素**が**形態素**を形成し、それが**語、文、文章(談話)**を形成していくが、これまでの言語学ではこうした言語の構造的な単位のレベルによって、その研究領域を**音韻論、形態論、統語論、意味論、語用論**に区分している。

音韻論：音素、アクセントなどの研究
形態論：語構成や形態素などの研究
統語論：文の構造、構文、文における語の結びつき方、語順などの研究
意味論：語や文が表す意味の記述を行う研究
語用論：言語とそれが使用される状況との関連性などの研究

なお音韻論と似たものに**音声学**があるが、前者が音素など、言語としての音を研究するのに対し、後者は物理的な音としての言語音そのものを研究する分野である。

また言語学は、研究対象とする言語が何かにより、**日本語学**、**英語学**などに分けられる。しかし日本語学は、歴史的に**国語学**の流れの中で発達してきており、歴史的背景を踏まえて言語を見つめることが多いが、その点で現在存在する言語を普遍的なアプローチから扱うことが多い言語学(応用言語学)とは異なることが多い(もちろん言語学の中には、通時的な言語学もある)。

このような日本語学と言語学との違いは、ときに日本語教育などにも影響を与えることがある。たとえば、「読む」「見る」は国語学の流れを踏まえた日本語学の立場からいえば、「五段活用動詞」「上一段活用動詞」であるが、「五段活用」「上一段活用」という概念は、この動詞がかつて「四段活用」「上二段活用」であった点を踏まえての命名であるという、歴史的な背景がある。ところが、言語学の立場では、そのような歴史的な側面(**通時性**)よりは**共時性**、すなわち現在世界に存在している他の言語との異同がより大きな関心事となっていることから、語幹と活用語尾との関係(膠着)に着目し、「読む」のような五段活用動詞は、「子音で終わる語幹」と「U」という活用語尾から成り立つ(Yom-U)ため、**子音動詞**または **u-verb** と呼ばれ、「見る」のような一段活用動詞は、「母音で終わる語幹」と「Ru」という活用語尾から成り立つ(Mi-Ru)

ことから、**母音動詞**または **ru-verb** と呼ばれることがある。

したがって日本語教育では通時的な側面を重視すれば国語学や日本語学との連携が重要となり、共時的な側面を重視すれば言語学との連携が重要になる。日本語教育は、他の言語を母語とする学習者に日本語を教えることが多く、どちらかというと他の言語との異同、つまり共時的な側面が重要になり、国語学の流れの上に立った日本語学をそのまま応用するのではなく、言語学的観点も加味した日本語学を構築していく必要がある。動詞を「子音動詞／u-verb」「母音動詞／ru-verb」とは呼ばないまでも、**1 グループ**、**2 グループ**と呼ぶようになったり、「読みます」「読んで」を**連用形**と呼ばず、それぞれ**マス形**、**テ形**と呼んだりするようになったのもそのようなことの現れであろう（第 17 章 2.1 を参照）。

4 対照言語学

日本語教育に携わる私たちにとって、学習者の言語についての知識は非常に役に立つことがよくある。たとえば、韓国語では「先生になる」という場合、「先生」にはニ格ではなく、ガ格を用いることを知っていれば、韓国語を母語とする学習者が「先生がなる」といってしまったときに、そのような誤りがなぜ起きたかを知る 1 つの手がかりになる。このようにある 2 つの言語の異同を比べて記述することを**対照分析**、または**対照研究**といい、そのような手法を用いて、言語について研究する言語学を**対照言語学**という。

ここで注意しなければならないことが 2 つある。1 つは**比較言語学**と対照言語学との混同である。前者は同系の 2 言語を比べるもので、それを通じて祖語について明らかにしたり、言語の歴史的な変化のプロセスを解明したりすることに目的がある。これに対し対照言語学は、2 言語が同系に属するかは問題にせず、両者の言語的な共通点や相違点を比べ、それを通じてある言語の特徴をさぐったり、言語習得に生かしたりするものである。たとえば日英対照研究により、主語を重視する英語と主題を重視する日本語との違いが明らかになったり、英語母語話者の日本語教育に役立てたりすることができる。

注意しなければならないもう 1 つの点は、対照言語学の応用の仕方である。1960 年以前に盛んだった行動主義的な言語習得の考え方では、外国語を学ぶとき、母語と似ている部分は習得が容易で、母語と異なる部分は習得が困難であるから、母語と外国語との異同を研究すれば、何が容易で何が困難かを予言

できると考えた。これを**対照分析仮説**という。しかしながら、誤りが生じるメカニズムはそれほど単純ではないことが後に明らかになり、この仮説は力を失っていった。たとえば英語は語尾の「t/d」の音を区別するが、ドイツ語は区別せず「t」で発音する。対照分析仮説によれば、この違いは、ドイツ語母語話者が英語を習得するときも英語母語話者がドイツ語を習得するときも困難であるという予測になるが、実際には前者は予測通り困難であるが、後者は予測に反して習得は困難ではない。

しかし対照研究が外国語習得に何ら役立たないかというとそうではない。「予言」は難しくても、「説明」をすることはできる。上の例の韓国人が起こしやすい「先生になる」といった誤りや、ドイツ人が起こしやすい「語尾のdの無声音化」は、なぜ起きたかを知る際に対照言語学は1つの手がかりを提示してくれる。ここでは近年日本語教育能力検定試験に出題されることの多くなっている日韓、日中について簡単に対照する。日英については、私たちの大半が英語の知識をかなり豊富に有しているため、ここでは省略する（詳しく知りたい方は、石綿・高田（1990）などを参照されたい）。

4.1 日韓対照

日本語と韓国語はよく似ているといわれる。確かに同じSOV言語であり、語順がほとんど同じで、膠着語で、助詞があり、漢字が用いられ、語彙の中に同じ漢字を用いる漢字語が多く、それらでは発音も似ているなど、共通点は少なくない。それが他の母語話者に比べ、格段に習得の速度を速めることになる（これは母語が習得を促進するため、母語の**正の転移**と呼ばれる）。しかしながら、類似点が多いとはいえ、両者に相違点が存在することも事実であり、母語と目標言語とが類似していると考えることは、逆に母語の転移を促進して誤りを引き起こしたり（**負の転移**）、習得が向上しないでとまってしまう**化石化**を生む原因になったりするので注意しなければならない。

4.1.1 発音（音韻）

日韓両語を比べて最も異なっているのが発音であろう。日本語は**有声音・無声音の対立**があり、「きん」と「ぎん」とは意味が異なる。しかしながら韓国語は中国語などと同様、有声音・無声音の対立の代わりに**有気音・無気音の対立**がある。「ㄱ」「ㅋ」「ㄲ」はどれもカタカナで表せば「キ」の発音に近い。このうち「ㅋ」は息を強く口から出して発音し（有気音）、「ㄲ」は逆に口から

息が出ないように発音する(無気音)。意味も「気(기)」「背丈(키)」「(食事の)回数(끼)」と異なる。その代わり日本語のように有声音・無声音の対立は意味の違いをもたらさない。「키」「끼」は常に「キ」に近い発音であるが、「기」は語頭では「キ」、語中・語尾(母音や有声子音の後)では「ギ」の音に近く発音されることがある。

また日本語は「(子音＋)母音」が1つの音節を作る**開音節**が多く、子音で終わる**閉音節**がほとんどないが、韓国語の場合は「(子音＋)母音＋子音」と子音で終わる閉音節が非常に多いのも特徴である。韓国語では「김(kim)」はm、「박(pak)」はk、「신(sin)」はn、「길(kil)」はl、「입(ip)」はpなどさまざまな子音で終わることができる。

その他、日本語は**モーラ言語**と呼ばれ、**拍**を持ち、**長音、促音、撥音**は1拍分の長さを持つが、韓国語では拍のようなリズムはなく、長短の区別も曖昧である。たとえば「말(mal)」は本来長めに発音すれば「言葉」、短く発音すれば「馬」の意味になるが最近は両者の区別は必ずしも明確ではない。

4.1.2 文字(表記)

いうまでもないが、韓国語は**ハングル**(한글)で表記される。ハングルは文字の名前であるから「ハングル語」といういい方は日本語を「仮名語」というようなもので不適当である。ハングルはそれ自体では意味を持たない**表音文字**で、子音を表す記号と母音を表す記号とを組みあわせて言葉を作っていく。たとえば「말(mal)」は「ㅁ(m)」「ㅏ(a)」「ㄹ(r/l)」が組みあわさってできたものである。また日本語の場合、「日本」はかな書きすると「にほん」と3文字になるが、漢字1文字が必ず同じ音を表すハングル文字1組で表されるのも特徴である。たとえば「韓国」は「한국(hanguk)」と表し、「한(han) = 韓」「국(guk) = 国」である。ただしハングルは表音文字であって漢字のように表意文字ではない。韓国語で用いられる文字はこのハングルの他に漢字があるが、日本とは異なり旧字(學、國など)を用いる。ただし、最近では漢字を用いずにすべてをハングルで表記することが多くなっており、比較的漢字が用いられる新聞でも使われる漢字は非常に少なくなっている。

日本語の漢字の発音には音読み、訓読みがあり、それらが複数個の発音を持つこともあるが、韓国語では漢字の発音は原則として音読みが1つあるだけである(たとえば「水」は日本語の音読みにあたる「수(su)」という発音だけを持ち、訓読みにあたる発音は漢字では表せない。したがって「水道の水(み

ず）」を韓国語にすると「水道」はそのまま漢字で表記できるが、「水（みず）」は漢字では表せずハングルで水を表す「물（mul）」を用いる）。いいかえればオリジナルな韓国の言葉は漢字で表記できないということである。

　その他韓国語は日本語と同様、縦書きも横書きも可能である点は共通であるが、分かち書きをするところは日本語と異なっている。

4.1.3　語彙

　日本語には漢語、和語、外来語などがあるが、韓国語にも中国から入った漢語、オリジナルの韓国の言葉、そして外来語がある。漢語は漢字で表記できるが、オリジナルの韓国の言葉は漢字で表記できない（たとえばキムチ、ソウルには漢字がない）。韓国語でも外来語は最近急速に増えつつあるが、自分の国の言葉を大切にしようとする思いもあって日本に比べれば多くない。その他「爪切り」「割り箸」など、日本の植民地時代に入ってきた日本語が一部韓国語に残っているが、**国語浄化運動**の中で最近は用いられなくなりつつある。

　また助詞を持っている点は日本語と共通である。日本語と同じように格助詞があり、ハとガの区別もある（その使い方は微妙に異なる）。しかし日本語に終助詞が発達しているのに比べると、韓国語には終助詞に似たものはいくつかあるものの、種類も少なく、性格をやや異にしている。その他、助数詞がある点、擬音語・擬態語が発達している点なども類似している。

　日本語では「あげる・くれる・もらう」と3つの**授受動詞**があり、「さしあげる・くださる・いただく」などの敬語動詞もある。韓国語では「あげる・もらう」の区別はある（주다・받다）が「あげる・くれる」の区別はない。また「드리다（さしあげる）・주시다（くださる）」という敬語表現がある。**指示詞**は日本語と同じくコソアの区別があり、コに相当するのが「이」、ソが「그」、アが「저」であるが、文脈指示における用法などがやや異なる。

韓国語とハングル　　　　　　　　　　　　column

韓国語は隣国の中国の影響を強く受けてきており、語彙の半数以上は中国語起源であるといわれている。現在用いられているハングルは15世紀、世宗大王の命により作られた文字であるが、それ以前の文献の多くは漢字で書かれていた。

4.1.4 文法（形態）

すべてを説明することはできないので、膠着語、敬語について述べる。

韓国語は日本語と同様膠着語であり、助詞やテンス・アスペクトなどはそれを表すマーカーを語尾に接続することで表す。たとえば「彼は行かなかった」は「그는（彼は）가（行く）지 않（否定）았（過去）다（断定）」と表す。

韓国語も敬語が発達しており、日本語同様、丁寧語、尊敬語、謙譲語が存在する。ただし日本語は**相対敬語**を用い、目上であっても同じ会社・家族の人のことは謙譲語を用いるのに対し、韓国語は**絶対敬語**を用い、目上の人のことは同じ会社・家族の人であっても尊敬語を用いる点が異なっている。

4.1.5 統語

韓国語では格助詞を用いて格を表す点は日本語と同じである。語順は日本語同様 SOV 言語であり、述語が最後に来る点以外は比較的自由なことや、修飾語が必ず被修飾語の前に来るのも日本語と同じである。

4.2 日中対照

中国語は英語と似ていると考えている人は多いであろう。確かに SVO 言語である点では英語と似ているが、異なる点もかなりある。以下「北京語」を例に簡単に述べる。

4.2.1 発音（音韻）

中国語の特徴といえば、何といっても**声調言語**であるという点であろう。中国語のアクセント（声調）は、高低に変化する。声調は基本的に 4 つある。同じ発音であっても、アクセントによって意味も違ってくる。同じ ma でも第一声から第四声まで 4 通りの声調があり、これらが別の意味を持つ語となる。また韓国語同様、有気音・無気音の対立があり、有声音・無声音の対立はない。また中国語では語末の子音は韓国語のように多くなく、n、ng、r に限られる。漢字の発音（読み）は基本的に 1 つで、その割合は全体の 9 割を占める。すべての漢字が 1 つの音節から成り立っている。北京音では子音 21 個、母音 39 個がある。実際に組みあわせによって、およそ 410 個の音節があるという。

4.2.2 文字（表記）

いうまでもなく中国語は漢字という**表意文字**で表記される。発音はピンイン

という発音記号で表される。今現在中国で使われている文字は「簡体字」で、「繁体字」(旧字)の画数を少なくした文字である。簡体字は2,200個あまりある。日本語と同じ漢字もあれば、一部だけ同じ形のもの、そしてまったく異なるものもある(たとえば、汉字→漢字、车→車、书→書)。

また、中国語すべてを漢字で表記するわけではない。一部であるがアルファベットを用いる言葉もある。たとえば、「T恤衫(Tシャツ)」「卡拉OK(カラオケ)」「X光(X線)」などがそれである。

4.2.3 語彙

日本語や韓国語では、品詞は形態的に区別されるが、中国語では区別されず、複数の品詞に属しているものが多々ある。日本語や韓国語と同じく助数詞(類別詞)を持っている。

日本語・韓国語はコソア(近称・中称・遠称)の区別があるが、中国語では、コ(またはソ)に相当する「这」とア(またはソ)に相当する「那」しかない。

授受動詞は、日本語では「あげる・くれる・もらう」と3区分されるが、中国語では基本的に、動作主を主語とし「给(あげる)」1つで表す。また日本語のように「くださる・さしあげる・いただく」などの敬語動詞もない。

外来語についていうと、日本語では意訳して漢字で表された語彙を造語する場合も多いが、その音をそのまま残し、カタカナ表記される場合も多い。中国語の場合は、そのほとんどは前者の「意訳→造語」型で、典型的なのが、computerという外国語を意訳して「電脳」という語彙を作ったなどである。ただし後者のようなものがないわけではなく、「馬拉松(マラソン)」などがある。また、音訳でもありながら、意訳を加味して翻訳された語彙もある(「雷達(レーダー)」「可口可乐(コカコーラ)」「保龄球(ボーリング)」「维他命(ビタミン)」など)。

4.2.4 文法(形態)

中国語は孤立語であるため、文法的意味(格)は、基本的に語順が表す。日本語にはテンス・アスペクトがあるが、中国語にはテンスマーカーはなく、「了」「着」「過」などのアスペクトマーカーのみがあるといわれている。

この他、述語に人称、複数などの語形の変化が見られないのも孤立語としての特徴であろう。

> **日本語から中国語になった語彙** column
>
> 言葉の面では中国は輸出国、日本は輸入国と思われがちであるが、日本から中国へ輸出した語彙もある。「場合」「手続」「服務」「取消」などは日本語が中国語になったものである。この他、西洋の概念が日本に入った際に漢字語が作られ、それがそのまま中国語になったものがある。「政策」「代表」「自治」「民主」「独占」「資本」「現実」「原則」「否定」「議会」「義務」「否認」などその数は多い。

4.2.5 統語

中国語は英語と同じくSVOの言語に属すが、英語とは異なり、修飾語は被修飾語の前に置かれる点は日本語と似ている。日本語と同様、疑問文は文末に疑問の助詞をつけて表し、語順の変化はない。

主語の省略は日本語のように頻繁には起きないが、文脈で明らかな場合には省略することがある。

5 理論言語学・応用言語学

言語学というと、**理論言語学**と**応用言語学**に分けるのが普通である。理論言語学とは音韻論、形態論、統語論、意味論、語用論など、言語を構造的・体系的にとらえ、言語の本質的な原理・規則を構築することを目的とする学問分野である。これに対し20世紀の中盤以降、外国語教育や言語習得に関心が向けられるようになると、**構造言語学**や**行動主義心理学**などの科学的な研究成果を応用して新たな外国語教育をめざす学問分野として、応用言語学が発展した。しかし最近ではその領域が拡大し、応用言語学とは言語理論を応用しつつ、言語に関わるさまざまな人間行動を分析し、人間の言語行動の拠って立つ原理や規則を構築することをめざした学問分野全体を指すようになった。

私たちが今学ぼうとしている日本語教育学や**言語習得研究**は典型的な応用言語学であるが、この他にも**社会言語学**、**心理言語学**、**対照言語学**、**語用論**、さらに最近では多言語多文化社会の広がりの中で、**言語接触**や**異文化コミュニケーション**、**バイリンガリズム**や**マルチリンガリズム**の研究も応用言語学の一分野としてさかんになってきた。

第5部 言語一般

【タスク】

(1) 日本語、韓国語、中国語について○か×を記入し、表を完成しなさい。

特徴	日	韓	中
①名詞修飾節は被修飾語の前に置かれる。			
②原則として漢字の発音には音読みと訓読みがある。			
③指示詞に近称・中称・遠称の区別がある。			
④子音で終わる語がある。			
⑤動詞と名詞とは語形的にはっきり区別される。			
⑥モーラ言語といわれる。			
⑦連音現象が生じやすい。			
⑧有気音・無気音の対立がある。			
⑨膠着語である。			
⑩動詞は活用語尾が変化する。			
⑪名詞は単数複数の区別があいまいである。			
⑫動詞の語尾は人称により変化しない。			
⑬尊敬語・謙譲語が発達している。			
⑭SOV言語である。			
⑮主題は文頭に置かれることが多い。			
⑯助数詞(に相当するもの)がある。			
⑰物質名詞と物体名詞は形態的に明確な区別がない。			
⑱比較的語順が自由である。			
⑲格役割は主に格助詞が表す。			
⑳名前は姓から、数字は大きい位から読む。			

【読書案内】

バーナード・コムリー著(1992)『言語普遍性と言語類型論―統語論と形態論』(松本克己・山本秀樹訳)ひつじ書房
　☞世界の言語や言語類型論について知りたい人にお薦めします。

角田太作(1991)『世界の言語と日本語』くろしお出版
　☞世界の言語や言語類型論について、そして言語類型論的な日本語の位置づけについて知りたい人にお薦めします。

国立国語研究所(2002)『日本語と外国語の対照研究Ⅹ 対照研究と日本語教育』くろしお出版
　☞対照言語学とそれを日本語教育にどう生かすかについて知りたい人にお薦めです。

石綿敏雄・高田誠(1990)『対照言語学』おうふう
　☞日英対照を中心に対照言語学を学びたい方にお薦めです。

小泉保（1993）『日本語教師のための言語学入門』大修館書店
　☞日本語教師に役立つように言語学全般を紹介しています。
小池生夫編集主幹（2003）『応用言語学事典』研究社
　☞応用言語学についての知識が網羅されています。事典として使うだけでなく、専門書としてもとても役立ちます。

【参考文献】

石綿敏雄・高田誠（1990）『対照言語学』おうふう
角田太作（1991）『世界の言語と日本語』くろしお出版
Li, C. N. (Ed.) 1976. *Subject and Topic*. New York: Academic Press.

タスクの答え　①○○○　②○××　③○○×　④○○○　⑤○○×　⑥○××　⑦×○×　⑧×○○　⑨○○×　⑩○×○　⑪○○○　⑫○○○　⑬○○×　⑭○○×　⑮○○○　⑯○○○　⑰○○○　⑱○○×　⑲○○×　⑳○○○

第6部
日本語の構造

第 15 章　日本語の音声

本章では、日本語の音声について最も基本的な事柄を学びます。1 番小さな音の単位から始めて、より大きなまとまりへと段階的に学習を進め、最終的に文レベルでの音声について考察します。

【キーワード】

音声学、音韻論、単音、音素、異音、ミニマルペア、拍、音節、有声・無声、母音、無声化、中舌化、子音、声道、IPA（国際音声記号）、調音点・調音法、（硬）口蓋化、アクセント、イントネーション、プロミネンス、プロソディー

1　日本語教育における音声指導

　外国語学習、特に会話を学ぶ際に、発音矯正は必須であろう。だれしも、学ぶからには目標言語を「きれいに」話したいと願わないはずがない。日本語教師としては、決して「正しい発音」を押しつけるものではないが、学習者の要望には全力で応えなければならない。そのためには、日本語**音声学・音韻論**や**プロソディー**についての基本的な知識を身につけ、また実際の音や発話を瞬時に聞き取り、峻別することのできる耳を養うことが必要である。

　本章は、このような日本語教育を前提とした音声、音韻、プロソディーなどについての基礎知識のうち最低限必要な部分を提供するものである。しかし、上に述べたような聞き取りや、実際の発音指導の方法を具体的に記すには、紙幅が許されていないので、末尾にあげておいた書物などを用いて、実践的な学習へと進まれることを期待する。なお、本章では日本語といった場合、現代東京方言を意味する。

2 音声学と音韻論

音声学とは、実際の音を扱う学問である。その最小単位は音声または**単音**と呼ばれる。音声学には①「調音音声学」②「音響音声学」③「聴覚音声学」がある。①は、人間の言語音が音声器官の中でどのように作られるかを観察し記述するものであり、観察が容易なため、古くから発達してきた。②は音響機器を用い、物理学的・数学的に音声を研究するもの。本章は①を扱うもので、音声学的な知識や、**国際音声記号**（IPA = International Phonetic Alphabet）の記述方法を身につけていくことを目的とし、②の研究成果をその裏づけや助けとして用いる。国際音声記号とは、実際の言語音（単音）を世界共通の記号で記述しようとするもので、原則として1記号＝1音主義を取っている。音声言語の聞き取りから理解の過程を調べる③は、観察や測定の困難さから研究が立ち遅れているが、認知心理学や脳科学の発達と相まって、今後の進展が期待される。

単音は実際に発音される音の最小単位で、[ ] に入れて表される。それに対して、音韻論で扱われるのは音韻または**音素**と呼ばれる、意味を担う音の最小単位で、/ / に入れて表される。たとえば英語で [sip]（ちびちび飲む）と [ʃip]（船）は、別な意味を持つ異なった単語で、[s] と [ʃ] を入れ替えると意味が変わってしまうので、/s/ と /ʃ/ という別々の音素として認定される。しかし日本語では、[ʃika] と [sika] という2つの語は確かに発音が異なり、後者が訛っていると感じられるが、どちらも「鹿」という単語の発音のバリエーションとして聞かれるので、日本語ではこれらは音素 /s/ の中の**異音**ということになる。また、[ʃika] と [ʃima] では、「鹿」「島」という別々の単語になるので、[k] と [m] は /k/ と /m/ という別々の音素として認定される。

/sika/ と /sima/ のように音素が互いに1ヶ所だけ異なる語のペアを**ミニマルペア**（最小対立）といい、語学教育においては発音指導に用いられる。たとえば、語頭の**有声子音**を**無声子音**として発音してしまう傾向のある中国語・韓国語話者には、「外国—開国」のようなペアが、ツをチュと発音する傾向のある韓国語話者には「通信—中心」のようなペアが、それぞれ有効である。

3 有声音と無声音

有声音とは、音が産出されるとき、肺から上ってきた呼気が声帯（図1「声

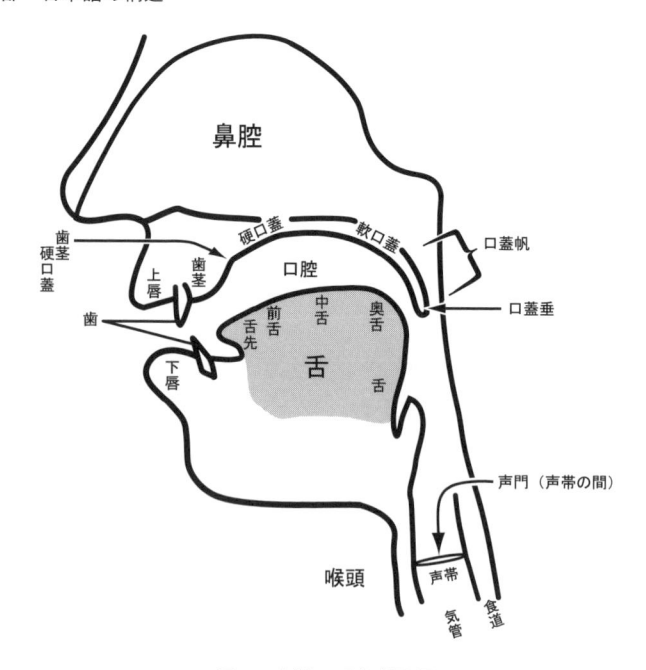

図1 声道の垂直断面図

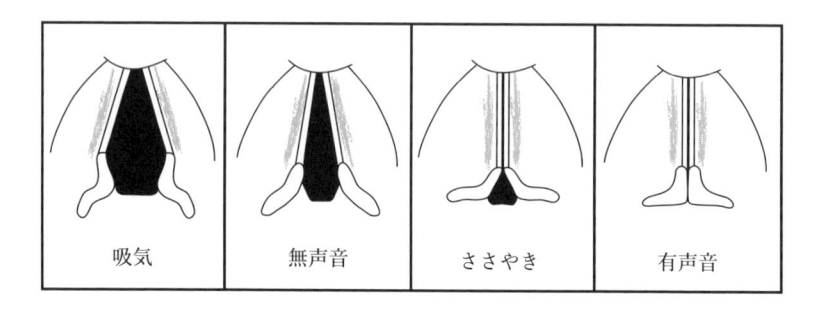

図2 声帯の水平断面図

道の垂直断面図」参照)を振動させて生じる音である。声帯は筋肉の集まりで、緩やかに閉じている声帯を呼気が通過しながら触れて有声となり、声帯が開いているときには無声となる(図2「声帯の水平断面図」参照)。発音する際、喉のあたりに手を当ててみれば、有声のときには声帯が振動するのが感じられる。

　中国語・韓国語話者には「ガ」と「カ」(の子音部分)のような有声・無声の

区別がつきにくい傾向があるが、なぜだろうか。それは、中国語・韓国語では日本語のように有声音と無声音とが意味の違いという役割を担わず、すなわち音素として独立しておらず、音素として対立しているのは有気音と無気音だからである。中国語について例をあげると、音素 /k/ の発音は [k] であるが代わりに [g] と発音したとしても意味は変わらない。しかし [kʰ] は別の音素 /kʰ/ に属しているので、[k] を [kʰ] と入れ替えると意味が変わり、別な単語になってしまう。一方、日本語では、[aka] を息を沢山使って [akʰa] と発音しても意味は同じ「赤」であるから、日本語話者が中国語を学ぶ際は、有気・無気の区別が難しいということになる。中国語ではピンイン（ローマ字による発音記号）を用いて k と g、t と d、p と b などを書き分けて発音を区別しているが、これは国際音声記号とは異なり、k は有気音すなわち [kʰ]、g は無気音すなわち [k] または [g] を表しているので注意を要する。

4　母音

　音声器官によって妨げられることなく発せられる音が**母音**である。母音はすべて有声だが、東京方言では、以下の2点が**無声化**のルールである。①無声子音に挟まれたイとウは無声化する。②文末の「デス・マス」は無声化しやすい。母音の無声化とは、母音の口構えだけで、声帯振動がなくなることをいう。学習者に無声化の発音を指導する場合は上記①②だけで十分だが、実際の会話では、「ハッピャク」「ホッカイドー」などのような、ルールに無いものまで無声化していることが多いので、聞き取り練習をする必要がある。
　日本語の母音は「ア、イ、ウ、エ、オ」の5つである。母音は①唇の形状、②舌の前後位置、③舌の高さ、の3点で表される（表1「母音表」参照）。①は唇が丸めを伴うかどうかということ（円唇／非円唇）、②は舌の一番盛り上がっている部分が前なのか後ろなのか、あるいは舌全体が前に出てきているのか奥に下がっているのかということ（前舌／奥舌）、③は舌の高さはどうか、すなわち顎の高さはどうかということ（開口度）である。①②は鏡を見ながら、③は顎の下に手を置いて、5母音を発音し、確かめていただきたい。
　日本語の5母音の中で、円唇母音はオだけである。ウは非円唇母音なので、音声記号では [ɯ] と表される。[u] は英語の book などに含まれる円唇母音を表す記号である。
　ウは非円唇・奥舌・高母音だが、「ク」と「ス」におけるウの発音を比較し

音素記号	音声記号	唇の状態	舌の前後	舌の高さ
/i/	[i]	非円唇	前舌	高母音
/e/	[e]	非円唇	前舌	中母音
/a/	[a]	非円唇	／	低母音
/o/	[o]	円唇	奥舌	中母音
/u/	[ɯ]	非円唇	奥舌	高母音

表1　母音表

てみると、両者の舌の前後位置が微妙に異なっていることが感じられるだろうか。「ス」の発音の際には、子音の影響で「ク」のときよりも舌が前に出てきて、中舌の部分が盛り上がっている。これを母音の**中舌化**という。ウの中舌化が生じるのは、「ス、ツ、ズ、ヅ」のときである。中舌化したウは、音声記号では［ü］と表される。

5　子音

　呼気が声道内で閉鎖や狭めによって妨げられて作られる音が、子音である。子音は、①有声か無声か（声帯振動の有無）、②どこで（**調音点**）、③どのように（**調音法**）、作られている音か、という3点において記述される。①についてはすでに述べたので、ここでは②③について説明していく。

5.1　調音点と調音者
　ある子音が作られる（調音される）部位（位置）について、動かない上顎側を調音点、よく動く下顎側を調音者と呼ぶ（図1「声道の垂直断面図」参照）。両者をあわせて調音部位という呼び方もある。調音点と調音者が共鳴室（声道）の形を変え、さまざまな子音を作るのである。調音点と調音者のペアは、日本語では近いもの同士と決まっており、上唇と下唇、歯（茎）と舌先、歯茎硬口蓋と前舌、硬口蓋と中舌、軟口蓋と奥舌、そして声門は2つに分けられないが、便宜的に声門と声門である。図1を見ながら、舌先を上側中央の前歯に当て、ゆっくりと上顎を辿って、調音点の位置を確認してみよう。歯が途切れ、歯茎が始まる。歯茎はそこからデコボコした坂も含み、急につるりとした広い平野に出ると、そこから硬口蓋になる。歯茎（的）硬口蓋は、この硬口蓋の最

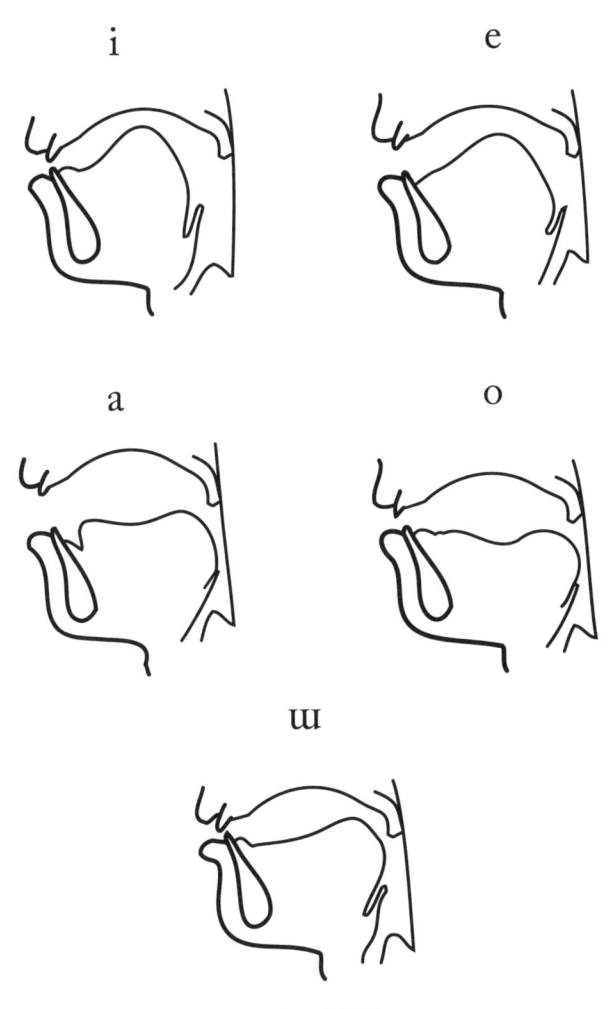

図3 母音の声道断面図

も歯茎寄りの部分である。さらに舌先で後ろの方へ探って行くと、ザラザラした柔らかい部分に触れる。ここが軟口蓋である。これより奥は、舌先で触れることはできないが、口蓋垂は大きく口を開いて鏡を見れば認めることができるし、声門は、声帯の間の息の通り道で、有声音を発するときに首に手を当てるとビリビリと響く位置にある。

上述の③どのようにその子音が作られるか、というのが調音法である。調音法を調べるのには、まず鼻音かどうかをチェックする。たとえば、鼻をつまんで「ラ」と発音しても特に不都合はないので、「ラ」の子音部分は鼻音ではない。同様に、「バ」の子音部分も鼻音ではない。しかし鼻をつまんで「マ」と発音しようとすると、「バ」のようになってしまい、「マ」の子音部分が鼻音であることがわかる。実際、音を消したテレビの画面の中で「マ」と「バ」の発音される唇を観察しても、区別はつかないだろう。では、「マ」と「バ」の子音部分の違いは、どこから生じるのだろうか。

図3の母音の声道断面図では口蓋垂が咽頭に接触し、呼気が鼻腔へ抜けるのを妨げていたが、図4では口蓋帆が下がって口蓋垂が咽頭から離れ、呼気が口腔と同時に鼻腔へも回って抜けている。これが鼻音である。なお、鼻音はすべて有声音である。

図5の鼻音の列を左から右方向へ見ていただきたい。日本語にある鼻音は、両唇音（両唇が接触）[m]、歯（茎）音（舌先が歯茎に接触）[n]、歯茎硬口蓋音（前舌が歯茎硬口蓋に接触）[ɲ]、軟口蓋音（奥舌が軟口蓋に接触）[ŋ]、口蓋垂音（奥舌が口蓋垂に接触）[N]の5つである。

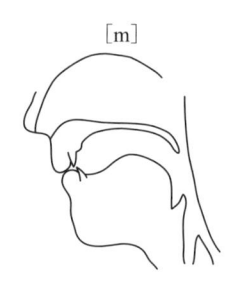

[m]

図4 [m]の声道断面図

鼻音でない場合は、さらに調音法を調べる必要がある。上述の「バ」のように、口蓋帆が閉じて呼気が鼻腔へ抜けることを妨げつつ両唇が閉じ、その状態

が瞬間的に持続した後両唇が開放されたとき、**破裂音**が生じる。破裂音とは、

　　内破（声道の閉鎖により呼気を溜め込む）→瞬間的持続→外破（溜め込まれた
　　呼気を開放する）

というプロセスで作られる。また、声道が閉鎖した状態に注目して**閉鎖音**という呼び方もする。声道の閉鎖状態は、もちろん両唇以外の調音点・調音者によっても作られる。「図5　日本語音声のIPA表」の破裂音を左端から右方向へ眺めていただきたい（左側（色の付いていないもの）が無声音、右側（色の付いているもの）がそれに対応する有声音）。両唇の［p］［b］、歯（茎）と舌先の［t］［d］、軟口蓋と奥舌の［k］［g］、この6つが日本語の標準的な発音と認められる破裂音である。

　調音者が調音点に接触せず、声道を狭めることで呼気を妨げて生じるのが**摩擦音**である。日本語の標準的な発音における摩擦音は、表の左側から、無声の両唇音［ɸ］、歯（茎）音［s］［z］、歯茎硬口蓋音［ɕ］［ʑ］、無声の硬口蓋音［ç］、無声の声門音［h］の7つである。

　破擦音とは、破裂がゆるやかに起こるため、同時に摩擦も起こって生じる音である。歯茎音［ts］［dz］と歯茎硬口蓋音［tɕ］［dʑ］の4つである。

　弾き音とは、調音者が調音点に接触するが、閉鎖音にはならず、軽くはじいてすぐに離れてしまうことで生じる音である。日本語では、有声の歯茎はじき音［ɾ］のみである。

5.2　五十音の発音

　ここから、五十音図に沿って、直音ばかりでなくその行の拗音（現代日本語においては、子音と母音の間に半母音音素 /j/ を入れた音。かな表記では小さいヤ・ユ・ヨを入れて表す）における日本語の各子音の発音を調べ、音声記号の記述法を学んでいく。

　カ行・キャ行の音素記号は /ka/, /ki/, /ku/, /ke/, /ko/、/kja/, /kju/, /kjo/ であるが、これを音声記号で記述する場合には、実際にどんな発音がされているか、検討を要する。カは子音［k］（無声軟口蓋破裂音）と母音［a］が結びついた**音節**（8節参照）で、［ka］と記される。では、/ki/ は［ki］と書いてよいのだろうか。

　「キ」と発音したときのままの子音を用いてカを発音しようとすると、「キャ」となってしまい、カの子音部分とキ／キャの子音部分とは異なるとい

202 第6部 日本語の構造

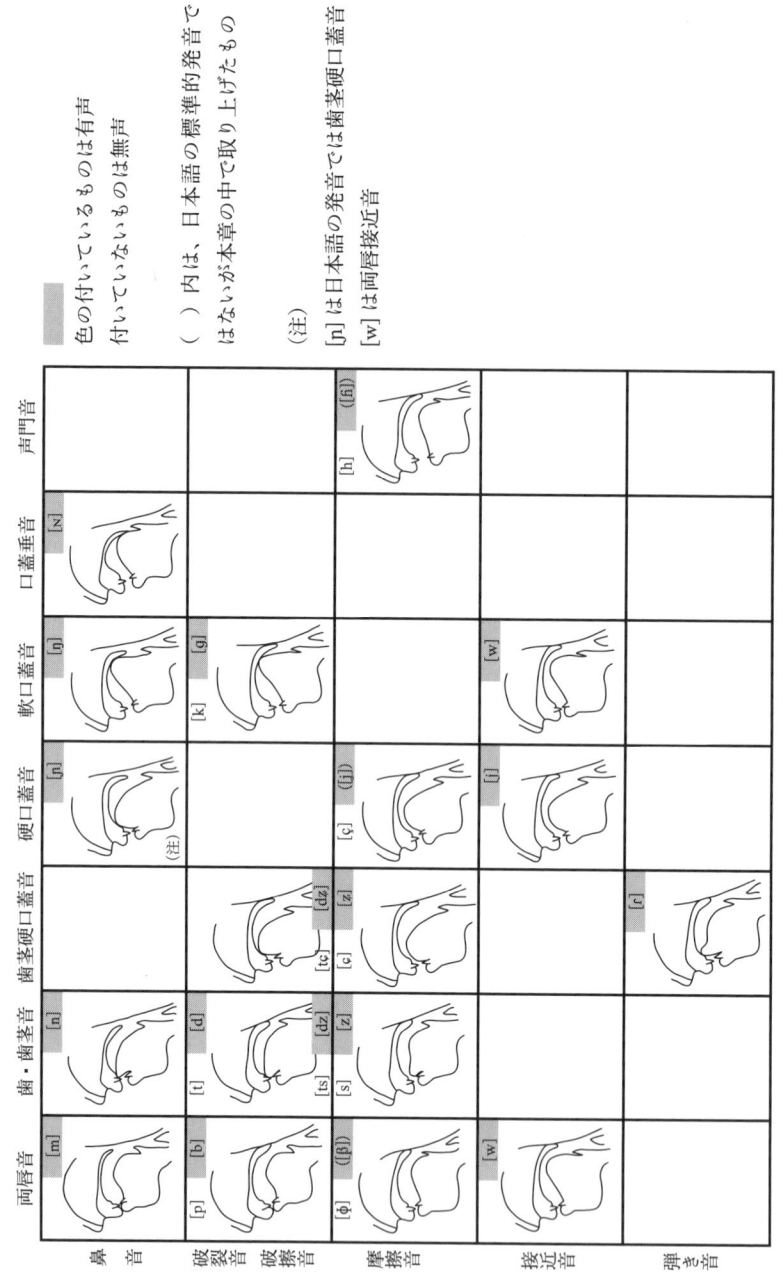

凡例
色の付いているものは有声
付いていないものは無声

（ ）内は、日本語の標準的発音では取り上げないが本章の中で取り上げたもの

（注）
[ɲ] は日本語の発音では歯茎硬口蓋
[w] は両唇接近音

	両唇音	歯・歯茎音	歯茎硬口蓋音	硬口蓋音	軟口蓋音	口蓋垂音	声門音
鼻音	[m]	[n]		[ɲ]	[ŋ]	[ɴ]	
破裂音	[p] [b]	[t] [d]			[k] [g]		
破擦音		[ts] [dz]	[tɕ] [dʑ]				
摩擦音	[ɸ] (β)	[s] [z]	[ɕ] [ʑ]	[ç] (ʝ)			[h] (ɦ)
接近音	[w]			[j]	[w]		
弾き音		[ɾ]					

図5　日本語音声（子音と半母音）のIPA表（声道断面図付き）
松崎・河野（1998：186）をもとに作成

うことがわかる。これは、イが前舌高母音、すなわち舌が一番前でしかも一番高い位置にある母音であるため、これを発音するための準備として［k］の調音点が同じ軟口蓋上ではあるがやや前寄り（硬口蓋寄り）にずれ、［kʲ］という音になるからである。このような現象を**硬口蓋化**または単に**口蓋化**と呼び、音声記号では右肩に小さなj（口蓋化記号）を付けて表す。したがって、キは［kʲi］、キャは［kʲa］と記述される。ク、ケ、コのときは、それぞれの母音の影響はイの場合ほどではないので、声道の形の違いは無視できる。したがって、カ・キャ行の音声記号は、［ka］、［kʲi］、［kɯ］、［ke］、［ko］、［kʲa］、［kʲɯ］、［kʲo］である。

　ガ・ギャ行 /ga/, /gi/, /gu/, /ge/, /go/、/gja/, /gju/, /gjo/ は、カ・キャ行と同一の調音点・調音法で作られるが、声帯振動を伴う点だけが異なっている。音声記号表記は、［ga］、［gʲi］、［gɯ］、［ge］、［go］、［gʲa］、［gʲɯ］、［gʲo］である。

　しかし、ガ・ギャ行には、鼻音での発音［ŋa］、［ŋʲi］、［ŋɯ］、［ŋe］、［ŋo］、［ŋʲa］、［ŋʲɯ］、［ŋʲo］、すなわち国語学で**鼻濁音**と呼ばれる音が存在する。若い人の間では鼻濁音は消滅したといわれているが、高年齢層では語頭は［g］、語中語尾は［ŋ］を用いるというふうに使い分けをしている人々もまだおり、この場合の［g］と［ŋ］は音素 /g/ に属する条件異音ととらえられる。しかし、上述のように、若者の間では鼻濁音はほとんど使われていないという点を考えると、そう言い切ってしまっていいのか疑問である。また、「オオガラス」という語のガを①破裂音、②鼻音で発音した場合、①を「大ガラス（大きいガラス）」、②を「大烏（大きいカラス）」というふうに聞き分ける者が、少数ながら若者の中にもまだ存在する。音の違いが意味の違いとなるならば、［g］と［ŋ］は音素 /g/ に属する異音ではなく、/g/ と /ŋ/ という独立の音素として認めなければならないことになる。しかし、今後、鼻濁音は消滅の方向へ動き続けるであろうといわれている。

　サ行・シャ行の音素記号は /sa/, /si/, /su/, /se/, /so/、/sja/, /sju/, /sjo/ であるが、その子音部分の発音は、注意を要する。サの子音部分は舌先が歯茎に近づくが接触せず、声道を狭めて生じる無声摩擦音［s］である。この子音を用いてシと発音しようとすると［si］、カタカナではスィと記されるような音になってしまい、標準的な発音とはいえない。シの子音部分は母音［i］の影響で硬口蓋化するが、歯茎内に留まらず、もっと後方の歯茎硬口蓋音となってしまっているので、口蓋化記号を付けるのではなく、無声の歯茎硬口蓋摩擦音［ɕ］で表す。したがってシを音声記号で表すと［ɕi］となる。この子音部分は、

シャ・シュ・ショの子音部分と同じである。セ、ソの場合の子音が母音から受ける影響は無視できる程度のものだが、スの場合は、逆に子音の影響を母音が受けて変化が起こっている。スの子音部分は歯茎摩擦音なので、舌先がしっかり歯茎付近に留まらなくてはならないが、次の瞬間には奥舌母音ウを発音するために即座に舌が後方へ下がらなければならない。しかし、舌が一番前から後ろへ戻ろうとしても間にあわず、本来奥舌母音であるはずのウが中舌母音となってしまうのである（4節参照）。したがって、サ・シャ行の音声記号は、[sa], [ɕi], [sɯ̈], [se], [so], [ɕa], [ɕɯ], [ɕo] となる。

ザ・ジャ行 /za/, /zi/, /zu/, /ze/, /zo/, /zja/, /zju/, /zjo/ は、サ・シャ行と同一の調音点・調音法で作られ、声帯振動を伴う点だけが異なっているはずなので、音声記号表記は、[za], [ʑi], [zɯ̈], [ze], [zo]、[ʑa], [ʑɯ], [ʑo] である。しかし、本当にそうなのだろうか。

①「サザンカ」と②「ザッシ」を発音し、両者の単語のザの発音を比較してみよう。①は「ササンカ」と発音したときと同じ調音点、調音法で、声帯振動の有無だけが異なっているから、確かにこの子音部分は有声の歯茎摩擦音 [z] である。ところが、②と「サッシ」との関係は、①と「ササンカ」との関係のように、声帯振動の有無だけの違いではなさそうである。「ザッシ」というときのザは、「サッシ」「ササンカ」のサや「サザンカ」のザとは異なり、舌先が上歯茎にピッタリ接触し、声道が閉鎖されている。しかし、破裂がゆるやかなため、破裂しながら摩擦も生じており、このザの子音部分が破擦音であることがわかる。つまり、ザの子音部分は、語中・語尾は摩擦音、語頭が破擦音である。ただし、語中・語尾であっても撥音の後は破擦音になりやすい（7.1節参照）。ジ、ズ、ゼ、ゾとジャ行でも同様のことがいえる。そこで、ザ・ジャ行の音声記号表記は、もう1種類、[dza], [dʑi], [dzɯ̈], [dze], [dzo], [dʑa], [dʑɯ], [dʑo] を加えなければならない。ズの中舌化にも注意されたい。

本書ではシ・ジとシャ・ジャ行の音声表記をより正確に表す記号として [ɕ] [ʑ] を用いているが、この記号はなじみが薄いため、英語の発音記号としてよく使われる [ʃ] [ʒ] を便宜的に代用している本もある。[ʃ] [ʒ] は [ɕ] [ʑ] よりほんのわずか前寄りの硬口蓋歯茎摩擦音で、唇の丸めがあり摩擦も強い。

なお、日本語の表記法には四つ仮名の書き分け（ジ・ヂ・ズ・ヅ）があるが、表記と音声の間には何の関係性もなく、これらの実際の発音が摩擦音であるか破擦音であるかは、上で述べたような音声学的な条件によってのみ決定される。

タ行・チャ行の音素記号は /ta/, /ti/, /tu/, /te/, /to/、/tja/, /tju/, /tjo/ であり、/ta/ の子音部分の実際の音声は、舌先が歯茎に接触して作られる無声の歯茎破裂音 [t] である。この [t] を用いてチといおうとすると、チにはならず [ti]（ティ）となるが、これは外来語などに用いられる音で、日本語の標準的な発音ではない。では、チの子音部分はどのような音なのだろうか。舌の状態を鏡で観察すると、タ・ティを発音する直前、舌先は歯茎に接しているため裏側を見せているが、チの場合は舌先が下向きのため表側が見え、舌のもう少し後方が調音点に接していることがわかる。また、タ・ティは破裂音だが、チの場合は破裂がゆるやかで、同時に摩擦も生じていることが感じられる。したがって、チの子音部分は、無声の歯茎硬口蓋破擦音 [tɕi] であることがわかる。

同様に、歯茎破裂音を用いてウ段を発音すると「トゥ」という外来語に用いる音となり、これはツの標準的な発音ではない。ツを発音してみると、調音点は同じ歯茎だが、調音法は破裂ばかりではなく摩擦も生じていることがわかる。つまり、ツの子音部分は、無声の歯茎破擦音 [tsɯ] である。母音部分の中舌化にも注意されたい。テ・トの子音部分は、タと同じ無声の歯茎破裂音である。

チャ・チュ・チョの子音部分は、「チャ・チ・チュ・チョ」と鏡を見ながら発音し、声道の状態を目と感覚の両方から観察すれば、調音点・調音法共にチと同じであることがわかる。したがって、タ・チャ行の音声記号は、[ta]、[tɕi]、[tsɯ]、[te]、[to]、[tɕa]、[tɕɯ]、[tɕo] となる。

ダ行は、タ行との違いは声帯振動の有無だけなので、音声記号は [da]、[de]、[do] となる。拗音はヂャ・ヂュ・ヂョだが、これについて、およびヂ・ヅについてはザ行ですでに説明した。

ナ行・ニャ行の音素記号は /na/, /ni/, /nu/, /ne/, /no/、/nja/, /nju/, /njo/ である。/na/ の子音部分では、舌先が歯茎に接触しているが、呼気が鼻からも出ているので、破裂音ではなく鼻音である。首の喉仏の辺りに手を当てて確認してみるとわかるように、鼻音はすべて声帯振動を伴っている。したがって、ナの子音部分の発音は、有声の歯茎鼻音 [n] である。

この [n] を用いて [ni] といってみると、日本語の標準的なニではなく、「ヌィ」あるいは英語の knit の中の [ni] の発音になってしまう。鏡を見ながらナとニの子音部分の発音を比較してみると、ナを発音する直前、舌先は歯茎に接しているため裏側を見せているが、ニの場合は舌先が下向きのため表側が見え、舌のもう少し後方が調音点に接していることがわかる。調

音法は同じなので、ニの子音部分は、有声の歯茎硬口蓋鼻音［ɲ］である。ヌ・ネ・ノの場合は、ナと同じ歯茎音である。ニャ・ニ・ニュ・ニョを発音してみると、その子音部分は同一であることがわかるので、ナ・ニャ行の音声記号は、［na］,［ɲi］,［nɯ］,［ne］,［no］、［ɲa］,［ɲɯ］,［ɲo］となる。なお［ɲ］は国際音声記号では硬口蓋音に分類されているが、日本語の発音では、それよりもう少し前寄りの歯茎硬口蓋音である。

ハ行・ヒャ行の音素記号は /ha/, /hi/, /hu/, /he/, /ho/、/hja/, /hju/, /hjo/ である。/ha/ の子音部分は、肺からハーッと息を出したままの音であり、また、まるで母音アを内緒話で発した音、つまり無声化したアのような音である。実際、この音が調音される際、閉鎖や狭めによって声道の形が変わることはないので、子音の定義（5節参照）から外れているのだが、声門を呼気が通過するときの弱い摩擦によって生じる音として、無声の声門摩擦音［h］とする。

では、ヒの子音部分も［h］なのだろうか。ハの発音の場合は、上述のように、アの口構えが保たれ、声道には閉鎖や狭めが見られないが、ヒの場合は、イを発音する口構えで、中舌が盛り上がり、硬口蓋に近づいている。したがって、ヒの子音部分は、無声の硬口蓋摩擦音［ç］である。フは、鏡を見ながら発音してみると、明らかに両唇が近寄り、ろうそくの火を吹き消すような形でその子音部分が調音されていることがわかる。したがって、フの子音部分は、無声の両唇摩擦音［ɸ］である。ヘ・ホの場合は、それぞれエ・オの口構えで調音されるが、母音の影響は無視できる程度であり、その子音部分は［h］とする。ヒの子音部分［ç］の直後に［a］を付けてハと発音しようとすると、ヒャとなってしまい、［ça］がヒャの発音だということがわかる。同様に、ヒュ・ヒョの子音部分もヒの子音部分と同じである。したがって、ハ・ヒャ行の音声記号は［ha］,［çi］,［ɸɯ］,［he］,［ho］、［ça］,［çɯ］,［ço］となる。すなわち、音素 /h/ の発音は、それぞれ① /a/, /e/, /o/ の前、② /i/ の前、③ /u/ の前という条件の下で①［h］②［ç］③［ɸ］となり、この3つの発音は互いに条件異音であり、音素 /h/ の発音について相補的に分布しているということがわかる。条件異音の説明の代表的な例としてハ行をあげたが、どの行についても同様に考えられる。

バ行・ビャ行の音素記号は、/ba/, /bi/, /bu/, /be/, /bo/、/bja/, /bju/, /bjo/ である。ハ・ヒャ行とバ・ビャ行の関係は、国語学的には清音・濁音の関係だが、これは音声学的な有声音・無声音の対立関係になっているのだろうか。ハ行の子音部分は無声の摩擦音［h］［ç］［ɸ］だが、これに対応する有声子音は

[ɦ]［j］［β］で、日本語の標準的な発音には無い音である。では、バ行はどんな音なのだろう。バの子音部分は、鏡を見ながら発音してみると明らかなように、有声の両唇破裂音［b］であり、/ba/ の実際の（標準的な）発音は［ba］である。同様に、/bi/ の発音は［bi］でいいのだろうか。バを発音する場合と異なり、ビを発音しようとするとき、舌はすでに母音イを発音する準備としてその形を作り、硬口蓋のあたりで盛り上がっているため、両唇を閉じていることは同じでも、口構えはバのときとは異なっている。硬口蓋化が生じているのである。そこで、ビを音声記号表記すると、口蓋化記号を付けて［bʲi］となる。ビの子音すなわち［bʲi］を用いてバをいおうとすると、［bʲa］（ビャ）という発音になってしまう。［bʲɯ］,［bʲo］も同様である。ブ、ベ、ボのときは、それぞれの母音の影響はイの場合ほどではないので、声道の形の違いは無視できる。したがって、バ・ビャ行の音声記号は、［ba］,［bʲi］,［bɯ］,［be］,［bo］、［bʲa］、［bʲɯ］,［bʲo］である。

　国語学で半濁音と呼ばれるパ・ピャ行 /pa/, /pi/, /pu/, /pe/, /po/、/pja/, /pju/, /pjo/ があるが、パ・ピャ行の子音部分の調音は、バ・ビャ行の子音部分と、声帯振動の有無を除いては完全に一致し、無声の両唇破裂音であることに気づく。すなわち、パ・ピャ行の音声記号表記は、［pa］,［pʲi］,［pɯ］,［pe］,［po］、［pʲa］,［pʲɯ］,［pʲo］であり、ハ・ヒャ行ではなく、パ・ピャ行とバ・ビャ行が無声―有声の対立を成しているということがわかる。

　マ・ミャ行の音素記号は、/ma/, /mi/, /mu/, me/, /mo/、/mja/, /mju/, /mjo/ である。マ行の子音部分は、両唇を閉じることによって作られる鼻音で、また鼻音はすべて有声音であるから、有声の両唇鼻音［m］である。したがって、マは［ma］と記述される。では、ミは［mi］でいいのだろうか。バ・ビャ行とマ・ミャ行の違いは、口蓋帆が咽頭に接触して鼻腔への呼気の通路が遮断されているかどうかという点のみであり、バ・ビャ行の場合と同様の現象が生じるので、音声記号表記は、［ma］,［mʲi］,［mɯ］,［me］,［mo］、［mʲa］,［mʲɯ］、［mʲo］である。

　ラ・リャ行の音素記号は、/ra/, /ri/, /ru/, re/, /ro/、/rja/, /rju/, /rjo/ である。まず、首に手を当てて、ラの子音部分が声帯振動を伴う有声音であることを確認しよう。次に、鏡を見ながら「ダラダラ」と発音して、ラ行の子音部分を発音する際の声道の状態を観察してみる。ダの発音の場合は舌先がそのまま歯茎に接触しているので舌は観察しにくいが、ラの場合は舌が裏返って歯茎に接触しているので、はっきりと裏側が見えるはずである。ダの場合は舌先が歯と歯

茎の間あたりに接しているのに対し、ラの場合はもっと奥のデコボコした、カーブを描いている部分に接しているのだが、歯から歯茎までのこの部分をまとめて歯(茎)音として分類するので、調音点は歯(茎)である。調音法は、舌先が歯茎に接するので閉鎖(破裂)音の可能性を考えてみるが、有声の歯(茎)破裂音はダの子音部分 [d] であり、酔ってろれつが回らない場合のようにダの破裂が不完全になったとき、たとえば「ダメだよ」といおうとすると「ラメらよ」のようになる。ラ行の子音のように、舌先が調音点に接触するが、破裂音ではなく軽く弾くだけで調音される音を弾き音という。つまり、ラの子音は有声の歯茎弾き音である。これを音声記号で表すと [r] の左の出っ張りを消した形の [ɾ] である。[r] のほうは、英語の rare のように、舌先が歯茎に触れない音を表すものである。リの歯茎部分の硬口蓋化およびリャ行についての説明は、他の子音と同様であるので、ラ・リャ行の音声記号は、[ɾa], [ɾʲi], [ɾɯ], [ɾe], [ɾo]、[ɾʲa], [ɾʲɯ], [ɾʲo] である。

6　半母音

　半母音と呼ばれる音は、ヤ行のヤ・ユ・ヨとワ行のワである。音素記号はそれぞれ、/ja/, /ju/, /jo/、/wa/ である。
　半母音とは、その名の通り母音的特徴と子音的特徴を半分ずつ有していて、ちょうど母音と子音の中間に位置するものといえる。半母音の母音的な特徴としては①すべて有声音である、②閉鎖や狭めを伴わない、子音的な特徴としては、①単独で拍または音節を成すことができない(母音と結びついて拍または音節を形成できる)という点である。半母音は、閉鎖や狭めを伴わないが、調音者が調音点に近寄ることにより、摩擦と呼べないほどの弱い摩擦的な状況が作られて調音される。音声学的には、これを接近音と呼び、子音に分類する。ヤの子音部分は有声の硬口蓋接近音 [j] である。ワの子音部分は有声の両唇軟口蓋接近音 [w] で、軟口蓋と奥舌での調音と同時に両唇も用いられているので、このように表される。したがって、音声記号は、それぞれ、[ja], [jɯ], [jo], [wa] である。[w] は、唇の丸めのない日本語の半母音を正確に表すものではないが、便宜上用いられている。

7　特殊音素

　特殊音素は、撥音 /N/、促音 /Q/、長音 /R/ の3つである。長音を特殊音素に入れず、たとえば「アー」という発音を「アエ /ae/」や「オイ /oi/」などと同様、「アア /aa/」という連母音としてとらえる考え方、あるいは /a:/ という長母音音素としてとらえて日本語の母音を10母音とする考え方などもあるが、ここでは最も一般的な考え方を採用し、これら3つを特殊音素とする。特殊音素は、特殊拍とも呼ばれる。日本語はCV (= consonant + vowel) 構造であり、母音1つ、または子音＋母音が1拍を形成するが、特殊音素の場合は子音でありながらそれだけで1拍を形成するからである。

7.1　撥音

　撥音の音素記号 /N/ は、アルファベットの大文字のNを小文字サイズにしたものである。撥音は鼻音であり、その直後の音の発音に引きずられて変化し（これを逆行同化という）、多くの条件異音を持つ。これに対して個人差などによって現れるのは自由異音である。
　次の語群を、鏡を見ながら発音し、ンの部分が実際にはどんな音になっているのか調べてみよう。

①新米 /siNmai/、心配 /siNpai/、千倍 /seNbai/
②トンネル /toNneru/、身体 /siNtai/、寛大 /kaNdai/、パンツ /paNtu/、団地 /daNti/
③親日 /siNniti/
④三角 /saNkaku/、山岳 /saNgaku/
⑤本 /hoN/
⑥恋愛 /reNai/、僭越 /seNetu/
⑦三振 /saNsiN/、心不全 /siNhuzen/、選手 /seNsju/
⑧ばんざい /baNzai/、缶詰め /kaNzume/、賛辞 /saNzi/

　まず、①について。[m] [p] [b] の直前の撥音は、両唇を閉じて調音される鼻音であることが観察された。したがって、この場合の /N/ の発音は [m] である。②の [n] [t] [d] [ts] の直前の撥音は、舌先を歯茎に接触させて調音される鼻音 [n] であることが観察された。[tɕ] の直前のンは、調音点がそ

れよりもやや後ろ寄りではあるが、歯茎硬口蓋鼻音の [ɲ] とは明らかに違っている。そこで、多少の舌の形の違いは無視し、[tɕ] の直前のンの発音も [n] とする。③は [ɲ] の直前の撥音で、この歯茎硬口蓋鼻音と同じ調音点調音法であることが観察された。④は [k] [ŋ] または [g] の直前の撥音で、これを発音しながら口を大きく開いてみると、奥舌が軟口蓋に接触している様子が観察される。したがって、この場合の /N/ は軟口蓋鼻音 [ŋ] である。⑤は語末の場合で、ややわかりにくいかもしれないが、もっと奥の、奥舌が口蓋垂に接触して調音される [N] である。⑥の「恋愛」は母音の直前の撥音で、きちんと発音した場合は語末の [N] と同様になり、くだけた会話の中で雑に発音された場合は、鼻母音 [ã] となる。「僭越」も同様に、[N] と [ẽ] の可能性がある。⑦は摩擦音の直前の撥音だが、これも、きちんと発音された場合には語末の [N] となり、雑に発音された場合には鼻母音となる。⑧はザ行の直前の撥音だが、きちんと発音された場合は、ザ行音が語中であるにもかかわらず破擦音になるため、その逆行同化現象として [n] になり、雑に発音された場合はザ行音が摩擦音になり、その直前の撥音は⑦と同様鼻母音となる。以下にまとめて①〜⑥の標準的な発音を表す音声記号を記すが、⑦⑧の鼻母音の音声記号表記はやや煩雑なので、ここでは割愛する。

① 新米 [ɕimmai]、心配 [ɕimpai]、千倍 [sembai]
② トンネル [tonnerɯ]、身体 [ɕintai]、寛大 [kandai]、パンツ [pantsɯ̈]、団地 [dantɕi]
③ 親日 [ɕiɲɲitɕi]
④ 三角 [saŋkakɯ]、山岳 [saŋŋakɯ]、[saŋgakɯ]
⑤ 本 [hoN]
⑥ 恋愛 [reNai], [reãai]、僭越 [seNetsɯ]、[seẽetsɯ̈]
⑦ 三振 [saNɕiN]、心不全 [ɕiɴɸɯzeN]、選手 [seNɕɯ]
⑧ ばんざい [bandzai]、缶詰め [kandzɯ̈me]、賛辞 [sandʑi]

7.2 促音

促音の音素記号 /Q/ は、アルファベットの大文字の Q を小文字サイズにしたものである。促音も、直後の音に逆行同化し、多くの条件異音を持つ。次の語群を鏡を見ながら発音し、実際にはどんな音になっているのか調べてみよう。

① 一拍 /iQpaku/、一体 /iQtai/、錯覚 /saQkaku/
② 必須 /hiQsu/、必死 /hiQsi/
③ ガッツ /gaQtu/、一致 /iQti/

①では、促音の部分がまるで空白であるかのように感じられるかもしれないが、よく観察・内省すると、その部分では、直後の音と同じ声道の形状を保って呼気を声道内に溜め込み、それぞれの破裂音 [p], [t], [k] を発する寸前の状態であることがわかる。これは、外破の伴わない、内破（5.1 節参照）のみの破裂音である。内破のみの破裂音は、音声記号では厳密には右肩にマイナス記号を付すが、ここではそこまでの精密さを要求せず、外破の破裂音と同じ記号で表す。②では、発音しようとすると、促音部分が息漏れしてしまうので、直後の摩擦音と同じ音であることがはっきりわかる。ヒッスの場合はスの子音部分が、ヒッシの場合はシの子音部分が、促音部分の音である。③の促音は、①と同様内破の破裂音であるようだが、直後の音が破擦音であるので、内破の破擦音であるというふうにも考えられる。実際、この促音部分の調音点・調音者の状態は破裂音よりもやや後ろで、舌の接触部分もやや広く、破裂音よりもむしろ次の破擦音の発音の形になっている。とはいえ、破擦音というのは破裂が起こった一瞬後から摩擦が生じる音をそう呼ぶのであって、促音の場合は破裂の生じる前の状態を保ったまま摩擦は生じていないので、ここでは多少の舌の状態の違いは無視し、内破の破裂音という考え方のほうを選ぶことにする。以下にまとめて①〜③の標準的な発音を表す音声記号を記す。

① 一拍 [ippakɯ]、一体 [ittai]、錯覚 [sakkakɯ]
② 必須 [çissɯ]、必死 [çiççi]
③ ガッツ [gattsɯ]、一致 [ittçi]

なお、従来促音の直後は無声子音であり、したがってその逆行同化音である促音はすべて無声音であり、外来語もそのような日本語化規則に基づいて受け入れられてきた。たとえば、bed や bag は、それぞれベット、バックという言葉として日本語の中に定着した。しかし、近年、大量に英語が日常生活に流入し、また昔と違い、多くの人々がもともとの英語の綴りを知っているという状況の下、それまでの外来語の日本語化規則が崩れている。今や bed や bag はベッド、バッグとして市民権を得、多くの国語辞典ですでにそのように表記さ

れ、ベットやバックは姿を消しつつある。ベッド、バッグ、ピッグなどを発音しながら首に手を当ててみると、声道を閉鎖している促音部分ですでに声帯振動が感じられ、それぞれの促音は直後の音に逆行同化した、内破の［d］、［g］、［g］であることがわかる。

7.3 長音

長音の音素記号 /R/ は、アルファベットの大文字の R を小文字サイズにしたものである。音声記号は［:］で、これは直前の母音と同じ母音を引く音という意味である。①「おかあさん」②「おにいさん」③「おねえさん」④「おとうさん」⑤「おおさか」⑥「せいかつ」などに含まれる長音には、カナ表記ではさまざまな書き分けがあるが、音素記号と音声記号では、以下の通りである。

① /okaRsaN/ ［oka:saN］　② /oniRsaN/ ［oɲi:saN］　③ /oneRsaN/ ［one:saN］
④ /otoRsaN/ ［oto:saN］　⑤ /oRsaka/ ［o:saka］　⑥ /seRkatu/ ［se:katsɯ］

8 拍と音節

2 節において、言語音の音声学的最小単位は単音であると述べたが、実際は、日本語母語話者は、音声学や他言語を学ばない限り、最小単位まで分解して音をとらえることはあまりない。日本語母語話者にとって、通常、音の単位とは俳句や短歌を作る場合に指折り数えるもの、すなわち直音であればカナ 1 文字に相当する音なのではないだろうか。文字を知らない子どもたちでも、しりとり遊びで、コブタ→タヌキ→キツネ、というふうに繋ぐことに特別な苦労を要しない。この単位は拍（または、ギリシャ語由来の日本語学専門用語ではモーラ）と呼ばれ、各拍は理論的に等時間とされる。

他の言語では、音を「聞こえ」のカタマリ、つまり、実際にどういうカタマリとして聞こえるのか、という単位でとらえるため、このような等時間的なモーラ感覚を持って日本語を発音するのは、学習者にはなかなか難しいことである。この聞こえのカタマリが、音節（または、英語ではシラブル）と呼ばれるものである。音節とは目玉焼きのように、1 つの母音をタマゴの黄身としてまわりにフワフワといくつかの子音が白身のようにくっついたものを 1 カタマリとした単位である。たとえば、英語の strike という単語は音声記号では

[straɪk] となる。日本語の連母音が独立性を保っているのに対し、英語の二重母音 [aɪ] は、[ɪ] の独立性がなく [a] に付属する弱い音として、分かち難く 1 つの母音となっている。したがって、これは [aɪ] という黄身の周りに子音 [s] [t] [r] [k] という白身の付いた 1 つの目玉焼き、つまり 1 音節の語である。それに対して、日本語のストライク [sɯ̈toraikɯ̈] は、5 つの目玉焼き、つまり 5 音節となる。

「ストライク」が 5 音節、かつ 5 拍であるように、音節と拍はほとんど一致するが、不一致なのは、特殊拍の場合である。手拍子を取りながら「さっちゃん」「コーヒー」「新幹線」などを普通に発音したとき、いくつ叩くのが自然に感じられるだろうか。俳句を作るときはそれぞれ 4 拍、4 拍、6 拍だが、手拍子としては、それぞれ 2 つ、2 つ、3 つが自然ではないだろうか。このように、特殊拍の場合は、1 拍だが 1 音節ではなく、前の拍に付属して 1 音節をなす。

また、日本語のリズム構造として、2 拍を 1 単位とするというものがある。5・7・5 拍である俳句も、以下のように 4 拍子で読まれる。

♩♩♩♩♩♩♩♩♩♩♩♩♩♩
フルイケヤ　カワズトビコム　ミズノオト

このリズムにはめるために、電話番号などで 2 や 5 などの 1 拍の数字は「ニー」「ゴー」というふうに 2 拍で発音される。このようなリズムの特徴が日本語の日本語らしさ、すなわちプロソディー (後述) に大きく影響している。

9　アクセント

　日本語は、ピッチによって意味の変わる高低アクセントだが、英語は強弱アクセント、中国語は声調アクセント、韓国語やフランス語は無アクセントといわれている。

　人は外国語を習うとき、自分の言語に無いものは自分の言語にあるもので代用しようとする傾向がある。日本語母語話者が英語を拍感覚で等時間的に発音したり、the [ðɚ] をザ [dza] と発音したり、強弱アクセントを高低アクセントに置き換えて permít をパー̄ミットと発音したりということである。外国人が日本語を学ぶ際にも、同様のことが生じる。母語に無い音を母語の他の音で代用したり、拍感覚の無いリズムで発音したり、高低アクセントを強弱アクセ

ントに置き換えたり、というもので、たとえば英語話者が［raínen］（来年）を
［ráinen］と発音したり、カワサキを［kæwasæːkiː］と発音したり、ということ
である。
　アクセントは、個々の語について、地域により恣意的に決まっているもので
あるので、1つ1つ覚えていくしかない。日本語のアクセントは普通、高と低
の2段階で表される。他にもさまざまな説があり、実際のピッチの高低差を測
定すると、最低でも3段階説を採るほうが実際のピッチに即しているように感
じられるが、実用面からは「鼻」と「花」のそれぞれのナの高さを比較しても
意味がない。あくまでも、その語の中で、前の拍よりも高いか低いかというこ
とが問題であり、さらにその語の中に1ヶ所（または0ヶ所）しかない下がり
目がどこにあるのか（無いのか）ということが最重要問題なのである。
　アクセントには、統語機能と識別機能がある。統語機能とはどこまでが1
語または1まとまりのフレーズなのかを示し、識別機能とは同音異義語を区
別する役割を表す。日本語のアクセントには、次のような規則がある。

①1拍目と2拍目は、必ず高さが違う。
②1語（または1フレーズ）の中にアクセントの下がり目（核、滝ともいう）
　は1ヶ所以下である。
③同一語（または同一フレーズ）内で1度下がったアクセントは2度と上が
　ることはない。

したがって、次の2つの文は、アクセントにより、フレーズ分けと意味が識
別される。

a.　キ￣ノウカ￣リタホ￣ンヲナ￣クシマ￣シタ。　→　（失くしたのは昨日）
b.　キ￣ノウカリタホ￣ンヲナ￣クシマ￣シタ。　→　（借りたのは昨日）

9.1　名詞のアクセント型

　アクセント規則は、名詞の場合、助詞のガをつけて判断する（助詞のうち、
ノは例外的な型を示すので用いてはならない）。助詞をつけることにより、
「鼻」と「花」や、「桜」と「男」の間のアクセントの違いが顕示される（表2「名
詞のアクセントの型」参照）。

	0型	1型	2型	3型	4型	5型
1拍語	ハ 葉	ハ 歯				
2拍語	アキ 空き	アキ 秋	ア 飽き			
3拍語	ミナト 港	セカイ 世界	つつじ	ヤス 休み		
4拍語	センタク 洗濯	サイゲツ 歳月	メグスリ 目薬	ミズウミ 湖	イモウト 妹	
5拍語	イモ さつま芋	ゼンコウジ 善光寺	マツ ゴヨウ松	ナツマツ 夏祭り	ムギ カラス麦	サイバンショ 裁判所

注：△は助詞のガを表す

表2　名詞のアクセントの型

　アクセントの表記法にはさまざまあるが、「桜」、「神奈川」をサクラ、カナ￨ガワという風に下がり目だけを表記した方法（前者は下がり目なし）で、前者が「低高高」後者が「低高低低」だとわかるのは、前述の3つの規則に従うからである。また、この規則から、1拍語には2つのアクセント型、2拍語には3つのアクセント型、n拍語にはn＋1個のアクセント型が存在するということがいえる（ここでは説明を割愛するが、気になる方は自分で計算していただきたい）。名詞には、このすべての型が存在する。以下に、割合よく使われているアクセント表記法を記す。

(1)	起伏式				平板式
(2)	頭高型	中高型		尾高型	平板型
(3)	○○○△	○○○△	○○○△	○○○△	○○○△
(4)	**セ ン ゲ ツ**	**ヤ マ ユ リ**	**ミ ズ ウ ミ**	**イ モ オ ト**	**イ シ バ シ**
(5)	セ￣ンゲツ	ヤ￣マユリ	ミズ￣ウミ	イモオ￣ト	イ￣シバシ
(6)	セ￣ンゲツ	ヤマ￣ユリ	ミズウ￣ミ	イモオト￣	イシバシ
(7)	セ￣ンゲツ	ヤマ￣ユリ	ミズ￣ウミ	イモオ￣ト	イ￣シバシ
(8)	高低低低	低高低低	低高高低	低高高高(低)	低高高高(高)
(9)	①	②	③	④	⓪
(10)	⁻④	⁻③	⁻②	⁻①	⓪
(11)	/o̅ooo/	/oo̅oo/	/ooo̅o/	/ooooˉ/	/oooo/
(12)	セ	マ	ウ	ト	⓪

注）(5)〜(7)の表記法で、カタカナ部分がローマ字で表記されているものもある。
　　今田滋子(1989)『発音』を基に、筆者が作成したものである。

表3　4拍名詞の5つのアクセント型と代表的な表記法

　名詞のアクセント型では、一般的に「−3型」(表3(10)参照)つまり後ろから3拍目に下がり目のある「春霞(ハルガスミ)」のような型が多いが、3・4拍語では平板化現象により「0型(平板型)」が最も多い上にますます増え続けている。「電車」「映画」などももともと「−3型」であったが、今では平板型で発音する人のほうが多いのではないだろうか。名詞の平板化現象とは、あるグループまたは個人にとって大変よく使われる言葉が、使われるうちに平板型になってしまうことで、ファッション業界の人が一般には頭高型で発音されるブルゾンという語を平板型で発音するなど、そのグループ外の人が聞くと奇異

に感じることもある。これが、グループ内だけでなく一般社会に普及すると、「電車」や「映画」のように平板型も併用され、更には次第にもとの型を駆逐していくことも多い。

なお、①「玄関(ゲンカン)」②「郭公(カッコー)」③「後悔(コーカイ)」④「挨拶(アイサツ)」などは－4型だが、これは後ろから3拍目が特殊拍になっているせいで－3型の核が1つ前にずれたためと考えられる。④は特殊拍ではないが連母音で、③の長音に準ずるものなので、同様の現象が生じているのだと考えられる。また、母音の無声化により核がずれることもある。

複合語のアクセントは、元とは違うものになるので注意が必要である。たとえば、「長期(チョ ー キ)」と「欠席(ケ ッセキ)」が結びついて1語になると、「長期欠席(チョ ー キケ ッセキ)」となる。

9.2 動詞のアクセント型

動詞の辞書形(終止形)には－2型が最も多く、それ以外はほとんど0型である(動詞の後ろには助詞が付かないので、0型と－1型の区別はないのだが、アクセント辞典などでは連体形が0型か－1型かで終止形の型を区別しているようである)。また、特殊拍および連母音の場合、核が1つ前にずれて－3型になる。

① －2型の例：食べる、読む、書く、走る、など。
② 0型の例　：行く、遊ぶ、泣く、笑う、変える、勉強する、など。
③ －3型の例：帰る、入る、申す、通す、信ず、など。

9.3 形容詞のアクセント型

2拍語の形容詞は、以下の4語のみで、これらはすべて－2型である。

① イイ(＝ヨイ)(良い)　　② コイ(濃い)
③ スイ(酸い)　　　　　　④ ナイ(無い)

形容詞はほとんどのものが－2型であり、以下の30語のみが例外的に0型とされていた(今田 1989: 112)が、名詞の多くが平板化していくのに対し、形容詞のほうは、むしろ0型のものが－2型に変化していく傾向があり、最新のアクセント辞典ではこの中の多くのものが－2型併記となっている。

表4　0型の形容詞

3拍語	4拍語	5拍語
ア̲カイ（赤い）　カ̲タイ（堅い）	ア̲カルイ（明るい）　ツ̲メタイ（冷たい）	ム̲ズカシイ（難しい）
ア̲サイ（浅い）　キ̲ツイ	ア̲ブナイ（危ない）　ヤ̲サシイ（優しい）	
ア̲ツイ（厚い）　ク̲ライ（暗い）	ア̲ヤシイ（怪しい）　ヨ̲ロシイ	
ア̲マイ（甘い）　ケ̲ムイ（煙い）	イ̲ケナイ	
ア̲ライ（荒い）　ツ̲ライ（辛い）	イ̲ヤシイ（卑しい）	
ウ̲スイ（薄い）　ト̲オイ（遠い）	オ̲イシイ	
オ̲ソイ（遅い）　ネ̲ムイ（眠い）	オ̲モタイ（重たい）	
オ̲モイ（重い）　マ̲ルイ（丸い）	カ̲ナシイ（悲しい）	
カ̲ルイ（軽い）	キ̲イロイ（黄色い）	

　日本語を指導する際、アクセント記号付きの教科書を使っていてそれが自分のアクセントと異なっているならば、特に初級では、自分のアクセントを教科書にあわせることが必要である。

　アクセント練習には、アクセントだけが異なる同音異義語のペア、すなわちアクセントのミニマルペア（「橋」と「箸」など）の練習が有効である。

10　イントネーション

　イントネーションとは、広義には文全体に、狭義には文末句末に現れ、その型により表現意図を表すものである。川上蓁説では文頭イントネーションを認めており、また窪薗晴夫はイントネーションという言葉を文イントネーションと文末イントネーションを含むものとして広義に用いているが、本章では、文末句末に現れるものに限定して用いる。イントネーションには色々な型が認められるが、以下に窪薗（1999: 119）による分類を示す。

①上昇調／（素早く短く文末ピッチ上昇）―呼びかけ（聞き手に注意を求める。軽快な感じ。）
②疑問上昇調⤴（ゆっくり大きく文末ピッチ上昇）―問いかけ（聞き手に考えや対応を求める。）
③下降調＼（文末ピッチ下降）―言い切り（自分の意志や感情を表す。）
④上昇下降調⤴＼（文末ピッチ上昇後、下降）―①＋③（呼びかけ＋自分の感情）

次の会話の下線部分を、指定されたイントネーションで読んでみよう。意図は、どのように異なるだろうか。

1) あっ、山田さん。(①、②、③)
2) 明日、行きます。(②、③、④)
3) もっと丁寧にいいなさい。(①、③、④)
4) そう。(①、②、③、④)

1) ①では、山田さんに気づいて軽く声を掛ける感じ。②は本当に山田さんかどうか確信が持てない状態で山田さんに声を掛けるか、あるいは自分の連れに尋ねているかというような状況。③は、山田さんがいることに気づいて、独り言でつぶやいている。
2) ②は疑問文。③は自分が行くということを叙述している。④は行かないと思われたことに対する抗議のニュアンス、または甘えた感じも出せる。
3) ①は軽い命令。③は普通の命令文。④は親しい者に対するやや甘えた口調での命令。
4) ①は軽い疑問、②は疑問、③は納得。④は驚きのこもった納得のように聞こえる。

文に文末詞のヨやネが付くと、文末詞自体の持つ意味に、①〜④の意味が加わることになる。文末詞自体の意味は以下の通りである。

ヨ：話し手が、聞き手が知らないということを前提に、新情報を提供する。
ネ：話し手が、聞き手と情報を共有していることを前提に、聞き手に共感を求める。

ヨに①のイントネーションが付くと、上記の意味に、それに応じた行動を聞き手に求めるという意味が加わる。例) もう8時よ／(早く起きなさい。)③が付くと、話者と聞き手の意見の食い違いが強調され、それに対する話者の驚き、落胆、不満などの感情を表すことができる。例) あ、違いますよ＼。③は話し手の感情を一方的に伝達するので、聞き手は返答しづらいが、④になると、やや柔らかい調子となり、聞き手からの応答がしやすくなる。例) あ、違いますよ⌒。

ネに①が付くと、軽い調子で聞き手に確認を求める意味になる。例) じゃあ

ね／明日ね／ ②では、話し手は聞き手に、自分の認識が聞き手と一致しているかどうかを確認し、返事を求める意味になる。例）確か、前回もご一緒でしたね↗ ③になると、聞き手に対するよりも、話し手自身の感情や認識を表明するものとなる。例）山田君が、そんなことをしたのか。人って、わからないもんだね↘ ④では、話し手の感情が強く伝えられるために、話し手の感嘆の気持ちを表明するものとなる。例）あれからもう3年も経ったんだねえ⌒

このように、イントネーションの微妙な違いが話し手の表現意図を表明するので、日本語学習者への指導には注意を払わなければいけない。

11 プロミネンス

以下の文を、各フレーズの強さ・高さに注意しながら、声に出して読んでみよう。

1) 何が　ありますか。
2) 何か　ありますか。

1)では、「ありますか」よりも「何が」の方が強調的に発話されるのに対し、2)では「何か」も「ありますか」も、どちらも同様の強さを持って発話されるのが自然だということに気が付かれただろうか。

それでは、以下の文はどうだろう。

3) 私は　鈴木さんが　好きです。

一般的には、好きな相手の名である「鈴木さん」が強調されるだろう。もし「私は」を強調すれば、「他の人は鈴木さんを嫌っているかもしれないが、私は…」というような含意が生じることもあるし、「好きです」が強調されれば、情熱的な愛の告白とも聞こえる。

1)、2)の例のように、文脈から自然にあるフレーズが際立ってしまう場合と、3)で示したように意図的にあるフレーズを際立たせる場合がある。後者の方だけを指してプロミネンスと呼ぶ説もあり、松崎・河野(1998・他)はプロソディー論において前者を「ヤマ」と読んで後者と区別し、窪薗(1999)は両方の現象を「文イントネーション」という語を用いて論じているが、本章で

は、両者の現象ともプロミネンスと呼ぶ説を採用する。

　プロミネンスの付け方が不適切だと、余計な表現意図が加味されてしまう。通常、プロミネンスは、疑問詞やフォーカスされる（＝焦点を置かれる）フレーズに付き、いわなくてもわかるフレーズには付かない。次の会話を読んでみよう。

　　A：週末は　どこかへ　行きますか。
　　B：ええ。京都へ行きます。

　Aの発話では3つのフレーズのすべてがフォーカスされるが、Bの発話では「京都へ」だけにプロミネンスが付く。これを逆にして、「行きます」の方にプロミネンスを付けた言い方をすると、大変不自然に聞こえる。

　なお、プロミネンスの付き方・付け方としては、一般的には「強く」「高く」とされるが、それだけではない。「ゆっくり」も大きな要素である。また逆に、マイナスのプロミネンスといって、声をひそめたり素早く発音したりしてその部分に注意を引き付けるやり方もある。どちらのやり方でも、その部分が他の部分から際立たせられれば、プロミネンスが付けられているということである。

12　プロソディー

　プロソディーとは、言語のリズム、アクセント、イントネーション（抑揚）、プロミネンスなどすべてを含んだものである。タモリの4ヶ国語マージャンをご存知の方は思い出していただきたい（インターネットで聞くことができる）。中国人、韓国人、アメリカ人、ベトナム人4役でのマージャンの実況で、どの言語もデタラメなのだが、非常にそれらしく聞こえる。それぞれの言語の本物の単語をさりげなく挿入したり、アメリカ英語の発音には［æ］音を頻繁に入れたり、中国語の声調アクセントを強調するなどの工夫がなされているが、最も重要なのは、4ヶ国語のそれぞれのプロソディーの特徴をとらえ、巧みに表現しているということだ。

　こんな実験がある。外国語話者の話した日本語（＝F）と、日本語話者の話した日本語（＝J）の音声を合成し、個々の音はFだがJのプロソディーを与えたもの（FJ）と、個々の音はJだがFのプロソディーを与えたもの（JF）とを作

成し、日本語話者に発音の評価をして貰ったところ、FJ のほうが圧倒的に高い評価を得たという。つまり、個々の発音が正しいかどうかよりも、プロソディーが日本語らしいかどうかのほうが「よい発音」「上手な発音」に聞こえるということである。したがって、1つ1つの発音矯正に四苦八苦するよりも、プロソディーの習得に時間と労力を掛けるほうが、発音指導としては、より効率的であるといえよう。外国語教育法の1つであるVT法（ベルボトナル法）の発音指導法は、そのような観点から、日本語の拍感覚とリズムの習得に重点を置いたものである。また、松崎・河野（2004）が、プロソディーグラフを使った発音指導法を提唱している。日本語教育の中で、発音と聴解の指導が最も資料の少ない分野であり、これからさらにこの方面の研究と現場での工夫への要求が高まるはずである。音声的な知識を土台として持ちつつ、学習者ひとりひとりのニーズに応えられるよう、日本語教師としては、日々研鑽を重ねていきたい。

音の歴史的変遷　　　　　　　　　　　　　　　　column

　言葉は生き物である。英語や中国語が現代日本語にとって「横軸の」外国語であると表現するならば、古代の日本語は「縦軸の」外国語として位置づけられるかもしれない。語彙や文法が刻々と変化してきたことは、万葉集、枕草子、源氏物語、あるいは下って江戸時代のものなど、各時代の代表的な文学作品に触れることにより、ほとんどの方が実感しておられるだろう。また、ここ10年という短期間を振り返ってみても、「食べれる」などのら抜き言葉に顔をしかめていた人々が、いつのまにかそれを受け入れるようになってきている。しかし、語彙や文法ばかりでなく、音声もそれ以上に激しく変化を重ねているということには、あまり注意が向けられていないように思える。テープレコーダーもなかった時代の音声は、さまざまな文献資料から論理的に推測復元するより他ないのだが、音声言語は大きな変化を遂げている。

　代表的な例は、ハ行である。ハ行は従来、両唇の弱い破裂音で [pa] [pʲi] [pɯ] [pe] [po] と発音されていた。それが奈良時代ごろには両唇の閉鎖が不完全になり、両唇の弱い摩擦音で [ɸa] [ɸi] [ɸɯ] [ɸe] [ɸo] と発音されるようになっていた。その後、江戸時代ごろまでに、[ɸɯ] 以外の子音部分の両唇の接近がなくなり、母音の口構えだけの弱い摩擦音となったため、現代のような発音が形成されたといわれる。そのため、現代語ではハ行とバ行の清濁の関係は、有声・無声の対立が他の行のようには一致しないが、最も古い発音 [p] － [b] の対立で見ると、一致している。また、語がつながった場合に濁音になる連濁(例：タイコ→コダイコ)は同じ調音点・調音法を持つ無声→有声の変化だが、「日→日々」のように一見音声的に対立をなさない [ç] → [b] の変化が、最も古い発音で見れば [p] → [b] という同じ調音点・調音法を持つ無声→有声の変化であったことがわかる。

【タスク】

(1) 以下の語の音素記号と、標準的な発音を表す音声記号を書きなさい。

　①ギンコウ(銀行)　　②キツネ(狐)　　③ケッシン(決心)
　④リョクチャ(緑茶)　⑤ハンニャ(般若)　⑥シズク(雫)
　⑦ジケン(事件)　　⑧ニヒャクニン(二百人)
　⑨カジバノバカヂカラ(火事場の馬鹿力)

(2) 以下は、日本語(現代東京語)についての記述である。〈　〉内の正しいものを選びなさい。

　① 母音は、原則として声帯振動を〈伴う、伴わない〉〈有声、無気、無声〉音である。母音の音の違いは、開口度(＝舌の高さ)、舌の前後位置、〈喉の形状、唇の形状、声帯の形状〉により決まる。

　② 日本語の音の単位は、拗音は別として、一般にカナ1文字分と考えられている。この単位は〈音節、拍〉または〈シラブル、モーラ〉と呼ばれる時間的なまとまりで、理論上の単位であり、日本語にしか存在しない。それに対して〈音節、拍〉または〈シラブル、モーラ〉は、どの言語にも存在する、実際の聞こえのまとまりを単位としたものである。

(3) 以下の3つの文をアクセント通りに発音して意味を識別し、漢字かな混じり文で書きなさい。

　1) キョ|ウカ|ニイキマ|シタ。
　2) キョ|ウカ|ニイ|キマシタ。
　3) キョ|ウカイニ|イ|キマシタ。

(4) 以下の①〜④は、日本語(現代東京語)のアクセントについて、⑤⑥は日本語あるいは日本語音声学全般に関する記述である。正しければ○、間違っていれば×をつけなさい。

　①(　)アクセントの1拍目と2拍目は、必ず高さが違う。
　②(　)尾高型と平板型を区別するためには、助詞のノを付けて調べるとよい。
　③(　)1つの語または語句において、一旦下がったアクセントは、2度と上がることはない。
　④(　)語が2つ以上結合して複合語を作った場合、もとのアクセントとは全く違う型になるものもある。
　⑤(　)ここに3種類の単音があり、それらが同一音素内の自由異音であるとすると、その3つの単音は、その音素内でたがいに「相補的分布」をなす。
　⑥(　)日本語学における「清音─濁音」の対立は、音声学における「有声音─無声音」の対立とすべて一致する。

(5) 以下は、筆者のクラスの英語を母語とする日本語学習者が季語の無い「俳句」、すなわち5・7・5音の短詩として実際に作成したものである。なぜ、このようなことが生じたのかを説明しなさい。

　「あさごはんを　たべなかったから　おなかへった」

【読書案内】

窪薗晴夫 (1999)『日本語の発音教室』くろしお出版
　☞外国人日本語学習者および日本語教師を目指している人を対象にしているため、ふりがな付きのとても平易な日本語で書かれた音声学・音韻論の入門書です。CD 付き。

松崎寛・河野俊之 (1998)『よくわかる音声』アルク
　☞日本語能力検定試験合格に照準をあわせて書かれた音声学の解説書です。CD 付き。

名柄迪監修『外国人のための日本語例文・問題シリーズ 12　発音・聴解』荒竹出版
　☞外国人日本語学習者のための発音と聴解の練習問題集です。日本語教育に携わる人の音声トレーニングにも用いることができます。

窪薗晴夫 (1999)『現代言語学入門 2　日本語の音声』岩波書店
　☞日本語音声学・音韻論をもっと深く勉強したい人向けです。

棚橋明美 (2007)『日本語教育能力検定試験に合格するための聴解試験 10』アルク
　☞日本語教育能力試験の試験 II（聴解）対策用。著者が経験談を織り交ぜながら、試験 II の出題範囲の基本的な部分（音声学分野を含む）を、楽しく分かりやすく解説しています。

中川千恵子・中村則子 (2010)『初級文型でできるにほんご発音アクティビティー』アスク出版
　☞日本語指導における発音練習の実践のための教科書として作成されたもので、初級日本語学習者対象。特にプロソディーが重視されています。

中川千恵子・中村則子・許舜貞 (2013)『さらに進んだスピーチ・プレゼンのための日本語発音練習帳』ひつじ書房
　☞上記の本のレベル・アップ版。スピーチや口頭発表を指導する際の助けとなります。

【参考文献】

今田滋子 (1989)『教師用日本語教育ハンドブック⑥　発音』国際交流基金
窪薗晴夫 (1999)『日本語の発音教室』くろしお出版
窪薗晴夫 (1998)『音声学・音韻論』くろしお出版
松崎寛・河野俊之 (1998)『よくわかる音声』アルク
松崎寛他 (2004)『一日 10 分の発音練習』くろしお出版
天沼寧・大坪一夫・水谷修 (2000)『日本語音声学』
川口義一・横溝紳一郎 (2005)『成長する教師のための日本語教育ガイドブック下』ひつじ書房
日本語教育学会編 (2005)『新版　日本語教育事典』大修館書店

タスクの答え (1)① /giNkoR/[gʲiŋko:]　②/kitune/[kʲitsɯ̈ne]　③/keqsiN/[keççiN]
　　　　　　　④/rjokutja/[rʲokɯtɕa]　⑤/haNnja/[haɲɲa]　⑥/sizuku/[ɕizɯ̈kɯ]
　　　　　　　⑦/zikeN/[dzikeN]　⑧/nihjakuniN/[ɲiçakɯɲiN]
　　　　　　　⑨/kazibanobakazikara/[kaʑibanobakaʑikara]
　　　　　(2)①伴う、有声、唇の形状　②拍、モーラ、音節、シラブル
　　　　　(3)1)今日買いに行きました。　2)今日、会に行きました。　3)教会に行きました。
　　　　　(4)①○　②×（一般的にはガを付けて調べる。ノが付くと他の助詞とは違ったアクセント型になってしまう。）　③○　④○　⑤×（相補的分布をなすのは条件異音である。）　⑥×（ハ行とパ行ではなく、バ行とパ行において「半濁音―濁音」の対立が音声学における「有声音―無声音」の対立と一致している。）
　　　　　(5)この日本語学習者は、撥音・促音を独立した拍として数えず、音節感覚で「ハン」「カッ」「ヘッ」を1音として数え、5音・7音・5音構成だと誤解した。

第16章　語彙

語彙は文法と並ぶ語学学習の中心的存在です。旧日本語能力試験の1級では1万語の習得を基準としていますし、義務教育終了時点の日本語母語話者が理解できる語彙は3万語という報告があります。この膨大な量の語彙を体系的に把握するために、本章では、語種、語構成の面から分析していきます。

【キーワード】

語彙量、理解語彙、使用語彙、延べ語数、異なり語数、語彙調査、語種、語構成、合成語、複合語、畳語、派生語、語基、接辞、造語法、変音現象

1　語彙と語彙量

　日本語の中で好きな言葉をあげろといわれたら、どんな言葉をあげるだろうか。「愛」「夢」「生きる」「美しい」「さわやか」…、「お金」などという人もいるかもしれない。日本語の中にはさまざまな言葉があるが、これら1つ1つの言葉は語(単語)と呼ばれる。語の集まりとして日本語の言葉全体をとらえて指すときは「日本語の語彙」という。語彙の「彙」は、「集まり、類」という意味であり、「語彙」とは、ある範囲内に含まれる語全部のことである。「大学生の語彙」「琉球方言の語彙」「石田衣良の語彙」「田中さんは語彙が豊富だ(言葉を多く知っていて使うことができる)」というように用いられる。

　では、日本人母語話者は一般的にどのくらいの**語彙量**を持っているのだろうか。言葉には読んだり聞いたりしたとき意味が理解できるが自分では使わないもの(**理解語彙**)と実際に書いたり話したりして使うことができるもの(**使用語彙**)の2種類がある。理解語彙の方が使用語彙より大きいのだが、普通成人の理解語彙は4万語〜5万語程度で、使用語彙は2万語程度といわれている。中学生向けの国語辞典の見出し語の数が約5万語である。身近にある辞書の見出し語数を調べると、どのくらいの量なのかが実感できるだろう。

> **自分がどのくらいの語彙量を持っているか簡単にわかるテストをしてみよう。**　column
>
> NTT コミュニケーション科学基礎研究所『日本語の語彙特性』より「語彙数推定テスト」< http://www.kecl.ntt.co.jp/mtg/goitokusei/goi-test.html >
>
> 1. チャンピオン
> 2. 祝日
> 3. 爆発
> 4. ライン
> 5. さつま芋
> 6. 毒ガス
> 7. 枝豆
> 8. 過ごす
> 9. 朝風呂
> 10. そもそも
> 11. 見極める
> 12. あべこべ
> 13. 本題
> 14. エンゲル係数
> 15. 泊まり込む
> 16. 預け入れる
> 17. 言い直す
> 18. たしなみ
> 19. 英文学
> 20. はまり役
> 21. ごろ合わせ
> 22. 労力
> 23. 忍ばせる
> 24. 勃発
> 25. 宿無し
> 26. 目白押し
> 27. 請負い
> 28. 塗り箸
> 29. 気丈さ
> 30. 茶番
> 31. 大腿骨
> 32. 術中
> 33. 泌尿器
> 34. 血税
> 35. 悶着
> 36. 腰元
> 37. 裾模様
> 38. 旗竿
> 39. かんじき
> 40. 百葉箱
> 41. 迂曲
> 42. 告諭
> 43. 辻番
> 44. ライニング
> 45. 輪タク
> 46. 懸軍
> 47. 陣鐘
> 48. 泥濘
> 49. パララックス
> 50. 頑冥不霊
>
> 1～15 までの単語を知っている場合、推定語彙数は 13,300 語、20 までの単語を知っている場合、推定語彙数は 17,800 語、25 までは 23,400 語、30 までは 30,200 語、35 までは 39,100 語、40 までは 50,500 語、45 までは 60,300 語、50 まで全部知っている場合 67,800 語、途中で知らない語のある場合などは、上記インターネット参照。

2 語の数え方と使用率

　語彙の量的な構成や使用の実体を調べるための調査を**語彙調査**という。語彙調査では語を数えて語彙量を計測する。語の数え方には 2 通りある。**延べ語数**を数えるやり方と**異なり語数**を数えるやり方である。たとえば、「食べて、食べて、もっと食べて。」という文の語を数えるとき、単語で切って数えると、

「食べ／て　食べ／て　もっと　食べ／て」となり、この文の総語数 7 語が得られる。これは延べ語数といい、同じ語が何回でてきてもかまわず数えて得られる語数である。動詞「食べる」と助詞「て」は 3 回繰り返されているので、同じものは 1 度数えたらその後は数えないやり方をとると、この文は「食べる」「て」「もっと」の 3 語で構成されていることがわかる。これを異なり語数という。この文の延べ語数は 7 語、異なり語数は 3 語ということになる。次に、それぞれの語が文中でどのくらいよく使われているかを示す**使用率**を以下の式によって計算する。

使用率［％］　＝　語の使用回数（出現回数）÷ 延べ語数 × 100

上記の文中での「食べる」と「て」の使用率は 3 ÷ 7 × 100 ＝ 42.9%である。使用率が高いほど、よく使われている語ということになる。

　言葉を学習する場合、あまり使われない語を覚えるより、よく使われる語から学習する方が当然効率がよい。国立国語研究所が行った語彙調査（『現代雑誌九十種の用語用字(1)総記および語彙表』）では、使用率の高い順に「する」「いる」「いう」「一」「こと」「なる」と並び、高使用率語はこの語を欠くと話ができないほど基本的な言葉であることがわかる。1994 年発行の雑誌を対象にした『現代雑誌 200 万字言語調査語彙表』でも上位に同様の語が並ぶ。語彙調査の結果得られた、使用率が高く、かつ多くの場面で使われる使用範囲も広い語の集まりを**基本語彙**という。語彙調査の結果を用い客観的に選ばれる基本語彙に対し、個人が必要だと考えるものを主観的に選ぶのが**基礎語彙**である。C.K. オグデンの Basic English（850 語）が有名であるがこれをもとに日本語ではじめて選定されたものに土居光知の「基礎日本語」（1933）がある。林四郎（1974）は使用率の高さを示す「深さ」と使用範囲の「広さ」をかけあわせ基幹度を判定した**基幹語彙**という考え方を提唱している。日本語教育では語彙調査の結果に主観的な判断を加味するという方法をとることが多い。

　旧日本語能力試験では 3 級 1,500 語、2 級 6,000 語、1 級 10,000 語程度を認定基準にしている（新試験では 3 級は N4、2 級は N2〜N3、1 級は N1 に相当する）。これだけの語を知っていると、実際に見聞きする語彙のどのくらいが理解できるのだろうか。玉村（1985, 1987）によると、使用頻度上位 2,000 語で書き言葉の語彙（日本語の調査の場合は『雑誌九十種』）が延べ語数で約 70%カバーされ、5,000 語で 80%、1 万語で 90%カバーされるという。ところが、

他の言語だと90％をカバーするのにフランス語では2,000語、英語は3,000語、中国語は5,000語弱程度ですむという。日本語は他の言語と比べて、**カバー率が低く学習すべき語の数が多い**といえる。

3 語彙の分類

日本語の膨大な数の言葉を分類するのに次の4つの主要な方法がある。(1)意味による分類、(2)語種による分類、(3)語構成、(4)文法機能による分類である。(4)は品詞分類に相当する。以下、(1)～(3)の分類について解説する。

3.1 意味による分類

意味による分類には、語の概念でグループ分けする方法がある。たとえば「雨」なら自然現象、「うれしい」なら精神活動というようにである。単語を言語の概念体系のどこかの項目に所属させて分類しようとする試みは、古くは源順（みなもとのしたごう）の『和名類聚抄（わみょうるいじゅしょう）』の中に見られる。現代語では国立国語研究所(1964)の『分類語彙表』が代表的なものである。分類語彙表では、「雨」という語は、「体の類」(名詞)―「自然物および自然現象」―「気象」の中の「雨、雪」という項目に整理されている。この項には「大雨、にわか雨、長雨、春雨」などが含まれる。

また、語と語の意味関係に着目した以下の方法もある。

①**類義関係**：意味の近いもの(「美しい・きれい」、「しかし・けれども」)
②**対義関係**：意味が共通する点を持ち、特定の点において対立するもの
　A 相補関係：一方が成立すれば他方は成立しない関係(「表・裏」「男・女」)
　B 相対関係：程度性を持つ語の対立関係だが、両者は連続している。一方を否定しても必ずしも他方にならず中間が存在する(「高い・低い」)
　C 視点に基づく対義関係：
　　a 同じ事象を対立する視点から名づけた関係(「上り坂・下り坂」)
　　b 他を前提とした立場から名づけた関係(「親・子」「先生・生徒」)
　　c 逆方向へ移動する関係(「入る・出る」、「つく・離れる」)
　対義関係には「きれいだ(形容動詞)・汚い(形容詞)」のように品詞が異なる単語が対になるものもある。

③**包摂関係**：ある語の意味が他の語の意味に含まれてしまう上位語―下位語の関係（「食べ物―果物」、「果物―みかん」）

3.2 語種による分類

現在私たちが日本語として使っている語はすべてが日本で生まれたわけではない。過去に外国から入ってきたものが数多くある。「でどころ、生まれ」のことを**出自**というが、その語がどこからきたかという出自で分類したものを**語種**という。日本語の語種は「和語」「漢語」「外来語」「混種語」の4種に分けられる。

語はまず、その言語にもともとあった**固有語**と外国語からとりいれた**借用語**に分かれる。日本語の固有語は**和語**と呼ばれ、借用語には中国語から入ってきた**漢語**と中国語以外の外国語から入ってきた**外来語**の2つがある。和語、漢語、外来語が2種以上混ざってできたものを**混種語**という。

語	単種	固有語	和　語	ある、言う、高い、考え、宿屋、速さ、たてもの
		借用語	漢　語	読書、一、人間、運動、概念、旅館、速度、建築
			外来語	パソコン、コンセプト、ホテル、スピード、ビル
	複種		混種語	気持ち、窓ガラス、居眠り運転、プラス思考

3.2.1 和語

和語は、**やまとことば**ともいわれる。「いる、する、いう、なる、こと、その、手、足、雨」などで日常繰り返し使われる基本的な語が多い。助詞、助動詞も和語でありすべての品詞に分布している。自然物、自然現象（雨など）、具体的な事物、状況を表す語が多い。

古い時代に日本語に入ってきた「馬、梅、鬼、銭(ぜに)」（古代中国語起源とされる）、「寺、島、兜(かぶと)、笠(かさ)」（古代朝鮮語起源とされる）、「鮭(さけ)」（アイヌ語起源とされる）など現在借用語として意識されていないものは、通常和語に含めて考えられる。

3.2.2 漢語

漢語は中国語から入ってきた語で、漢字で書かれ音読みされる。漢字2字からなるものが最も多い。漢語をまねて日本で作られた**和製漢語**(わせいかんご)も含まれる。和製漢語にはもともとは和語であったがその漢字表記を音読みするようになった

もの「おほね→大根、ひのこと→火事、かへりごと→返事」などや、幕末・明治期に西洋の概念を表すために日本で作られた「哲学、経済、思想、概念、社会、会社」などがある。この中には日本で作られ中国語へ取り入れられた語も多い。ただし、「マージャン、餃子、ラーメン」「カルビ、キムチ」など近代中国語や近代朝鮮語から入ったものは外来語とされている。

3.2.3 外来語

外来語は、外国語から入ってきた語で漢語以外のものをさす。江戸時代以前には、ポルトガル語から「パン、カステラ、てんぷら、ラシャ、ボタン、タバコ、カボチャ」、スペイン語から「メリヤス」などが入ってきた。江戸時代にはオランダ語から「ビール、アルコール、コーヒー、ガラス」など、近代以降は広くドイツ語、フランス語、イタリア語、ロシア語などからもとりいれられた。現代の外来語の80％は英語からきており、IT（コンピュータやデータ通信）関連、医療福祉、金融ビジネス関連用語に多く見られる。長いものは、「エアコン、リストラ、コンビニ、ゼネコン」などと短縮されることが多い。日本で作られた**和製英語**「ナイター、サラリーマン、フリーター、モーニングコール、マイカー、ガソリンスタンド、カルチャースクール」なども外来語として扱われる。ニュアンスの違いからくる使い分け（例：ごはんとライス、じゃがいもとポテト）や原語との意味のずれ（例：アルバイト、バイク）には注意が必要である。また、同源の語が導入経路の違いで別の語となったもの（例：カード＝カルテ＝かるた）や、原語は1つだが、意味も語形も異なる別の語として定着している二重語と呼ばれるものに truck→トラック、トロッコ、strike→ストライク、ストライキ、glass→ガラス、グラス、American→メリケン、アメリカンなどがある。

3.2.4 混種語

以下のように語種の異なる組みあわせからなる語を**混種語**という。
[和語＋外来語] 生ビール、カラオケ（空が和語、オケは外来語オーケストラから）、ドル高、チェックする
[外来語＋漢語] プロ野球、留学生センター、デジタル放送、濃縮ウラン
[漢語＋和語] 勉強する、愛する、相手役、労働組合、不燃ごみ、本屋
　語の中には「番組、台所」などのように**重箱読み**（音読み＋訓読み）する語や、「手帳、場所」などのように**湯桶読み**（訓読み＋音読み）する語がある。こ

のような1語の中に漢字の音読みと訓読みが混在する語も［和語＋漢語］の混種語と考えられる。かつては混種語の使用率は低かったが、現在は漢字の造語力とカタカナ多用傾向とが相まって増加を続けている。

　書き言葉で使用されている語種構成を前述の『現代雑誌九十種の用語用字』調査結果で見ると、異なり語数で和語が36.7%、漢語が47.5%を占め漢語の方が多い。しかし、延べ語数では比率が逆転し和語が53.9%、漢語が41.3%である。話し言葉になると和語の比率はもっと高くなる。このことから、和語は数は少ないが基本的な語彙が多く、繰り返し使われていて、日本語の中核をなしていることがわかる。外来語は、異なり語数の10%弱、延べ語数では3%弱でしかない。外来語はほとんどが名詞として取り入れられ、入れ替わりも激しいので語彙根幹に影響を及ぼすものではないといわれる。しかし、現実には数字以上の感を受け、「カタカナ語の氾濫」がしばしば話題になっている。今後も外来語は増え続けることが予想される。国立国語研究所の「外来語に関する意識調査（全国調査）」（2004, 2005）によると、「自然の成り行きに任せる方がよい」（65.5%）と考えつつも、過半数の人が今以上に増えることを好ましくないと思っている。同研究所は公共性の高い場で使われている一般にわかりにくい外来語をわかりやすく言い換える工夫を提案している。

外来語	言い換え語	外来語	言い換え語
アクションプログラム	実行計画	アクセシビリティー	利用しやすさ
アセスメント	影響評価	アナリスト	分析家
インセンティブ	意欲刺激	コージェネレーション	熱電併給
デジタルデバイド	情報格差	トレーサビリティー	履歴管理
ナノテクノロジー	超微細技術	ネグレクト	育児放棄、無視
バイオマス	生命由来資源	ハイブリッド	複合型
ビオトープ	生物生息空間	レシピエント	移植患者

第1回〜第4回「外来語」言い換え提案（国立国語研究所 2006a）から一部転載

3.3 語構成による分類

　1つの語はどのようにできあがっているのだろうか。どのような構成要素（**形態素**ともいう）を持ち、要素同士はどのような関係を持っているのだろうか。**語構成**とは語の成り立ち、構造のことである。語の構成を考えるとき、まず、その語がより小さい要素に分けられるかどうかを見る。「本」や「机」と

いう語は、それ以上分けようとすると、「ほ」「ん」や「つ」「く」「え」のようにただの音節になってしまい、意味を伝えることができなくなってしまう。このようにそれ以上分けると意味を失ってしまう語は、意味を有する構成要素1つからなる語であり**単純語**と呼ばれる。一方、「本箱」という語は「本」と「箱」という2つの要素に分けられる。このように複数の構成要素からなる語を**合成語**という。

語の構成要素には、意味を担う上で中心となるものと、補助的な役割をはたすものがある。「やさしさ」という語は「やさし」と「さ」という2つの構成要素からなる合成語だが、意味的に中心となるのは「やさし」の方である。「さ」はそれだけで使われることはなく、「やさし」を補助し、形容詞を名詞にするという文法的な意味を持っている。「やさし」のように語の意味上の中核となる構成要素は**語基**（自由形態素）と呼ばれ、「さ」のように語基の前や後ろについて補助的に意味をそえたり、語の品詞を決定する役割を持つ構成要素は**接辞**（拘束形態素）と呼ばれる。接辞だけで語を構成することはない。単純語は語基1つでできている語である。語構成により、語を分類すると下の図のようになる。

上述のとおり語は、単純語と合成語に分かれ、合成語は「高山」のような**複合語**、「高々」のような**畳語**(じょうご)、「高さ」のような**派生語**に分かれる。

語	単純語		**語基**	高い、山、本、行く、ゆっくり、もし、はい
	合成語	複合語	**語基＋語基**	高山、山歩き、雨降り、早起き、本箱
		畳　語	**語基＋語基**	高々、山々、時々、生き生き、まあまあ
		派生語	**語基＋接辞**	高さ、やさしさ、お茶、友達、春めく

3.3.1 複合語

複数の語基からなる語である。品詞別に見ると、「本箱、山登り」などの複合名詞、「話し合う、旅立つ」などの複合動詞、「書きやすい、心強い」などの複合形容詞、「控えめ、身近」などの複合形容動詞、「おおかた、ふたたび」などの複合副詞がある。複合名詞と複合動詞の数が多い。

語基間の関係には**従属関係**と**対等関係**がある。従属関係というのは統語関係といって語基間に文法的な関係があるもので、(1)「連用の関係」と(2)「連体の関係」がある。(1)の「連用の関係」には格関係で結びついているものと、修飾・被修飾の関係で結びついているものがある。たとえば、「雨降り」は「雨

が降る」、「花見」は「花を見る」のように2つの語基が「主格」、「対格」の格関係で結びついている。「早起き」は、「早く」が「起きる」を連用修飾する関係にある。連体修飾の関係は、前の語基が後ろの名詞性語基を修飾するもので、「高山」「本箱」は「高い山」「本(用)の箱」と連体修飾の関係にある。並列関係には類義的な語基が組みあわさったもの(例:絵画)と、対義的関係の語基が結びついたもの(例:男女)がある。

A　従属関係(統語関係)
　(1) 連用の関係
　　　a-1 格関係…雨降り(雨が降る-主格)、花見(花を見る-対格)、木登り(木に登る-帰着格)、鉛筆書き(鉛筆で書く-具格)、東京生まれ(東京で生まれる-場所格)など
　　　a-2 修飾・被修飾の関係…早起き、長生き、泣き暮らす、見比べる
　(2) 連体の関係…本箱、女子大生、新車、贈り物、にこにこ顔
B　並列関係
　(1) 類義的関係…絵画、道路、学習、日時、市町村、奪い取る
　(2) 対義的関係…前後、男女、伸縮、点滅、往復、上げ下げ

3.3.2　畳語

畳語は同一の語基を繰り返してできる。複数の語基からなる点で複合語の一分類とされることもある。国々、ますます、重ね重ね、寒々、広々など。

3.3.3　派生語

派生語は語基と接辞からなる。接辞には語基の前にくる**接頭辞**と、後ろにくる**接尾辞**がある。「か+弱い」の「か」は接頭辞であり、「やさし+さ」の「さ」は接尾辞である。接尾辞の方が接頭辞より種類も派生語も多い。以下に玉村(1985)の品詞、意味(否定、待遇性)を考慮した分類とその例をいくつか紹介する。

　＜接頭辞＞
　○形容詞性のもの [**大**-男、**小**-粒、**新**-人類、**素**-顔、**初**-恋、**超**-特急]
　○待遇性のもの [**お**-金、**ご**-はん]
　○否定性のもの [**不**-必要、**非**-常識、**無**-責任]
　○漢語性のもの [**反**-比例、**抗**-菌、**再**-放送]

○動詞、形容詞に添加されるもの(副詞性のもの)[**ほの**-暗い、**もの**-静か、**ぶん**-なぐる]

接頭辞は語基に意味を添加するが、ふつう品詞は変えない。ただし、漢語性接頭辞の中で否定性の「無、不、非」などや「大」「有」などは品詞を変えることもある。

<接尾辞>
○名詞性接尾辞 [a. 待遇表示：山田-**様**、-**さん** b. 複数表示：あなた-**がた**、-**たち** c. 助数詞：三-**個**、六-**枚** d. 人物表示：アメリカ-**人**、運転-**手** e. 金員表示：授業-**料**、部屋-**代** f. 店舗・建物表示：本-**屋** g. 抽象性質表示：速-**さ**、-**み**、-**げ**]
○動詞性接尾辞 [うれし-**がる**、弱-**まる**]
○形容詞性接尾辞 [男-**っぽい**]
○形容動詞性接尾辞 [現代-**的な**、手ごろ-**な**、にぎ-**やかな**、ほが-**らかな**]
○副詞性接尾辞 [教育-**上**]

接尾辞は意味を添えるだけのものと、同時に品詞を変える働きをするものがある。

4 造語法と変音現象

4.1 造語法

造語法とは新しく言葉を作る方法のことである。全く新しい言葉を作り出す**語根創造**は困難で、現代ではオノマトペ(後述)や固有名詞に見られるぐらいである。既存の語を利用し、複合、派生させる**合成**、外国語などから取り入れる**借用**、省略による**縮約**、品詞を変える**転成**、意味の似たものを組みあわせて作る**混淆**がある。以下に例をあげる。

【合成】(前述 3.3)
【借用】「インターネット、マニフェスト」など外国語から外部借用されたものや、古語や方言から内部借用された「しんどい、こける」などの語がある。
【縮約】「コンビニ、デジカメ、リストラ、バイト、生協、百均」など。
【転成】「歩く(動詞)→歩き(名詞)、研究(名詞)→研究する(動詞)、茶色(名詞)→茶色い(形容詞)、お茶(名詞)→お茶する(動詞)、事故(名詞)→事故る(動詞)、パニック(名詞)→パニクる(動詞)」など。

【混淆】2語が結合して1語になった「やぶる＋さく→やぶく」など。

4.2 変音現象

合成語ができるとき、単独で使われていたときと音が変わることがある。たとえば、「木」という語は単独では「き」と読むが、「木々」という合成語の要素になったとき「きき」とはいわず「きぎ」となる。このように合成語ができるときに構成要素の音素が変わることを**変音現象**といい、代表的なものに以下のものがある。

【連濁】後要素の語頭清音が濁音化する現象。
木（き）＋木（き）→木々（きぎ）、円（えん）＋高（たか）→円高（えんだか）
【転音】母音交代ともいう。前要素末尾の母音が他の母音に変わる現象。
［e］→［a］雨雲（あめ→あま）、酒屋（さけ→さか）、船乗り（ふね→ふな）
［i］→［o］木立ち（き→こだち）
［o］→［a］白百合（しろ→しらゆり）
【音便】前要素の末尾母音が促音「っ」や撥音「ん」に変わる現象。
「追い」＋「かける」→おっかける、「ぶち」＋「なぐる」→ぶんなぐる
【半濁音化】後要素の語頭のハ行音がパ行音に変わる現象。
あけ＋ひろげ→あけっぴろげ、ぶち＋はなす→ぶっぱなす
【音韻添加】前要素の末尾と後要素の語頭に新しい音素が入る現象。
はる［haru］＋あめ［ame］→はるさめ［haru s ame］
【連声】前要素が［m］［n］［t］で終わり、後要素の語頭音がア行、ヤ行、ワ行で始まるときにその部分がマ行、ナ行、タ行に変化する現象。
因縁（いんえん→いん**ねん**）、天皇（てんおう→てん**のう**）、三位（さんい→さん**み**）、雪隠（せついん→せっ**ちん**）

5　日本語の語彙の特徴

日本語の語彙の特徴として以下のことが指摘されている。

1) 他の言語に比べてカバー率が低く、多くの単語を覚えなければならない。
2) 和語、漢語、外来語、混種語があり、類似の概念を表す語が多いが、ニュアンスや意味の細かい違いを表すのに使い分けている。

3) 抽象的な概念を表す語が少なく、具体的な事物や、個別的状況をさす語が多い。
4) **擬声語**(「ワンワン」や「ザーザー」のように、動物の声や自然界の音を表現する語)や、**擬態語**(「ぴかぴか」や「うっとり」のように状態や様子を音のような感じにして表す語)が多い。両者をあわせて音象徴語(**オノマトペ**)という。
5) 和語は語頭にラ行音やバ行音が立つことがなく、濁音も少ない。
6) 動詞は /u/ で終わり、形容詞は /i/ で終わるなどの一定の形を持っている。
7) **位相**が著しい。位相とは、使用者の属する社会集団(性、年齢、職業など)や、場面、相手などの違いによって同じことを表すのに異なった言葉を用いる現象のことである。位相語には、男言葉、女言葉、幼児語、若者言葉、業界用語、宮中の女官たちが用いた女房詞(おなか、しゃもじ)、特殊なものに、不吉な連想を伴う語の代わりに用いる忌詞(「すり鉢」を「あたり鉢」、「するめ」を「あたりめ」、「閉会」を「お開き」)などがある。

中国語における外来語　　column

外国語の言葉を取り入れるとき、日本語には音をそのまま書き表せるカタカナという手段があるが、表音文字を持たない中国語ではさまざまな工夫をして漢字に翻訳している。下に相当する日本語はなにか考えてみよう。

1) 音を中心にする：巧克力糖、伊妹児、卡拉 OK
2) 意味を中心にする：快餐、超人、微軟公司、熱狗、機器猫
3) 音と意味を組みあわせる：迷你、可口可楽、黒客

(答え) 1. チョコレート、Eメール、カラオケ　2. ファーストフード、スーパーマン、マイクロソフト、ホットドッグ、ドラえもん　3. ミニスカート(你は「あなた」)、コカコーラ、ハッカー

【タスク】

(1) 身近な語を1つ選び複合語を作り、構成要素の品詞や要素間の関係を考えなさい。（例：飲み食い、買い食い、ただ食い、やけ食い、共食い、大食い）

(2) 任意の文を選んで、異なる語種の言葉で言い換えなさい。言い換えると元の意味が損なわれるものや、言い換えが難しいものにはどんなものがあるだろうか。

　　例：来週の旅行の予定と飛行機の便を調べる。→来週のツアーのスケジュールとフライトをチェックする。

(3) 正しくないものを1つ選びなさい。

　①現在は和語として扱われているが、古代中国語、朝鮮語起源のもの
　　1) ぜに（銭）　2) うま（馬）　3) てら（寺）　4) うめ（梅）　5) さけ（鮭）
　②ポルトガル・スペイン語から入ってきた外来語
　　1) パン　2) タバコ　3) 合羽（かっぱ）　4) メリケン　5) カボチャ
　③NがVの主格であるN＋V構造の複合名詞
　　1) 雨降り　2) 衝動買い　3) がけ崩れ　4) 日暮れ　5) 物価安定
　④変音現象
　　1) 酒屋　2) 人々　3) 春雨　4) 山川　5) 白木
　⑤和製漢語
　　1) 大根　2) 哲学　3) 出張　4) 火事　5) 麻雀
　⑥待遇性接辞
　　1) おかあさん　2) まごごろ　3) ごちそう　4) みほとけ　5) 御礼（おん）
　⑦派生語の品詞を変える接頭辞
　　1) 大-　2) 無-　3) 超-　4) 有-　5) 不-

【読書案内】

秋元晴美（2010）『日本語教育能力検定試験に合格するための語彙12』アルク
　☞語彙の入門書としてわかりやすく解説されています。語彙の勉強を始める人に。

玉村文郎（1985）『語彙の研究と教育（上）（下）』国立国語研究所
　☞すべての語彙の本のベースになっているといって過言ではありません。必読書。

国際交流基金（2011）『日本語教授法シリーズ　第3巻　文字・語彙を教える』ひつじ書房
　☞語彙学習のための工夫された練習方法があげてあり、さっそく明日から教えたくなるでしょう。

【参考文献】

秋元晴美（2002）『よくわかる語彙』アルク
北原保雄（1995）『概説日本語』朝倉書店
国立国語研究所（1962, 1963, 1964）『現代雑誌九十種の用語用字　第 1 〜第 3 分冊』秀英出版
阪本一郎（1955）「理解語彙の発達」『読みと作文の心理』牧書店
真田信治（1977）「基本語彙・基礎語彙」『岩波講座日本語 9　語彙と意味』岩波書店
玉村文郎（1985）『語彙の研究と教育（上）（下）』国立国語研究所
玉村文郎（1987）『日本語の語彙・意味（1）NAFL 日本語教師養成講座 8』アルク
日本語教育学会編（2005）『新版日本語教育事典』大修館書店
日本語教育学会編（1990）『日本語教育ハンドブック』大修館書店
日本国際教育協会著・編（2001, 2002）『日本語教育能力検定試験問題』平成 12、13 年度　桐原書店
日本国際教育支援協会著・編（2003 〜 2010）『日本語教育能力検定試験問題』平成 14 〜 22 年度　凡人社
森田良行（1989, 1998）『ケーススタディ　日本語の語彙』おうふう
NTT コミュニケーション科学基礎研究所（1999）『日本語語彙大系』CD-ROM 版　岩波書店

国立国語研究所（2004）「外来語に関する意識調査（全国調査）　平成 16 年 6 月」
　　<http://www.kokken.go.jp/katsudo/kenkyu_jyo/genzai/ishiki/index.html>
国立国語研究所（2005）「外来語に関する意識調査（全国調査）　平成 17 年 6 月」
　　<http://www.kokken.go.jp/katsudo/kenkyu_jyo/genzai/ishiki/16index.html>
国立国語研究所（2006a）「第 1 回〜第 4 回　外来語言い換え提案　2006 年」
　　<http://www.ninjal.ac.jp/gairaigo/Teian1_4/iikae_teian4.pdf>
国立国語研究所（2006b）「現代雑誌 200 万字言語調査語彙表 公開版（ver.1.0）2006.8.11」
　　<http://www2.kokken.go.jp/goityosa/index.html>

タスクの答え　（3）① 5、② 4、③ 2、④ 4、⑤ 5、⑥ 2、⑦ 3

第 17 章　日本語の文法

最近、日本語教育においてはコミュニケーション能力が強調されてきました。しかし日本語の文法を授業で教えるか否かは別として、文法に関する知識が不要になったわけではありません。ここでは日本語教師が押さえておくべき最低限の日本語の文法知識をまとめてみます。

【キーワード】
品詞、動詞、形容詞、名詞、数詞・助数詞、副詞、指示詞、助詞、語構成、主語、主題、テンス、アスペクト、ムード、ヴォイス、複文、視点、意味、直喩、隠喩（メタファー）、換喩（メトニミー）、提喩（シネクドキー）、共感覚的比喩

1　はじめに

　語は文を作り、文は文章を作る（日本語学では 1 つの文を文、複数の文を文章といって区別する）。語とは名詞、動詞、形容詞、助詞などの品詞に分けられる。主語、目的語などは名詞に格助詞がついており、述語には動詞に助動詞などがついている。このようなまとまりは文節という。本章では、まず語について触れ、その後に文について触れる。

2　語

2.1　品詞

　我々日本人が日本語の品詞として思い出すのは、名詞、動詞、形容詞、形容動詞、数詞、副詞、連体詞、接続詞、感動詞、助詞、助動詞などであろう。これらには活用するものと活用しないものとがあるが、区別できるだろうか。活用するものは、動詞、形容詞、形容動詞、助動詞である（ただし「まい」など助動詞の一部は活用がない）。また品詞は単独で用いることができる自立語と、自立語に付いて用いられる付属語とが存在する。助詞、助動詞が付属語

で、それ以外が自立語である。

　ところが日本語教育の現場では、我々が国語の授業で習った用語とは異なる用語を用いることがあることに注意されたい。国語の授業で習った日本語文法は、国語学の伝統をふまえた命名法であるが、日本語教育の学習者は普通、現在用いられている日本語だけを学ぶことが多いため、こうした国語学的な背景を尊重する必要がなく、よりわかりやすい命名法がよいとの判断が働いているからである。

①形容詞、形容動詞という用語をあまり用いず、それぞれ**イ形容詞**と**ナ形容詞**と呼ぶ。名詞を修飾する際の活用語尾がそれぞれイ、ナであることによる。両者は機能的な面では形容詞という共通性を有し、単に活用が異なるため、このように呼ぶのである。
②動詞の活用には、五段活用、上一段活用、下一段活用、サ行変格活用、カ行変格活用があるが、日本語教育では、五段活用動詞を**1グループ**（**子音動詞**、**u-verb** とも）、上・下一段活用動詞を**2グループ**（**母音動詞**、**ru-verb** とも）、サ行・カ行変格活用動詞を**3グループ**と呼ぶことが多くなってきている。
③動詞などの活用形も、未然形、連用形、終止形、連体形、仮定形、命令形、意志形といった名前よりは、未然形は**ナイ形**、連用形は**マス形**と**テ形**、終止形・連体形は**ル形**（**辞書形**）、仮定形は**バ形**、意志形は**ヨウ形**などと表現することも多い。

　また品詞の別は、明確であるかのように考えられがちであるが、決してそうではない。歴史をさかのぼれば、助詞の中にはヘ、カラなどのように名詞から派生してできた（これを**文法化**という）ものがあるといわれているし、そこまで歴史をさかのぼらなくとも、ナ形容詞（形容動詞）は、名詞から派生したものが多い。現在でも名詞にもナ形容詞にも用いられるものがたくさんある（幸福、健康、暇など）。「よく」はもともと形容詞「よい」から派生したものであろうが、副詞としての用法が定着して、別途副詞の仲間入りをしたりしている。品詞分類は人間が言語を説明するためにあとから構築したものであるから、きれいに割り切れるものではないのである。文法というと正確かつ厳密な印象を受けるが、実際にはカテゴリー間の境界はファジー（曖昧）であることが多いことを知っておいてほしい。また日本語の文法理論が、インド・ヨー

> **動詞の種類** column
>
> 日本語の動詞（現代語）は、大きく1グループ（五段活用）、2グループ（一段活用）、3グループ（カ行・サ行変格活用）に分けられることは本文中で述べた。では「取る」「寝る」「わかる」「入る」はどのグループであろうか。またそれはどのように区別するのか。「取る」は「取らない・取ります・取る・取るとき・取れば・取ろう」と五段階の活用をするから五段動詞。しかしこれでは「取る」がどのような活用をするかを知らない日本語学習者に対しては助けにならない。日本語教師になるためには、こうした動詞の区別のしかたを規則として学習者に説明できなければならないが、できるであろうか。辞書形をもとに説明すれば以下のようになる。
>
> 　1グループ（五段活用）：①辞書形の語尾が「－る」で終わらない動詞、②辞書形の語尾が「－aる・uる・oる」で終わる動詞、③例外（帰る、知る、走る、しゃべるなど）
> 　2グループ（一段活用）：辞書形の語尾が「－iる・eる」で終わる動詞
> 　3グループ（カ行・サ行変格活用）：くる、する
> 　このように日本語教師になるには、ネイティブ同士なら明示する必要のない文法知識を明示し、説明できる能力も求められる。日本人ならだれでも日本語教師になれるわけではないのはこのためである。

ロッパ語族の諸言語に適用されていた文法概念を借用していることも、文法説明を難しくしている1つの原因になっている。

2.2　動詞

　動詞には自動詞・他動詞の別があるといわれる。では**自動詞**とは何で**他動詞**とは何であろうか。意味的に判断して自動的か他動的かで区別するのがよさそうであるが、そう簡単ではない。他動的というのを、「他に何らかの変化を及ぼすもの」とすると、「見る」「考える」などは他動詞とは考えにくくなる。英語にならって対格（ヲ格）を伴うのが他動詞、伴わないのが自動詞といえばいいように思われるが、日本語の場合、一連の**移動動詞**は、ヲ格を伴う（共起する）にもかかわらず、他動詞にはならない（移動動詞とは、起点（出る、降りる、去る）、経路（通る、渡る、越える、飛ぶ）などの場所をヲ格で表す動詞で

ある)。

　したがって一般的には、ヲ格を伴い、受身(直接受身)を作ることができる動詞を他動詞とすることが多い。受身にするとヲ格はガ格となる。移動動詞は受身を作ることができないから他動詞とは考えない。また、「頼る」「かみつく」「甘える」など、ニ格を伴い受身を作れる動詞も他動詞に含める場合がある。また「終わる・終える」は、前者が自動詞、後者が他動詞といわれるが、「終わる」もヲ格を共起し他動詞として用いられる。「増す」「開く」のように自動詞と他動詞が同形のものもある。「漢字語＋する」は、「勉強する」「研究する」のように他動詞が多いが、「統一する」「終了する」のように自動詞にも他動詞にもなるもの、「当選する」のように自動詞のものもある。

　相互動詞といって、相手を必要とし「～と」を共起する動詞がある。「結婚する」「けんかする」「議論する」などの動詞、また「合う」がついた複合動詞などがそれである。普通、いっしょに動作を行う人を表す場合「～と」でも「～といっしょに」でもさほど意味に違いが生じないが、相互動詞では、以下のように意味が異なってしまう。(1)のように「～と」は動作の相手を表し、(2)のように「～といっしょに」は、いっしょに動作を行う人を表す。

　(1) 弟とけんかする。(けんかの相手は弟)
　(2) 弟といっしょにけんかする。(けんかの相手は第三者)

　日本語には存在を表す動詞を「いる」「ある」と区別する。これは世界の言語ではあまり例がない。日本語は生物と無生物を区別する傾向があるが、これもその1つである。初級の教科書では、人や動物の場合には「いる」、植物や事物の場合には「ある」と説明されているが、以下のように例外もある。

　(3) (停留所で)「あれ、もうバスがいない！」
　(4) (ペットショップで)「金魚はありますか。」
　(5) 沖合に怪しげな舟がいる。

　より厳密にいえば、自ら意思を持ち、動く可能性を持って存在するものが「いる」、そうでないものが「ある」で表されるといえばよいであろう。(5)は目に見える舟ではなくそこに乗っている人を問題としているために「いる」が用いられている。

また、日本語の「ある」は、存在の意味だけではなく、所有の意味を持っている。所有の場合には、(6)のように人や動物でも「ある／ない」が用いられることがある（最近は「いる／いない」を用いることが多い）。この時所有主はニ格で表される。また、(7)のように全体の中の「部分」も同じく「ある」が用いられる。所有されているものや全体の一部としての部分は、自らの意思を欠いているということからモノ的に扱われるのであろう。

(6) 彼にはまだ子どもがない。
(7) バスで来る人もあれば、電車で来る人もある。

　さらに、日本語では、「ある」が行事などの実施を表すことがある。できごとの存在という意味でとらえることもできるが、この場合、実施の場所は存在の場所とは異なり、(9)のようにデで表されることに注意すべきである。

(8) 講堂にピアノがある。
(9) 講堂で卒業式がある。

　最後に動詞の**活用**に関して述べると、活用にはさまざまな部分で例外の動詞がある。「帰る」「知る」「蹴る」「入る」「走る」「すべる」「しゃべる」などが、形は2グループ（一段活用）の動詞であるにもかかわらず1グループ（五段活用）の動詞である（これらの動詞のうち、「すべる」「しゃべる」「蹴る」は命令形が2グループのように「～ろ」になる場合がある）。これ以外にも以下のような例外があるので注意したい。

①「行く」は「～く」で終わる他の動詞とは異なり、テ形が**イ音便**（ク→イテ）にならない。
②「請う（乞う）」「問う」は他の「～う」で終わる動詞とは異なり、テ形が**促音便**（ウ・ツ・ル→ッテ）にならない。
③「～する」というと、どれも3グループ（サ行変格活用）の動詞であると考えがちであるが、「愛する」「略する」はそうではない。「～ずる」となるものも同様であるが、これは現代口語において、たとえば「愛す」と「愛する」が混ざって活用形を構成しているからである。
④敬語動詞のうち、「いらっしゃる」「おっしゃる」「なさる」「くださる」「ご

ざる」のマス形が「〜ります」ではなく「〜います」となる。命令形も「〜れ」ではなく、「〜い」となる。
⑤「くれる」の命令形は「くれ」である。また可能動詞など、命令形がないものもある。

2.3 形容詞

形容詞の第一の機能は名詞を修飾すること、つまり連体修飾をすることである。しかし日本語の形容詞は、連体修飾語になるだけでなく、単独で述語になる点で英語の形容詞と異なっている。英語では形容詞はbe動詞の助けを受けなければ述語になりえないからである (He is honest.)。また、日本語の形容詞は、連用形が副詞のように用言を修飾する働きを持つ（例えば「よく」などは副詞としての用法が定着している）。つまり日本語の形容詞というカテゴリーは、活用形により、連体修飾語、連用修飾語、述語を作るなどさまざまな機能を担う点が、英語とは異なっている。

形容詞と形容動詞をともに日本語教育では形容詞というのも、両者が、同じように上記の機能を有していることによる。またそれぞれを**イ形容詞**、**ナ形容詞**と呼ぶのは、形容詞の第一義的な役割が連体修飾にあり、連体修飾の活用形が、それぞれ、イ、ナで終わることによる。

人の感情や感覚を表す形容詞を**感情形容詞**と呼ぶが、これには1人称のみに使えるという人称制限がある（ただし疑問文では2人称にも用いることができる）。たとえば、「ほしい」「うれしい」「寂しい」「痛い」「憎い」などは、3人称では用いることができず、「〜がる」をつけたり、対応する動詞（「喜ぶ」「楽しむ」など）を用いたりして態度や動作という目に見える形で表現したり、他人の感情や感覚がわかっていたり、推測できたりする場合には、「〜と思っている」や「〜らしい」「〜のだ」をつけて表したりする。こうした人称制限は、自分（=1人称）の感情や感覚はわかるが、他人（=3人称）のそれはわからないためである。このような人称制限は英語ではあまりない。これは日本語が話し手（1人称）にとって事態がどう見えるかを表現の基本とする言語（主観的把握型の言語）であるのに対し、英語は1人称も含め、事態を客観的に描写することを表現の基本とする言語（客観的把握型の言語）であるためである。

日本語と英語の把握のしかたのちがい　column

日英両言語の把握のしかたのちがいを理解するため、たとえば下の図のような事態を考えてみよう。英語では客観的視点に立ち1人称をも客体化して「I (can) see Mt. Fuji over there.」と表現する。これに対し日本語は話し手の視点で表現することを基本とするため、「私」は表現の対象からはずれて「あそこに富士山が見える。」と表現するのが普通である。このように英語では客観的把握をすることが多いのに対し、日本語では主観的把握をすることが多い。

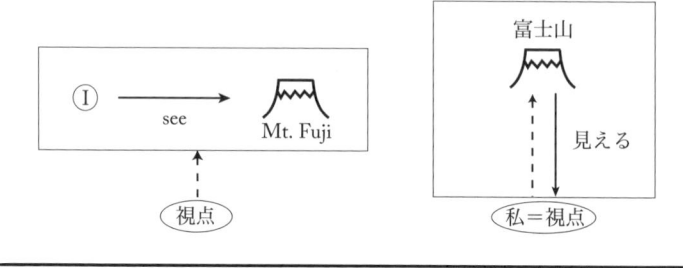

2.4　名詞

名詞は、文法的に、①自立語である、②活用がない、③主語になる、といった特徴がある。普通名詞と固有名詞とがある。

また**代名詞**を名詞に含めることもある。代名詞には、人に用いる**人称代名詞**、事物・場所・方向などを指す**指示代名詞**(**指示詞**)などがある。また「自分」などの**再帰代名詞**を含める場合もある(再帰代名詞は普通主語の人間を表すが、主語以外の人間を指す場合もある。例：「先生は学生たちに自分の名前をいうように指示した。」)。

また主語にはならない名詞として、**形式名詞**や**時の名詞**がある。形式名詞は、実質的な意味が希薄なため、ふつうその意味を補充する語句が前にないと用いられない(例：おもしろい**こと**)。形式名詞には「もの」「こと」「ところ」「わけ」「とき」などがある。ただし、これらは普通名詞が意味の希薄化により形式名詞化したのであり、普通名詞との境界は必ずしも明確なものではない。普通名詞の場合には「物」「事」「所」「訳」「時」などと漢字でも表記されるが、形式名詞となるとひらがな表記をすることが多くなる。また「ものだ」「こと

だ」「はずだ」「わけだ」のように「だ」を伴って話者の心的態度を表すムードの用法が定着しているものも多い（ムードについては 3.3 節を参照）。

　時の名詞は「今朝」「来週」などで、形は名詞であるが、文中の役割は副詞に似ているものである。時を点的に表す場合には格助詞ニを伴う場合が多い（例：8 時に）が、点的でない場合、つまりある程度の幅を持っている場合にはニを伴わないことが多い（例：*今朝に）。数字や曜日を伴う名詞は、点的な時の表現であるのでニをつけることが多い。

2.5　数詞・助数詞

　日本人が英語を学ぶ際、他の言語を母語とする学習者に比べて習得が遅いのが冠詞と複数であるといわれる。これは日本語には冠詞がなく、また単複の区別が曖昧なためであろう。

　まず、冠詞について述べると、英語では、無冠詞は**総称**（その種類のもの全部）を表し、the をつけるとある**特定**の対象、a をつけると**不特定**のものを表すといった区別がある。日本語の場合こうした総称かどうかや、特定か不特定かの区別は、冠詞ではなく、ハとガの使い分けにより区別している。

(10) 昔々、あるところにおじいさんとおばあさん<u>が</u>住んでいました。ある日おばあさん<u>は</u>川へ洗濯に行きました。

(11) 人間<u>は</u>生まれて 1 年ほどで言葉を話せるようになる。

　(10)で、最初のおじいさんとおばあさんは初めて登場し（**新情報**）、**不特定**なため、ガで表されている。ところが 2 番目に登場する場合には、既出（**旧情報**）かつ**特定**となったため、ハが用いられている。このように日本語では不特定や新情報である場合にはガが用いられ、特定や旧情報である場合にはハが用いられる。また(11)のように人間すべてについて話す用法（**総称**）では、ハが

「たち」「ら」「がた」　　　　　　　　　　　　　　　　　　　column

日本語にも「たち」「ら」「がた」などの複数の形態素があるにはあるが、英語の -s とはやや性格を異にしている。たとえば「私たち」は私が複数存在するわけではなく「私＋その他」という意味である。

用いられる。

単複の区別については、英語の場合、モノは数えられる**物体名詞**と数えられない**物質名詞**に区分され、物体名詞は複数形に -s を付加する。これに対し日本語では、物体名詞と物質名詞の形態的区別をしない上に、数えられる名詞につき、複数を表す形態素が存在しない（前ページのコラム参照）。

その代わり日本語には名詞を数える際に数字（数詞）に**助数詞**（類別詞）をつけて表すという特徴がある。この特徴は韓国語や中国語などにもあるので、そのような学習者には日本語の助数詞という概念は比較的理解しやすいであろう（ただし言語により助数詞のカテゴリーの範囲は異なるので、その部分は注意を要する）。

日本語の数詞表現には助数詞が用いられる。英語の名詞は物の属性（物体か物質か）により客観的に分けられ、冠詞などの用法が区別されているが、日本語の助数詞は客観的な属性とともに人間との関わりがカテゴリーの形成に関与している。たとえば「～本」は長いものを数える助数詞で、その部分は物の客観的な属性が問題になっている。しかし詳しく見ていくと、どの部分の客観的属性かという点で人間との関わりが問題となっている。

たとえば「昨夜DVDをまるまる1本見てしまった。」「夏休みに論文1本書き上げた。」といったとき、DVDや論文の客観的な形状はむしろ平たい形をしており、その意味では「枚」のほうがよさそうであるが、ここで問題となっているのはDVDや論文の客観的形状ではなく、人間が関わりあう「長い」時間的プロセスであり、それが「本」で表されているのである。

数詞には、数字の部分を「いち・に・さん」で表す場合と、「ひと・ふた・みっ」で表す場合とがある。一般には前者が多いが、普通名詞が助数詞としても用いられている場合、たとえば、「皿」「束」「粒」「包み」「眠り」などは後者が多い（ただし、これらは名詞であり、助数詞に含めないことも多い）。

数詞には**数量詞**（**基数詞**）と**序数詞**とがある。前者には、数を表すもの（1冊、2本、3枚など）、量を表すもの（1m、2t）、度数・回数を表すもの（1度、2回）がある。後者は順序を表すもの（1番、2つ目、3章など）である。（m、t などの量の単位は助数詞に含めないという考えもある）

助数詞は連体修飾にも連用修飾にも用いられる。前者は「助数詞＋の＋体言」という形で用いられ、体言を意味的に限定（どんな～か）し、後者は「助数詞＋用言」という形で用いられ、用言を意味的に限定（どの程度～するか）する。

(12) <u>1杯の</u>かけそばを食べた。
(13) かけそばを<u>1杯</u>食べた。

2.6 副詞

　副詞は活用しない自立語で、主に連用修飾語として用いられる語である。もっぱら他の用言や文を修飾する働きを持ち、単独では主語や述語となったりすることができない。主にといったのは、他の副詞を修飾したり（<u>もっと</u>しっかり働け）、名詞を修飾したり（<u>もっと</u>右）することもあるためである。
　副詞には、**属性副詞**、**陳述副詞**がある。属性副詞は、「すっかり」「がやがや」「ゆっくりと」のように動詞にかかってその「動作性の属性」を限定する**情態副詞**と、「かなり」「とても」「たいへん」「もっと」のように性質・状態の程度を表して、「状態性の属性」を限定する**程度副詞**とがある。また**陳述副詞**とは「決して」「まさか」「たぶん」「もしも」のように、陳述のしかたを限定して、文末に否定・疑問・仮定などの呼応表現を伴うものである。
　副詞には**擬声語・擬態語**などの**オノマトペ**も含まれる（ただし、オノマトペすべてが副詞ではない）。副詞の働きを持っているオノマトペはほとんど情態副詞に含まれる。「〜と」「〜に」となるものが少なくないが、「〜と」は動作の属性を限定するが、「〜に」は動作の結果を限定する。

2.7 指示詞

　一般にコソアドと呼ばれる**指示詞**は、代名詞（これ、ここ、こちら）、連体詞（この、こんな）、副詞（こう）など、いくつかの品詞にまたがっている。これらを、コ系は**近称**、ソ系は**中称**、ア系は**遠称**、ド系は**不定称**という意味的な共通性に基づいて再分類したものが指示詞と呼ばれるものである。
　指示詞の用法は、(14)のように眼前に指示対象がある**眼前指示**（現場指示ともいう）、(15)のように眼前にはなく文脈上に指示対象がある**文脈指示**に大別される。文脈指示の中には、(16)のように指示対象が文脈にはなく、話し手の頭の中（観念）にある場合もある。

(14) <u>その</u>本はだれのですか。
(15)「田中君、幼なじみの友達と結婚したんだって。」
　　　「<u>その</u>人って、もしかして佐藤さん？」
(16) <u>あいつ</u>今頃何をしているだろう。

眼前指示の用法では、指示対象が話し手のなわばりにある場合にはコ系、聞き手のなわばりにある場合にはソ系、両者のなわばり外にある場合にはア系が用いられる。たとえば、AがBに自分の背中をかいてもらう場合、

(17) A：<u>ここ</u>？
　　 B：もう少し右。ああ、<u>そこそこ</u>。

といった会話になる。Bが自分の背中を「そこ」といい、Aが相手の背中を「ここ」といっているのは、「なわばり」というものが客観的なものではなく、そこがだれの力の範囲内にあるかで決まることを示している。

ただし、話し手と聞き手が同じ場所にいて同じ方向を向いている場合には、両者からの距離により、近ければコ系、少し遠ければソ系、遠ければア系が用いられるようになる。タクシーで乗客が運転手に、「そこの横断歩道のところで降ろしてください。」というのは、降りる場所が、今いる場所（コ系）よりは遠く、かといって遠方（ア系）ではない場所を示しているためである。

文脈指示の場合もこの延長線上でとらえることができる。文脈上の指示対象は一般的にソ系で表すのが普通である。しかし、(18)や(19)のように、話し手のすぐ近く、つまり話し手の文脈の直前直後にあるものを話す場合にはコ系が用いられる。特に、あたかも眼前にあるかのようにリアルに話す場合や、これから話そうとする話題を引きつけて話すときにはコ系が用いられる。

ソ系は、話し手か聞き手が知らない対象を表すのに対し、ア系は会話に加わっているすべての人が知っている対象をさす場合に用いられる。(20)では最初、Bがその店を知らないと思っているのでA・Bともソ系で話をしているが、途中から、Bも知っている店であることが判明、ア系に切り替わっている。また(21)のように、聞き手を無視して独り言のように話す場合には、聞き手が会話の相手から排除されているので、会話に加わっている人は自分だけとなり、ア系が用いられるようになる。

ただし、お互いが了解している指示対象が、食い違っていることが判明したような場合には、(22)のようにア系からソ系へ切り替わることがある。

(18) 門限は11時。<u>これ</u>は絶対に守ってください。
(19) <u>これ</u>はほんとうにあった出来事です。何年か前、近くの村に1人の若者が引っ越してきました。

(20) A：駅前に新しいレストランがオープンしたんだって。
　　 B：その店、和食？
　　 A：うん、その店ね、今半額セールをやっているんだ。
　　 B：ああ、あの店ね。
(21) あの子にもう一度会いたいなあ。
(22) ＜ (20) の続き＞
　　 B：ああ、あの店ね。コンビニの上にできた店だろう。
　　 A：いや、その店じゃなくて、ほら、郵便局の隣の店。

2.8 助詞

　国語の授業では、助詞は大きく、**格助詞**、**副助詞（係助詞）**、**接続助詞**、**終助詞**といった分け方をすることが多い。しかし日本語教育では、副助詞とか係助詞という名前にかわって**取り立て助詞**という用語が用いられることが多い。取り立て助詞とは文字通り、ある対象を取り立ててトピック化する、いいかえれば主題とする働きを持っている助詞で、ハが代表的なものであるが、その他に、モ、ッテ、コソ、シカ、ダケなどがある。

　格助詞は、名詞につき、それが文の成分としてどのような文法的働きをするか、文中の他の語に対してどのような文法的な関係に立つかを示す助詞である。ガが**主格**を表し、ヲが**対格**、ニが**与格**や**場所格**、**時格**、デが**場所格**、**道具格（具格）**などを表すといった具合である。ノも格助詞で**所有格（属格）**、**同格**などを表す。

　終助詞には文末に用いられる終助詞の他、文中の文節末に用いられる**間投助詞**がある。ケレドモ、ガなどは接続助詞であるが、逆接の意味が薄れ、後続の文が省略されて終助詞化したものもある（例：それは困るんです<u>が</u>。）。

　この他に、名詞と名詞を並べる**並列助詞**（ト、カ、ヤなど）がある。また名詞の代わりをする**準体助詞**のノ（例：もう少し大きい<u>の</u>はありますか。これは私<u>の</u>です。）を形式名詞とは別に、助詞の１つと考える場合もある。

　ガは格助詞と接続助詞、ノは格助詞、準体助詞と形式名詞、デは格助詞と断定の助動詞ダの連用形、ナ形容詞の活用語尾、ニは格助詞とナ形容詞の活用語尾など紛らわしいものが多く、判別ができるようにしておかなければならない。

2.9 語構成

中国語では同じ語が名詞になったり動詞になったりするが、日本語ではそのようなことはない。たとえば「話す」は「話」、「大きい」が「大きさ」というように品詞が変わると語尾が変化する。これを**転成**という。

また2つ以上の語が結合してできた語を**合成語**という。**接頭語**や**接尾語**をつけてできた合成語を**派生語**という。派生語では品詞が変わってしまうこともある。

接頭語：<u>不</u>自然、<u>未</u>完成、<u>超過</u>激、<u>真っ</u>赤、<u>御</u>住所、<u>ど</u>真ん中
接尾語：常識<u>的</u>、男<u>らしい</u>、大き<u>さ</u>、甘<u>み</u>、うれし<u>がる</u>

2つ以上の自立語の結合によってできた合成語は**複合語**と呼ばれる。複合語の品詞は、最後の成分によって決まることが多い。ただし動詞のマス形が最後に来ると名詞となり（雨降り）、形容詞の語幹が最後に来るとナ形容詞になる（気長だ）こともある。

複合語となるとアクセントや音の変化が見られることが多い。たとえば携帯電話、道草では複合語のアクセントは元の語のアクセントとは異なっている。音の変化としては、濁りが生じる**連濁**（息苦しい、株式会社）、前の語の音が変わる**転音**（雨水、酒屋）、前の語の音が後ろの語の音に移る**連声**（反応、観音）、新たな音が入り込む**音の挿入**（小雨、霧雨）などが起きる。

複合語の語間の関係は、並列関係（前後、草木、やりとり、上げ下げ、細長い）、修飾関係（山道、白雪、長湯）、補足語—述語関係（名詞＋動詞：雪解け、日暮れ、金儲け、子作り、虫刺され、名詞＋形容詞：意地悪、気短）、その他（鹿狩、うぐいす嬢）など、さまざまな関係で結ばれている。

3 文

3.1 主語と主題

主語と**主題**とは異なる。一般に主語は格助詞ガで表し、主題はハなどの**取り立て助詞**が表す。主語とは述語によって述べられる主体となるモノをさし、述語が動作動詞であれば動作主、状態動詞であれば状態主、属性形容詞であれば属性主、感情形容詞であれば、感情・感覚主を表す。これに対し、主題はその文のトピック、すなわちその文が何について述べているかを表す。普通は「こ

> **主題化**　　　　　　　　　　　　　　　　　　　column
>
> 主題は文（基底構造）のある成分が主題化したものと考える場合がある。たとえば「私は彼女に花束をあげた。」「花束は私が彼女にあげた。」はそれぞれ「私が彼女に花束をあげた」という基底構造の主語（主格）の「私が」、目的語（対格）の「花束を」が主題化したものであると考える。しかし、日本語では基底構造が考えられない場合もある。たとえば「この匂いはガスが漏れてるぞ。」という文では、「この匂い」が主題となっているが、基底構造を考えることができない。その意味では「これは本です。」もわざわざ基底構造を考え、その主語（主格）が主題化したと考える必要はないかもしれない。

れは本です。」の「これ」、「私は学生です。」の「私」のようにガで表されるべき主語が主題化してハとなることが多いため、主語と主題が誤解されやすいが、「パンは弟が食べた。」では、パンは主題であるが主語ではなく、弟が主語であるというように主語と主題とが異なることもある。

英語では主語は統語上の必須成分であり、そのため it、there などの意味を持たない形式主語なども発達している。しかし日本語では、主語は統語の必須成分ではないので、形式名詞は必要ない。日本語では主語以上に主題が重要である。

日本語には文に主語があるかどうかで**有主語文**、**無主語文**に分けられる。

有主語文：雨が降っている。これは本です。
無主語文：地震だ。いい天気ですね。

また文に主題があるかないかにより、**有題文**、**無題文**に分けられる。

有題文：これは本です。この匂いはガスが漏れてるぞ。
無題文：雨が降っている。あなたが犯人だ。

ここで無題文について考えてみると、「雨が降っている。」では、確かに取り立て助詞で主題化されたものがない。これは**現象文**といい、目の前の出来事をありのままに述べた文である。現象文では、目の前の状況すべてがトピッ

ク(主題)であるため、あえて主題を取り立てる必要がないわけである(**状況陰題**)。また、「あなたが犯人だ。」という文は「犯人はあなただ。」という文と同じ意味であり、後者の文では「犯人」が主題となっていて有題文となっている。とすれば、「あなたが犯人だ。」という文では述語の部分に主題が潜んでいると考えられる(**転移陰題**)。このように考えると日本語では(**陰題**をも含めると)基本的に主題は常に存在し、文において非常に重要な要素であることがわかる。Subject-prominent(主語優性)言語では、統語の支配力が強く、統語が主語を決定するが、日本語のようにどちらかというとTopic-prominent(主題優性)言語では、話し手が主観的に主題を決定する。日本語が話し手の見え(視点)を重視する主観的言語であるといわれるゆえんである(p.248のコラム参照)。

　日本語の主語と主題に関し、特徴的なことをいくつか述べる。

①日本語の主語は、とりわけ他動詞文や使役文などでは生物を好み、無生物を嫌う傾向がある。これは英語のような言語では見られない。また日本語では主語の省略がよく起きる。とりわけ1人称の主語は省略される。「最後に塩を少々入れます。」「夜更かしをすると体によくない。」などのように不特定多数が主語として想定される**不特定主語**の場合にも主語は表さないのが普通である。

②日本語で主題が重要なことを示すものとして**うなぎ文**というのがある。うなぎ文とは注文のときに使う「ぼくはうなぎだ。」のような文のことである。この文を英語のように「主語―述語文」と統語的に考えるとおかしな解釈になってしまう。うなぎ文については諸説があるが、これを主題とそれについて述べる文、「主題―評言文」と考えれば問題なく理解できる。「ぼくは」は主語ではなく、主題を表しているのである。

③ガは主語を表す格助詞であるが、日本語の場合、目的語を表す場合がある。たとえば、所有、知覚、能力、感情を表す以下の文では、経験の対象がガ格で表され、経験主(人)はニ格で表されるか、主題化されて表される。

　　所有：私にはまだ子ども<u>が</u>いない。
　　知覚：(私に)富士山<u>が</u>見える。
　　能力：(私は・私には)英語<u>が</u>わからない。
　　感情：私は花子<u>が</u>好きだ。　私はこれ<u>が</u>ほしい。

④ハは主題の他、**対比**を表す場合がある。
　　英語<u>は</u>話せませんが、韓国語<u>は</u>話せます。

3.2　テンス・アスペクト

　私たちは、「〜する」は現在形、「〜した」は過去形と考えやすい。しかし「来週彼は旅行する。」といえば、未来のことを表している。また、今まさにバスがやってくるのを見て、「バスが来た。」という。「レポートの締め切りは明日だった。」では未来にもかかわらず、タが用いられている。このように「〜する」は現在形、「〜した」は過去形と考えることには慎重を要する。
　以下、時と関係の深い**テンス**（時制）と**アスペクト**（相）について考える。

テンス（時制）：
　　発話時点を基準としたときの文法マーカーで、発話時点より前が過去、発話時点が現在、発話より後を未来と区別する。日本語では現在と未来のテンス上の区別がなく、**過去**と**非過去**とに区別される。

アスペクト（相）：
　　動作や出来事がどの過程にあるのか、あることがどんな状態なのかを表すマーカーである。**開始前**、**開始**、**進行**、**完了・結果**、**変化**などを表す。

3.2.1　テンス

　テンスの用法は述語の種類により異なる。それをまとめたのが、表1である。述語が形容詞、名詞である場合も状態を表すので、状態動詞に準ずる。

表1　動詞の種類とテンスとの関係

	動詞の例	過去	現在	未来
動作動詞	行く、読む、話す、来る	タ	（テイル）	ル
状態動詞	ある、できる、（長い、子供だ）	タ	ル	ル

　ただし現在の反復や習慣は、(23)のように動作動詞でもル形で表すことができる。またこれとは別に(24)のように真理やものの本質を表す場合には、特定の時制を持たない**超時制**という用法があり、ル形で表す。

(23) 息子は毎朝7時に起きる。
(24) 水は100度になると沸騰する。

3.2.2 アスペクト

アスペクトのマーカーとして代表的なのはテイルとタである（その他の表現は表3を参照）。テイルは英語の「be 〜 ing」に相当すると考えられがちだが、表2のように進行の他にさまざまな用法を持つ。また「ある」「いる」などの状態動詞はそれ自体継続性を持っているので、普通テイルをつけない。

なお、**継続動詞**とは動作・出来事が一定時間継続する動詞、**瞬間動詞**は動作・出来事が一瞬で終わる動詞をさす。継続動詞の場合には、「る（未来）→ている（動作の進行）→た（完了）」の順で事態が生起する（例：書く→書いている→書いた）が、瞬間動詞の場合には、テイルが結果の状態を表すため、「る（未来）→た（完了）→ている（結果の状態）」の順で事態が生起する（例：開く→開いた→開いている）。

継続動詞と瞬間動詞との境界は曖昧であるため、同じ動詞を用いても、(25)(26)のようにテイルの用法が異なる場合がある。したがってこの場合の事態

表2 テイルの用法

区分	例文	備考
動作の進行	手紙を書いている。雨が降っている。	「継続動詞」につく
結果の状態	もう結婚している。窓が開いている。	「瞬間動詞」につく
状態	道が曲がっている。鉛筆が尖っている。	
習慣	毎朝ジョギングをしている。	
経験	50年前に漱石がここを訪れている。	

表3 その他のアスペクトの主な表現

開始直前	（〜する）ところ
開始	V＋始める、V＋出す
進行	V＋ている、V＋ているところ、V＋続ける、〜中
中断	V＋かける
完了・結果	V＋ている、V＋てしまう、V＋てある、V＋たところ、V＋たばかり
変化	V＋ていく、V＋てくる

の生起は「着る→着ている（動作の進行）→着た→着ている（結果の状態）」となる。

(25) 娘は今、部屋でセーラー服を着ている。（動作の進行）
(26) 娘は学校でセーラー服を着ている。（結果の状態）

また連体修飾のテイルのうち、結果の状態のテイルは完了のタに置き換えることができる。動作の進行のテイルはタに置き換えることはできない。

(27) 結婚している人（＝結婚した人）　開いている窓（＝開いた窓）
(28) 読んでいる本（≠読んだ本）　付きあっている人（≠付きあった人）

テイルと同じく、結果の状態を表すものとしてテアルがある。テアルは他動詞や一部意志動詞の自動詞（例：前日によく走ってある。）について、ある動作主がその動作を行った結果を表し、動作主の動作を暗示する点がテイルとは異なる。結果の状態を表すテイルは普通、自動詞につき、動作主の動作を特に暗示しない。

タはテンスとして過去を表す場合と、アスペクトとして完了を表す場合がある。(29)はテンス（過去）を表しており、答えも過去であるが、(30)はアスペクト（完了）のタであるので、答えは未完了（テイナイ）となっている。

(29) 昨日、あの貸した本は読んだ？　いや、読まなかった。
(30) もう、あの貸した本は読んだ？　いや、まだ読んでいない。

タにはこの他、**ムード**としての用法がある。ムードとは話者の心的態度を表す表現である（次節参照）。これが過去や完了でなくムードであることは、（　）のように言い換えても、さほど時間などの客観的な意味が変わらず、心的態度の強弱の変化しか生まれないことからもわかる。

①**命令**：さあ、もう帰った帰った！（さあ、もう帰れ帰れ！）
②**発見**：あ、バスが来た。（あ、バスが来る。）
③**想起**：あ、明日が原稿の締め切りだった。（あ、明日が原稿の締め切りだ。）
④**意志決定**：じゃあ、それは私が引き受けた。（じゃあ、それは私が引き受

ける。）

3.3 ムード

文は**命題**と**ムード**からなる。ムードは**モダリティ**などとも呼ばれ、命題に対する話し手の心的態度を表す表現である。下の図は「きっとアメリカに留学するだろう。」の場合であるが、この場合ムードは「きっと〜だろう」で、話し手の推量を表す。ムード表現は以下の図のように命題を包み込むように文末と文頭に存在するのが普通である。

| きっと | アメリカに留学する | だろう。 |

ムードには**推量**（〜だろう、〜ようだ、〜らしい、〜そうだ）や、**確信**（〜はずだ、〜にちがいない）、**願望**（〜たい）、**意志**（〜う・よう）、**勧誘**（〜う・よう、〜ませんか）、**命令**（〜なさい）、**説明**（〜のだ、〜わけだ）など、さまざまな心的態度を表す文末表現がある。また「きっと」「ぜひ」「おそらく」などの陳述副詞が共起することも少なくない。

それぞれの表現にはムードでない表現もあるので注意する必要がある。

(31) 彼女はどうやら去年結婚した<u>ようだ</u>。【ムード：推量】
　　 彼女はまるでお人形さんの<u>ようだ</u>。【比況】
(32) もうすぐ彼は日本に帰ってくる<u>らしい</u>。【ムード：推量】
　　 男は男<u>らしい</u>のがいい。【典型】
(33) このままだと衆議院が解散され<u>そうだ</u>。【ムード：推量】
　　 衆議院が解散された<u>そうだ</u>。【伝聞】
(34) 証拠がある以上、彼は現場にいなかった<u>ことになる</u>。【ムード：確信】
　　 彼女と結婚する<u>ことになった</u>。【決定】
(35) もう2時だからバスはもうすぐ来る<u>はずだよ</u>。【ムード：確信】
　　 英語が上手な<u>はずだ</u>よ、彼、帰国生なんだって。【納得】

3.4 ヴォイス

能動態・受動態という言葉は聞いたことがあるだろう。この**態**が**ヴォイス**で、「事態の中のどの参与者に焦点を当てて表現するかで、動詞の形態が変化

すること」である。ヴォイスには、この**能動態・受動態**の他、**使役態、使役受身態、可能態、自発態**などがある。動詞の自動詞・他動詞の区別も態に含めることがある（動作主に焦点を当てると他動詞文、被動作主に焦点を当てると自動詞文になるためである）。

3.4.1 受動態
　受動態には**直接受身**と**間接受身**とがある。
(1) 直接受身
　直接受身は他動詞文の目的語が主語になったものである。日本語の場合、**非情の受身**（後述）を除き、その多くは何らかの迷惑や被害の気持ちが伴う。

　(36) 太郎が次郎をなぐった。（ガ格：動作主、ヲ格：被動作主）
　(37) 次郎が太郎になぐられた。（ガ格：被動作主、ニ格：動作主）

　受身になった場合に動作主は、普通ニで表されるが、物や感情など、何らかの移動を伴い、動作主が起点として解釈できる場合にはカラも用いられる。創造や破壊、伝達に関係する動作で何らかの特別な技術や資格、道具、手段などが必要な動作ではニヨッテで表されるものもある。

　(38) あの先生はたくさんの留学生に／から尊敬されている。
　(39) 大会委員長から／によってトロフィーが手渡された。
　(40) この建築物は、世界的な建築家によって建設された。

　日本語の受身は、何らかの迷惑や被害の気持ちを表すことが多い。また受身の主語は人などの有情物であることが多い。ただし、(41)のように行事や制度など、公共性の高い事物（不特定多数の意志により行われるもの）が主語になる**非情の受身**では、無生物が主語になり、迷惑や被害の気持ちも含意しない。また(42)のように「ほめる」「育てる」「育む」など、語彙自体に恩恵の意味を含む動詞の受身では、迷惑や被害の気持ちを伴わない。

　(41) カナダでは英語とフランス語が話されている。
　(42) 昨日のテストで満点をとったので、先生にほめられた。

(2) 間接受身

間接受身は直接受身のように、他動詞文の目的語が主語となったものではない受身で、その事態により間接的に迷惑や被害を受けるものである。**迷惑の受身**ともいわれる。直接受身は他動詞文でのみ可能であるが、間接受身は自動詞文でも可能である。動作主はニで表される。

(43) 父親が死んだ。→彼は父親に死なれた。
(44) 夫がいびきをかいて眠れなかった。→彼女は夫にいびきをかかれて眠れなかった。
(45) 母は私の日記を盗み見した。→私は母に日記を盗み見された。

(45)のように、他動詞文でも間接受身になる。また、他動詞文の受身のうち、目的語が「持ち主の持ち物」であり、受身になったときに、持ち主だけが主語となり、持ち物はそのままヲ格で残るような受身を、特に**持ち主の受身**ともいう。持ち主とその持ち物の他、人とその体の部分などの場合がある。

3.4.2 可能・自発態

日本語では、受身、可能、自発、尊敬は同じレル・ラレルで表すことができる。歴史的にたどれば、可能の用法は自発の用法から派生した（自発の否定形から不可能の用法が派生し、可能の用法が定着した）といわれている。

ただし今日では、可能のラレルは2グループや3グループの「来る（来られる）」で広く用いられているが、可能のレルはわずかに1グループ動詞の「行く（行かれる）」が使われるにすぎない。1グループ動詞は**可能動詞**（「読める」「書ける」など）が、「する」は「できる」が用いられる。

動詞が可能の形になると、ヲ格で表されていた目的語がガ格で表されるようになることが多い。この場合、もともとガ格で表されていた動作主は、(46)(47)のように、主題化されたり、ニ格で表されたりする。

(46) 私<u>は</u>英語ができない。
(47) 私<u>には</u>英語が話せない。

レル・ラレルがついて自発の意味を表すことができる動詞は、「思う」「感じる」「しのぶ」「忘れる」「驚く」「聞く」「思い出す」「考える」「味わう」など、

心の動きを表す動詞や感覚に伴う動詞に限られている。また「泣ける」「授かる」「教わる」「売れる」「くずれる」など、自発的な意味が含まれるような動詞(自発的動詞)もある。

3.4.3 使役態

使役態は、動詞にセル・サセルをつける形と、ス・サスをつける形とがある。ただし後者はテ形やタ形、ル形以外ほとんど用いられないので、ここでは前者のみを扱う。

使役は自動詞文でも他動詞文でも作ることができる。使役にすると、ガ格で表されていた動作主は、自動詞文の場合にはニ格かヲ格、他動詞文の場合にはニ格になる。

(48) 弟が行く。→弟に／を行かせる。
(49) 息子が牛乳を飲む。→息子に牛乳を飲ませる。

使役は本来、「だれかに何かをさせる・強制する」という意味であるが、派生的に、いろいろな意味に用いられる。

① **動作の強制**：子どもを買い物に行かせる。
② **動作の許可**：そんなに行きたければ行かせてあげる。
③ **動作の放任**：やりたいようにさせておきなさい。
④ **不本意な動作結果**：風邪をこじらせてしまった。
⑤ **不本意な身体動作**：うっかり口をすべらせてしまった。

もともと使役の意味を持っている他動詞がある。「寝かせる」「起こす」「見せる」「着せる」などであるが、これらは意味的に対応する「動詞＋サセル」の形である「寝させる」「起きさせる」「見させる」「着させる」に比べると、直接手を施してさせるという意味を持っている場合がある。「動詞＋サセル」は自らそうするよう間接的にしむけるという意味を持っているので、(51)のように意志を持つ「子供」には使えるが、「花瓶」には使えない。

(50) 子供を起こす。　　　　倒れた花瓶を起こす。
(51) 子供を起きさせる。　　＊倒れた花瓶を起きさせる。

3.5 複文

　述語1つを持つ文（節1つを持つ文）を**単文**というが、複数の述語を持つ文（複数の節を持つ文）を**複文**という。複文を構成する節のうち、文末に来て文をまとめる節を**主節**という。主節以外の節が主節に対し独立度が高い場合には**並列節**、低い場合には**従属節**という。従属節には、名詞を修飾する**連体修飾節**、副詞の働きをする**副詞節**、補足語の役割を果たす**補足節**がある。

3.5.1　並列節

　並列節には、テ形の一部（従属節もある）、連用形（動詞はマス形）、タリ、シなどの**順接**、ガ、ケレドモなどの**逆接**がある。主節に対し、独立度が高く、テンス、アスペクト、ムードを独自に持っているもの（シ、ガ、ケレドモ）と、テンス、アスペクト、ムードを主節と共有するもの（テ形、連用形、タリ）とがある。

　テ形には、①並列・対比、②継起的関係、③因果関係、④手段・方法、⑤逆接関係などの用法がある。また、⑥「いる」「ある」「おく」「みる」「しまう」「もらう」「あげる」「くれる」などの補助動詞を伴う用法や、⑦「〜に関して」「〜に対して」「〜に反して」などの慣用的な表現とともに用いられ、限定を加えたり、状況を提示したりする用法もある。

①並列・対比：夏は涼しく<u>て</u>、冬は暖かい。
②継起的関係：デパートへ行<u>っ</u>て買い物をした。
③因果関係：夜更かしし<u>て</u>風邪を引いた。
④手段・方法：電車に乗<u>っ</u>て来ました。
⑤逆接関係：見<u>て</u>見ぬふりをする。
⑥補助動詞：うっかり寝過ごし<u>て</u>しまった。
⑦限定・状況提示：人事につい<u>て</u>話しあいたいと思います。

3.5.2　従属節

　従属節には従属度の低いものと高いものとがある。南（1993）によれば、従属度の低いものには、カラや引用節があり、主文とは独立して独自に否定、過去、丁寧、ウ／ヨウ、ムード（推量など）、主題（ハ）、副詞（たぶんなど）などを持つことができる。これに対し、ノデ、ノニ、連体修飾節、ト、タラ、ナラ、バなどでは、否定や過去などは独自に持つことができるが、それ以外は持

てない。最も従属度の高いものがナガラやツツで、否定、過去、丁寧、ウ／ヨウ、ムード（推量など）、主題（ハ）、副詞（たぶんなど）のすべてを独自に持つことができない。推量のムード（だろう）、過去のテンス（た）の場合を下に示す。

＜ムード＞
　雨が降るだろう<u>から</u>、傘を持っていった。
＊雨が降るだろう<u>ので</u>、傘を持っていった。
＊雨が降るだろう<u>とき</u>、傘を持っていった。
＊雨が降るだろう<u>つつ</u>、傘を持っていった。
＜過去＞
　雨が降った<u>から</u>、涼しくなった。
　雨が降った<u>ので</u>、涼しくなった。
　雨が降った<u>とき</u>、涼しくなった。
＊雨が降った<u>つつ</u>、涼しくなった。

3.5.3　連体修飾節

連体修飾節には、修飾節と被修飾名詞との間に格関係が成り立つ**内の関係**とそれが成り立たない**外の関係**とがある。英語では外の関係の連体修飾節は少ないが、日本語ではこれがかなり許容される。

内の関係：魚を焼く<u>おじさん</u>（おじさんが魚を焼く→ガ格）
　　　　　　魚を焼く<u>網</u>（網で魚を焼く→デ格）
外の関係：魚を焼く<u>匂い</u>（匂い？魚を焼く→格関係が成り立たない）

　日本語の連体修飾では格関係が明示されないため、**曖昧文**が生じる可能性がある。たとえば「私が嫌な先生」は、「先生」が嫌がる主体なのか（<u>先生が私を嫌だ</u>：ガ格）、対象なのか（私が<u>先生を嫌だ</u>：ヲ格）がわからない。
　また、日本語の修飾語は被修飾語の前に置かれるため、修飾語の始まりが明確でなく、曖昧文ができやすい。(52)では息子の修飾語は「汗だくになって走っている」の読みと、「走っている」の読みができる。

(52) 彼は汗だくになって走っている息子の姿を撮影した。

さらに、日本語では修飾節が被修飾語に限定を加える**制限用法**と、限定を加えない**非制限用法**の区別を形の上で区別しない。以下の文で、犯人のうち逃げた者だけが取り押さえられたのか（制限用法）、犯人は全員逃げて、その全員が取り押さえられたのか（非制限用法）が明確でない。

(53) 逃げた犯人はついに取り押さえられた。

日本語でよく見られる外の関係には、以下のように修飾する名詞の内容を説明しているもの（**内容節**）と、内容ではなく基準を示しているもの（**補充節**）とがある。

内容節：夜は外出するなという指示が下った。
　　　　隣の部屋からお皿が割れる音が聞こえた。
補充節：お酒を飲んだ翌日は頭が痛い。
　　　　私が住んでいる上の階には子どもがいるようだ。

上の例文で説明すると、内容節では「夜は外出するな」「お皿が割れる」はそれぞれ「指示」「音」の内容の説明である。内容節には、最初の例文のように修飾節と名詞との間に「という」が入るものと、2番目の例のように「という」が入らないものがある。一般的に説明が「言葉でいえる」ものの場合に、「という」が入りやすい。

また補充節は、上・下、左・右、前・後、当日・翌日、原因・結果などのような対概念の存在が前提になっており、一方について修飾節が説明して基準を示し、他方が修飾される名詞で表現されている。上の例では、「お酒を飲んだ」「私が住んでいる」は、それぞれ「当日」「下（の階）」の説明で、それを基準として「翌日」「上（の階）」が決定されている。

3.5.4　副詞節

副詞節は副詞の役割をする従属節である。その代表的なものを見てみよう。

(1) 原因・理由を表す従属節

原因や理由を表す従属節を作る接続助詞としては、カラ、ノデがある。両者は意味・用法が似ていて、どちらも使えることが多いが、相違点もある。

① カラは主節において話者の主観(意志、推量、依頼、勧誘、禁止、命令など)を述べる際、その原因や理由を表す傾向があるのに対し、ノデは因果関係を客観的に述べる際に用いられる傾向がある。
② その影響からか、カラはインフォーマルな感じがし、親しい間柄で使いやすく、丁寧度も下がる。これに対し、ノデはフォーマルな感じがし、丁寧度もカラより上である。(54)(55)のようにカラが普通体、ノデが丁寧体とともに用いられやすいのはそのためである。
　　(54) 忙しいから先に帰るね。
　　(55) 忙しいのでお先に失礼します。
③ ダロウ、マイ、ラシイ、ヨウダなどの推量表現には、話者の判断を主観的に述べるカラのほうがよく用いられる。
　　(56) 雨が降るだろうから、傘を持っていったほうがいい。
　　　＊雨が降るだろうので、傘を持っていったほうがいい。
④ 「〜カラだ／です」は使えるが、「〜ノデだ／です」は使えない。
⑤ カラは「〜カラには」「〜カラこそ」「〜カラといって」といった決まった表現がある。

(2) 条件を表す従属節

条件を表す従属節には接続助詞タラ、バ、ト、ナラが用いられる。その使い分けを言葉で説明することは容易ではないが、いくつか知っていると役立つことを列挙する。

①タラ
- 過去、現在、未来、仮想のいずれにも用いられ、最も制限なく用いられる。
- 前件が成立した場合に、どうする／なるか、どうした／なったかという事の推移などを表す(「事の推移」として表せば、因果関係、論理的帰結を表すこともできる)。
　　(57) デパートに行ったら定期休業だった。
　　(58) 春になったら桜が咲く。
　　(59) まっすぐ行ったら橋がある。
- 前件の成立の後に後件が起きる。
- 非現実的で起こりそうもない仮定や、未決定の条件に用いられ、「もし」

「万一」などとも共起しやすい。
　　(60) もしお金があったら、世界旅行がしたい。
● 後件で依頼、命令、意志、希望などを表す際に、前件でその条件を表す用法もある。
　　(61) もしお時間があったら、お宅にお邪魔してもよろしいでしょうか。

② バ
● 現実的・具体的な事の推移を説明するというよりは、その背後に存在する論理的帰結、因果関係などを、真理として、あるいは必然性の高いものとして述べるときによく用いられる。
　　(62) 1 に 2 を足せば、3 になる。
　　(63) 風が吹けば桶屋がもうかる。
● 「～バ～た(のに)。」という形で、仮想的な事柄を後悔の念を込めて述べるときにも使える。
　　(64) もう少しよく勉強しておけば、合格したのに。
● 「～バ～ほど」という形で慣用的に用いられる。
　　(65) 日本語は勉強すればするほど難しくなる。
● 前件の成立の後に、後件が起きる。
● 後件で依頼、命令、意志などを表す際に、前件でその条件を表す用法もある。
　　(66) もしお時間があれば、お宅にお邪魔してもよろしいでしょうか。

③ ト
● 現実的・具体的な事の推移を説明する場合や、抽象的な論理的帰結・因果関係を、真理として、または必然性の高いものとして述べる場合に用いる。
　　(67) トンネルを抜けるとそこは雪国だった。(タラに比べると書き言葉的。(57)と比較せよ。)
　　(68) 1 に 2 を足すと 3 になる。
● 必然性、現実性の高い条件や、すでにそうなることが決まっている条件に用いられる。「もし」「万一」と共起しにくい。
　　(69) 図書館に行くと、決まって眠気が襲ってくる。

- ●前件の成立の後に、後件が起きる。

④ナラ
- ●前件では前提を述べ、後件ではそれを前提とした場合の話し手の判断や意志、行為などを述べる。前提はすでに決定していることでも、未定のことでもよい。
    - (70) 君が行くなら、僕も行く。
    - (71) 車を買うなら、中古車でいい。
- ●タラ、バ、トは、論理的帰結や因果関係、事の推移を表すため、後件は前件より後に起きるが、ナラでは後件が前件より先に起きることもある。
    - (72) 日本に来るなら、電話をくれよ。（電話をくれるのが先）
        日本に来たら、電話をくれよ。（日本に来るのが先）

3.5.5　補足節

従属節がコト、ノ、トコロ、トイウコト、ホウなどを伴って名詞化し、格助詞がついて補足語と同様の働きをするようになったものを**補足節**という。

(73) 友だちが彼女と楽しそうに歩いている<u>の</u>を見た。
(74) 木陰でのんびり読書をする<u>こと</u>が私の余暇の過ごし方だ。

3.6　視点

ヴォイスのところでも少し触れたが、ある事態を言語化する際に、どこに視点を置くかによって異なった言語化がなされる。日本語の場合、能動態・受動態の他、「行く・来る」の使い分けや授受動詞の用い方などにも**視点**が関わってくる。

「太郎は次郎をなぐった。」のほうが、「次郎は太郎になぐられた。」より普通に用いられるのはなぜか。「私は彼に花をもらった。」とはいえても、「彼は私に花をもらった。」とはいわないのはなぜか。これは視点に関してのルールがあるからである。以下、視点の置き方のルールをまとめてみる。なお、視点が置かれる対象は主語になるのが普通である。

＜視点のルール＞

①参与者に話し手が含まれる場合には、話し手に視点が置かれやすい。

話し手（または話し手が心を寄せる参与者）が含まれていれば、そこに視点を置くのが原則である。「私は彼に花をもらった。」とはいえても、「彼は私に花をもらった。」とはいわないこと、「彼は私に花をもらった。」とはいわず、「私は彼に花をあげた。」ということはこの原則で説明できる。

②被動作主より動作主のほうに視点が置かれやすい。

一般に人間の認知は、動力連鎖の流れの順で視点を移動する傾向があるため、動作主と被動作主とがあれば、まずは動作主に視点が置かれる。能動態の「太郎は次郎をなぐった。」のほうが、受動態の「次郎は太郎になぐられた。」よりも用いられやすいのはそのためである。

3.6.1 授受動詞

英語や韓国語では、あげ手に視点が向けられれば、「give／주다」が用いられ、もらい手に視点が向けられれば、「receive／받다」が用いられる。一方中国語は、たえずあげ手に視点が向けられ、give に相当する「给」が用いられる。しかし日本語の場合には give と receive の区別だけでなく、give が「あげる」と「くれる」に区別されるため、結局「あげる・くれる」、そして「もらう」と3通りの動詞が使い分けられることになる。図1で(a)(b)(b')はそれぞれ、「私が～にあげる」「私が～にもらう」「～が私にくれる」を図式化したもので、太線は視点が向けられている対象を示す。

(1) 話し手があげ手の場合（図1(a)）

①のルールでは話し手、②のルールでもあげ手に視点が置かれやすいため、「あげ手＝話し手」に視点が置かれ、主語となり、授受動詞は「あげる」が用いられる。①②のいずれのルールからも「もらい手＝相手」には視点が置かれにくいので、「彼は私に花をもらった。」とはなりにくい。

(2) もらい手が話し手の場合（図1(b)(b'))

視点の置き方で①②の原則に矛盾が生じる。①が優先されれば図1(b)のように、「話し手（＝もらい手）」に視点が向けられ主語となり、「受け」の意味になるが、②が優先されれば「あげ手（＝相手）」に視点が向けられ主語となり、「与え」の意味になる。

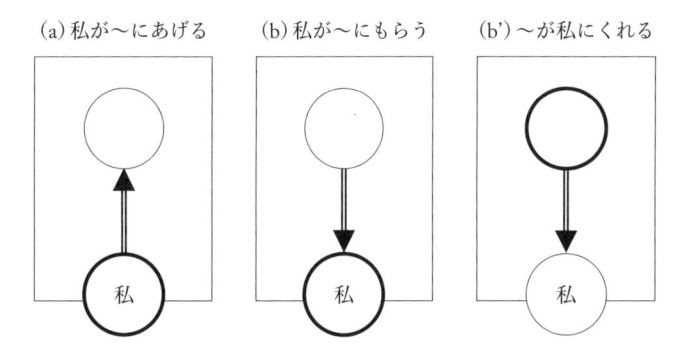

(a) 私が〜にあげる　　(b) 私が〜にもらう　　(b') 〜が私にくれる

図1　日本語の授受動詞の把握のしかた

　日本語は、「話し手中心の見方」をしがちな主観的把握型の言語であることはすでに述べた（p.248のコラム参照）が、「話し手自身があげ手の「与え」」(a)と「相手があげ手の「与え」」(b')とは、話し手（私）にとっての意味が全く異なる（前者は話し手にとって「与え」、後者は話し手にとって「受け」の行為でありモノの移動が正反対である）。そのため異なる動詞を区別して用い、前者は「あげる」、後者は「くれる」が用いられるのである。

　上の①②は文レベルの原則であるが、もう1つ、談話レベルの原則として重要なのは、「視点は不必要に移動させない」ということである。視点の固定は談話の結束性を高める。日本語の場合は主観的把握型の言語であるため、視点は原則として話し手（あるいは話し手が心を寄せる人物）に視点を固定する傾向が強い。英語や中国語、韓国語などの場合には、日本語に比べれば客観的把握型の言語であるため、日本語ほどに、視点を話し手（あるいは話し手が心を寄せる人物）に固定する傾向が強くない。

　さらに授受動詞は補助動詞として行為のやりとりを表す用法がある。用法の原則は同じであるが、ただここで注意すべきことは、行為のやりとりでは恩恵の授受が問題となり、この授受の方向性は、モノや行為の方向性と異なることがある。(75)では、恩恵の授受の方向性が、モノや行為の方向性と一致（お隣さん→私）するので問題なく「〜てもらう」が用いられるが、(76)ではモノや行為の授受は「お隣さん→私」であるが、恩恵の授受は「私→お隣さん」であるため、「〜てあげる」が用いられる。(77)は(76)と反対の場合で、モノや行為の授受は「私→お隣さん」であるが、恩恵の授受は「お隣さん→私」であるため、「〜てもらう」が用いられる。

(75) お隣さんに犬を譲ってもらう。
(76) お隣さんから犬をもらってあげる。
(77) お隣さんに犬を受け取ってもらう。

3.6.2 行く・来る

動詞「行く・来る」にも話し手の視点が内包されている。

行く：話し手（または話し手が視点を置いている場所）から遠ざかる移動
来る：話し手（または話し手が視点を置いている場所）に近づく移動

(78)は話し手が視点を置いている場所から遠ざかる移動であるため「行く」が用いられている。また(79)では、話し手の視点が、相手（聞き手）の家に置かれており、そこに近づく移動であるため、「来る」が用いられる。(80)(81)は空間的な移動ではなく、時間的な移動が問題になっている。時間的な移動では、過去から現在への変化は、話し手に近づく移動であるので、「てくる」が用いられ、現在から未来への変化は、話し手から遠ざかる移動であるので、「ていく」が用いられる。もちろん、この場合にも、視点を1年前におけば、(82)のように過去から現在への変化は、話し手が視点を置いている時点（＝1年前）から遠ざかるので、「ていく」が用いられる。

(78) 明日君の家に行ってもいい？
(79) 明日君の家に、だれか来るの？
(80) 最近、だんだん物忘れが激しくなってきた。
(81) これから、僕の運命はどうなっていくのだろう。
(82) 1年前から、ぼくはだんだん太っていった。

4 意味

言葉の意味がわからないとき、我々はよく辞書を引く。辞書を引いてみると、日常用いられる語のほとんどは多義であることに気づく。たとえば、「上がる」とは「何らかの具体的なモノが、話し手の目の位置に対して、垂直方向に移動すること」を意味する言葉であることは、だれも否定しないであろう。しかし辞書を見ると、この他に「他人の家に入ること」「入浴を終えること」

「よくなること」「緊張すること」「入学すること」「値段が高くなること」「参上すること」など一見垂直移動とは無関係なさまざまな意味が記載されている。いいかえれば、辞書に記載されている意味の大半は、本来の意味が何らかの形で拡張した派生的な意味だということである。私たちは日常、そのように意味が拡張して用いられていることすら気にせず、あるいは気づかずに言葉を用いているのである。

本節では、このような意味拡張のメカニズムの中で、**比喩**というものについて重点的に論じる。比喩とは修辞学でいう表現技法の1つである。比喩には**直喩**、**隠喩（メタファー）**、**換喩（メトニミー）**、**提喩（シネクドキー）**などがある。また**共感覚的比喩**についても触れる。

4.1 比喩

① **直喩（明喩）**：「まるで雪のようだ（みたいだ）」「日本人そっくりだ」のような具体的な比喩の表現形式を用い、**類似性**によりある事物の性質、形状、様子などを表現する方法である。

② **隠喩（暗喩、メタファー）**：直喩同様、**類似性**により事物の性質、形状、様子などを表現する方法であるが、「疲れて足が棒になる。」「結婚は人生の墓場だ。」のように比喩の表現形式を用いない点が直喩とは異なる。

③ **換喩（メトニミー）**：**近接性（隣接性）**に基づいた比喩の表現である。ある事物を表すのに、それ自体ではなく、近接（隣接）するものを用いて表現する方法である。それ自体でなく、近接するものを代用するのは、近接するもののほうが何らかの理由で認知しやすいことによる。Lakoff & Johnson (1980) によれば、換喩には以下のような類型がある。

・**製作者で製品を指す**
　　彼はフォードを買った。（フォード＝フォードの車）
・**物でその使用者を指す**
　　サックスは今日、風邪をひいている。（サックス＝サックス奏者）
・**コントロールするものでコントロールされるものを表す**
　　ニクソンはハノイを爆撃した。（ニクソン＝ニクソン政権）
・**機関でその責任者を表す**
　　大学はそれに同意しないだろう。（大学＝大学上層部）
・**場所でそこにある機関を表す**

ホワイトハウスは何も語っていない。(ホワイトハウス＝米政府)
・場所でそこで起きた出来事を表す
　　真珠湾は未だに我々の外交に影響を与えている。(真珠湾＝真珠湾攻撃)
・部分で全体を表す
　　長髪は雇わない。(長髪＝長髪の人)

　この他にも、「ピアノを弾いた。」といえばピアノの鍵盤を弾いたという意味であり、「自転車をこいだ。」はペダルをこぐという意味であるように、全体でその部分を表したり、「一升瓶を飲み干した。」「鍋を食べた。」のように容器でその中身を表したりする表現にも、換喩が用いられている。

④提喩(シネクドキー)：ある事物を表すとき、カテゴリーの階層関係(**タクソノミー**)における上位語や下位語を用いて表現する方法である。たとえば「花見に行く。」では「花」という上位語でその代表としての桜を表している。また、「人はパンのみに生くるにあらず。」では「パン」という下位語で食物全体を表している。

4.2 共感覚的比喩

　共感覚的比喩とは、「甘い声」のように、ある感覚に関係する名詞が、別の感覚に関係する形容詞によって修飾される表現を指す。「甘い声」では、味覚の形容詞表現「甘い」を用いて、聴覚の名詞「声」を修飾している。

　これを単に詩的表現ととらえることもできるかもしれない。しかし詩的表現は、その斬新さが読者の感性に何物かを訴えるが、共感覚的比喩は、その言語を用いる社会の間で定着しており、斬新さがあまり見られない点で異なる。

　共感覚的比喩は、我々が日常の経験の中で体験している何らかの類似性に基づいた比喩であるということができる。これは、緊張することを「上がる」というのと似ている。「緊張」は心理的なもので移動を伴わず、「上がる」は空間的なもので移動を伴う点で両者は異なっている。しかしながら我々は日常の経験の中で、緊張するときに、心理的に足が地につかず、何か気持ちが浮き上がるような気分になる。こうした体験に基づいた類似性をもとにできた表現が定着したのが「上がる」であるということができる。同じように、共感覚的比喩も、経験の中で何らかの類似性を感じ、意味・用法の拡張が生まれたと考えることができる。

　「甘いケーキ」は味覚の形容詞が味覚に関係する名詞を修飾しており、共感

覚的比喩ではない。これに対し「甘い（誘惑の）声」は味覚の形容詞で味覚と関係ない聴覚の名詞を修飾しているので共感覚的比喩である。誘惑を受けるときの経験が、ケーキを食べるときに経験する味覚的な経験と何らかの類似性を感ずるというのは、我々の経験からも納得がいく。そのような類似性により、この表現が定着したと思われる。

　Williams(1976)は、共感覚的比喩には図2のような規則性があると提案した。これによれば「黄色い声を上げる。」の「黄色い声」は色彩から音へ、「暖かい声援を浴びる。」の「暖かい声援」は触覚から音への比喩である。

触覚 ─→ 味覚 ─→ 嗅覚　　　次元 ＜ 色彩／音

図2　感覚間の転用関係のパターン（谷口 2003: 5 より転載）

【タスク】

(1) デにはさまざまな用法がある。①〜⑥の用法の違いを述べなさい。
　　①トリノでオリンピックが開催された。　②明日は祝日で授業がない。
　　③この部屋は静かできれいだ。　　　　　④猛スピードで走っていった。
　　⑤毎日地下鉄で大学に来る。　　　　　　⑥台風で屋根が吹き飛ばされた。
(2) この他にもニ、ガ、ノ、トなどさまざまな用法を持っている語がたくさんある。これらの用法について上のデのように具体例をあげ、整理しなさい。
(3) 「漢字語＋する」には他動詞が多いが、自動詞のものや自動詞にも他動詞にも用いられるものがある。どのようなものがあるか、考えなさい。
(4) 「I can hear her voice.」「You have dropped your handkerchief.」「I have a son.」を日本語にすると、それぞれ「彼女の声が聞こえる。」「ハンカチが落ちましたよ。」「私には息子が1人いる。」とするのが一番妥当であると思われる。このような表現の違いは両語のどのような特徴が反映していると思われるか、考えなさい。
(5) 「甘い誘惑の声」は図2の「味覚→聴覚」の例であるが、その他の場合の例文を1つずつ考えなさい。

【読書案内】

日本語教育学会編(2005)『新版　日本語教育事典』大修館書店
　☞日本語学のさまざまな内容を日本語教育の立場から解説しているので、事典としてだ

けではなく、読み物としてもお薦めです。

庵功雄(2001)『新しい日本語学入門』スリーエーネットワーク
☞日本語教育の立場から日本語文法を中心に日本語学全般を学ぶことができます。

益岡隆志・田窪行則(1992)『基礎日本語文法：改訂版』くろしお出版
☞日本語文法を概観するにはお薦めです。

【参考文献】

Lakoff, G. & Mark, J. (1980) *Metaphors We Live By*. Chicago and London: University of Chicago Press.

Langacker, R. W. (1991) *Foundation of Cognitive Grammar, vol.2: Descriptive Application*. Stanford: Stanford University Press.

Williams, J. M. (1976) Synaesthetic Adjectives. *Language*, 52, 461-478.

池上嘉彦(2000)『日本語論への招待』講談社

谷口一美(2003)『認知意味論の新展開―メタファーとメトニミー』研究社

南不二男(1993)『現代日本語文法の輪郭』大修館書店

タスクの答え　(1)①格助詞(場所)　②断定「だ」の連用形　③ナ形容詞の活用語尾　④格助詞(様態)　⑤格助詞(手段)　⑥格助詞(原因)
(3)他動詞：研究する　自動詞：当選する　自他同形：統一する、など

第18章　語用論的規範

コミュニケーションには、発話の文字通りの意味の理解だけでなく、言外のメッセージを受け取ることが求められています。常に、文脈、場面状況を考え、発話の意図を理解し、その言語に特有の語用論的規範にそった言語活動をすることが期待されています。本章では語用論の流れを概観し、日本語の規範について考えます。

【キーワード】
発話行為論、発語行為、発語内行為、発語媒介行為、協調の原理、会話の含意、関連性理論、ダイクシス、情報のなわばり

1　言語運用の適切さ

　授業で「今日はここまで」といったとき、留学生から間髪を入れず「おつかれさまでした！」と口を揃えていわれて面食らったことがある。「あなたたちのせいでね」と切り返したいところだが、学生は「もうこんな言い方だって知っています」とばかりに得意気な様子だ。廊下を歩いているとさっき教室にいたA君に会う。礼儀正しいA君は、また「おはようございます」という。その後また会った。A君、またあわてて「おはようございます」という。いいながら本人もこんなに何度もいうのか？と少々不安気である。
　「おつかれさまでした」も「おはようございます」もそれ自体は完全に正しい日本語だ。ここでは何がいけなかったのだろうか。「おつかれさまでした」は、上位者と考えられる先生（恩恵を与える側）に対して下位者とされる学生（恩恵を与えられる側）が、自分へ施された行為についてねぎらいの言葉を発したからである。また、「おはようございます」は、その日1度いえば後は何度会ってもいわないという決まりを守っていないからだ。つまり、文法、語彙、発音などのミスではなく言葉の運用（使いかた）の適切さに問題があったのだ。

2　語用論の展開

　言語の運用に関する分野を**語用論**という。これは、**プラグマティックス**(pragmatics)の訳語であり、モリス(Morris)により1938年に提唱された。モリスは記号論を統語論、意味論、語用論の3分野にわけ、語用論を「記号と使用者の関係を考察する分野」とした。つまり言葉と言葉の使い手との関係を考える分野である。オースティン(Austin)やサール(Searle)は、**発話行為論**(Speech Act Theory)を展開した。言語行為を3つの側面からとらえ、言葉を発する行為そのものを**発語行為**(locutionary act)、発話が持つ命令、約束、宣言などの機能を**発語内行為**(illocutionary act)、発話によって聞き手にもたらされる影響や効果を**発語媒介行為**(perlocutionary act)とした。たとえば、「のどが渇いた」という発話が「飲み物が欲しい」という意図を表すとき、発語内行為は「依頼」(request)である。グライス(Grice)は会話の参加者が守っている**協調の原理**と呼ぶ4つの公理を提案している。人がなぜ言外の意味(=**会話の含意**)を理解するのか、聞き手の推論の過程を協調の原理によって解明しようとした。その後、グライスの公理のうち関連性に絞って理論を発展させたスペルベルとウィルソンの**関連性理論**(Relevance Theory)が展開されている。語用論の現在の目標は「発話した人の意図が正しく解釈されるとき、どういう推論がおこなわれるのか、なぜそのような推論が可能になるのかを明らかに」することである(今井2001)。

3　発話の解釈

　語用論では発話の意味を発話場面における情報を総合的に考えて考察し分析する。発話場面における情報とは、「外は雨が降っている、そろそろ昼ごはんの時間だ、話し相手は今幸せな気分だ」などの場面状況(場所、時、目的、相手、立場)や背景知識(慣習、一般常識)、文脈(当該発話に関連する一連の前後の発話)などを指す(これらすべてをまとめて広い意味でのコンテクスト／文脈という言葉を使うこともある)。面接試験で「お名前を教えてもらえますか。」といわれたとき、文字通りに解釈すると教えてもらえるかもらえないかをきいているのだが、場面状況を考えて、この文の真意は名前をいうようにという依頼(request)であるとするのが語用論の考え方である。

　発話の解釈にはダイクシス(deixis)、前提(presupposition)、発話行為(speech

act)、ポライトネス (politeness)、関連性 (relevance) などが関わってくる。

【前提】推論過程の中の一概念である前提とは、発話が成立するために発話以前に成立している必要がある事態のことである。「彼女の子供は女の子だ」という発話の前提は「彼女には子供がいる」である。否定文の「彼女の子供は女の子ではない」においても前提は「彼女には子供がいる」である。命題の否定文においても前提は真である。前提に対し、発話から論理的にひきだされる情報は含意 (entailment) という。含意は命題が否定されると真ではなくなる。

【関連性理論 Relevance Theory】スペルベルとウィルソン (Sperber & Wilson) が提唱した発話の解釈における推論過程を解明する理論である。人は頭の中に情報や知識などの他に推測、単なる考え、仮定など不確実なものや思い込みなども含む想定 (assumption) を持っている。この想定の総和を認知環境 (cognitive environment) と呼ぶ。人は情報を得ることにより認知環境を改善したいと願っている。できるだけ多くの情報を、処理に使う労力はできるだけ少ない状態で得たいと考える。「不必要なコストを払うことなしに、できるだけ多くの認知環境の変化の改善をもたらす情報」(今井 2001) が関連性がある情報とされる。「関連性の原則」は以下の2つである。

　第1原則 (認知原則) ―人間の認知は関連性が最大になるようにできている。
　第2原則 (伝達原則) ―すべての意図明示的 (ostensive) 伝達行為は、最適
　　　　　　　　　　　(optimal) な関連性が見込まれることを伝える。

　発話をすること自体、聞き手に対し、自分の話を聞けば関連性の高い情報が得られることを呼びかけるものである。聞き手は関連性のある情報に注意を払い、推論を行い、処理コストと認知効果上、最適な解釈を得ようとするのである。

【ダイクシス／直示 deixis】「今日行く」という発話は、今日いったのか、昨日いったのか、1年前にいったのかによって、「きょう」の示す日が変わってくる。「ここにおいたよ」という発話も話し手が位置をかえると、「ここ」の意味が異なってくる。「私、彼、これ、それ、ここ、あそこ、先月、来週、いく、くる、あげる、もらう、くれる」など「言葉の意味が発話された場面において、話し手を中心とする時間的空間的な座標上で決定されるような特質」をダイクシスという (小森 1992)。発話の文脈に依存し、話者の立場や視点と深い関係のある表現である。

4 日本語の語用論的規範

　語用論的規範とは、文脈、場面状況、社会文化的規則に沿った適切な言語の使用のありかたのことであり、発話の場面にふさわしい言語運用（のルール）といえるだろう（言語の運用は適切か適切でないかが問題にされ、ルール／規則という表現はなじまないのであろうが、概念の理解のためにここではあえて使用することにする）。具体的に日本語の発話にはどのような規範があるのだろうか。「あのう…」とためらいを示す表現は、後に依頼や質問が続くことを暗示し、褒められたときには礼をいうより「そんなことはない」という表現がしばしば用いられる。誘いには「ちょっと…」「また今度」などで断りを間接的に表すなどはすぐ思いつくであろう。日本語の語用論的規範の理解が不十分であったり、学習者の母語の規範をそのまま適用したために、日本語母語話者との間に誤解が生じることがある。以下は韓国人留学生のAさんが書いた作文を要約したものである。どこに問題点があったのか考えてみよう。

> 　日本人の友達の家に遊びに行ったときにキムチチゲをつくってあげた。次に会ったときに、彼女は「おいしかったので、自分で作ってみようとしたが、うまくできなかった」といった。「じゃあ今から行って作ってあげる」というと、「きょうは疲れて。」という。「あしたは？」と聞くと「あしたはちょっと…。」という。「私は大丈夫だから明日行く。」というと、彼女はすごくあわてて「ごめん。明日は用事があるので、今度きてちょうだい。」といった。
> 　日本人のあいまいさについては以前習ったことがあるが、現実になるとやはりわからないと思った。

　行動力にあふれる留学生Aさんの好意に困惑している日本人学生の顔が目に浮かぶようだ。ここでのすれ違いは、「自分ではうまく作れなかった。」という発話の理解だろう。日本人学生はAさんの料理が上手なことを、自分ではまねができないことで伝えたかったのだろう。Aさんはそれを日本人学生のもう1度作ってほしいという願望や依頼として受け止めたようだ。また、今日も明日も「ちょっと」などと言葉を濁していることは間接的な断りであるのだが、それを受け止め損ねてしまった。Aさんにしてみれば、なぜ遠慮するの

か、1度家に遊びに行ったのに、まだ親しくなれないのかと不可解な気持ちであろう。日本人学生側には何度も断らねばならなかったという気まずさとAさんの押しの強さが印象に残ったと思われる。

　語用論的な誤りは文法や発音などのミスと異なり、人格への信頼を損ね人間関係を悪くする危険性がある。教師は言葉の運用面での制約や使用場面についての情報にも触れるべきだ。日本語母語話者型のコミュニケーションをするかどうかは学習者が決めることであるが、母語話者はこの状況では一般的にこういう理解をするという情報を提示することは必要であろう。

　以下に日本語教育でしばしば話題になるものを紹介する。

【よ、ね】友人の誕生日についてどんなに確信を持っていても、当人に「あなたは○月○日生まれですよ。」ということはない。相手が誕生日を忘れる特殊な事情にあるか何らかの役を演じているのでなければ「ですね」というのが普通である。情報が当人に所属するものである場合は発話者はどんなに確実な情報でも当人に話すときは「よ」がつけられない。聞き手当人に属する情報は新しい情報ではないからである。聞き手に新情報を提供するときに「よ」をつけ、聞き手がすでにそのことを知っていると思ったとき、つまり情報が共有されていると思われるときは話し手は文の最後に「ね」をつける。加藤（2004: 244）では、「よ」は話者が排他的に管理する準備があることを示す命題に着くマーカーであり、「ね」は話者が排他的に管理する準備がないことを示す命題につくマーカーであるとしている。

　「情報のなわばり理論」（神尾 1979, 1986）では情報が話し手、聞き手に属するものかどうかで、文末が変化することを明らかにしている。「うれしい、寂しい」などの感情形容詞や「たい」も、その感覚や欲求は当人に属する情報であり他人が言及するときは「がる」「そうだ、ようだ」など文末が変化する。

【あいさつ】挨拶には相手に制約があるものがあり、自分の所属するグループの構成員に対して使えないものがある。たとえば、「こんにちは」、「こんばんは」「さようなら」は家族には使えない。また、「おはようございます」ほどの敬度を持たないので、最近はかなり許容されているとはいえ目上に使うときは状況を考慮しなければならない。このような使用時間帯以外の概念も忘れないこと。

【願望表現】「～がほしい」「～たい」など、目上の相手の願望を直接聞くことはしない。「先生、お茶が飲みたいですか。」などはたとえ「お飲みになりたい

ですか。」と敬語を使っても、失礼になる。「お飲みになりますか。」と相手の未来の行為を問う形にするか、「いかがですか。」と意向を伺う形にする。

【恩恵表現】話し手に対して恩恵行為がなされて、それを話し手がありがたいと受けとめていることを示す表現が「〜てくれました」「〜てもらいました」である。「先生が教えました」「彼が仕事を手伝いました」では行為者の一方的な行動の事実を表しているだけで、その行為を話し手がどう受けとめているのかが表れていない。このような恩恵として認識しているという表現を使うことで人間関係をスムーズにしているといえる。「先日はありがとうございました」という表現も楽しかった経験を思い出して共有すると同時に大げさにいえば、あなたは親切な人であり私もあなたの恩義を忘れるような人間ではないというお互いの人間性を認めあう挨拶である。反対に恩恵を与える側に立つ場合は、「〜てあげる」を使わないのが礼儀である。使うと恩恵のおしつけになる。

【責任を認識する表現】自分があやまって花瓶を割ってしまったとき、意図してしたのではなくても「花瓶を**割りました**」と他動詞で、自分の責任を認識する言い方をする。「**割れました**」と自動詞にすると責任逃れの無責任な感じを受ける。他の人が割ってしまったときは、「〜さんが割りました」というと責任を追及する表現になるので、「割れました」と自動詞が使われる。

【読書案内】

水谷修・水谷信子（1977-2000）『Nihongo Notes』1〜10　ジャパンタイムズ
 ☞外国人の目から見た日本語の発話についての疑問に答える形をとっています。話し言葉のルールについて具体例と明解な解説がわかりやすい英語で書かれていて、楽しく読みながら多くのことが学べる本です。日本語版『外国人の疑問に答える日本語ノート』(1988 ジャパンタイムズ) もあります。

加藤重広（2004）『日本語語用論のしくみ』研究社
 ☞語用論とは何かから発展史、重要概念がわかりやすく解説されています。

今井邦彦（2001）『語用論への招待』大修館書店
 ☞「関連性理論」の解題と検討。次の段階で読むのに適しています。

Yule, G. (1996) *Pragmatics*. London: Oxford University Press.
 ☞ Survey（初心者向けに語用論の定義からダイクシス、ポライトネスなどを章別に概説）、Reading（発展として専門書からの部分抽出と質問）、References（参考と図書とコメント）、Glossary（用語の解説）の 4 つの部分からなっています。語用論に関する知識を段階を追って深めていけます。

【参考文献】

今井邦彦(2001)『語用論への招待』大修館書店

加藤重広(2004)『日本語語用論のしくみ』研究社

神尾昭雄(1990)『情報のなわばり理論』大修館書店

小森道彦・安井泉(1992)『グラマー・テクスト・レトリック』くろしお出版

小泉保(1990)『言外の言語学』三省堂

水谷修・水谷信子(1977-2000)『Nihongo Notes』1〜10　ジャパンタイムズ

水谷信子(1999)『心を伝える日本語講座』研究社出版

ダイアン ブレイクモア著(1994)『ひとは発話をどう理解するか』(*Understanding Utterances*)(武内道子・山﨑英一訳)ひつじ書房

ジェニー トマス著(1998)『語用論入門』(田中典子他訳)研究社出版

Sperber, D. & Wilson, D. (1986/1995^2) *Relevance: Communication and Cognition*. Oxford: Blackwell.

Yule, G. (1996) *Pragmatics*. London: Oxford University press.

第19章　文字と表記

文字の指導には実践的な知識が不可欠です。本章では、漢字、平仮名、カタカナ、ローマ字、それぞれの成り立ちと表記について概説します。「教壇に立ったとき実際に役立つことを」という観点から、表記についてはどのようなルールにのっとっているのかを詳しく見ていきます。

【キーワード】
六書、説文解字、象形、指事、会意、形声、仮借、転注、国字、国訓、呉音、漢音、唐音、熟字訓、常用漢字表、新字体、教科書体、送り仮名の付け方、万葉仮名、旧仮名遣い、現代仮名遣い、外来語の表記、ヘボン式、訓令式、田中館愛橘

1　4種の文字

　日本語を書き表すのに4つの表記方法がある。表語文字である**漢字**、音節文字の**ひらがな**と**カタカナ**、音素文字の**ローマ字**である。学習者には負担かもしれないが、これら4種の文字を使い分けることで、効率性と豊かな表現性がもたらされる。漢字は名詞や動詞、形容詞などの語幹を表すのに使われ、ひらがなは助詞、助動詞、用言の活用語尾、副詞、接続詞、感動詞を書き表すのに使われる。カタカナはオノマトペ、外来語、外国の地名、人名、動植物名の表記に、ローマ字は会社名や、略号などに使われている。

2　漢字

　中国の**漢字**が伝来するまで日本語には言葉を書き表す手段がなかったといわれている。
　「漢委奴国王」の金印、百済王が論語と千字文（せんじもん）を朝廷に送ったという文献、稲荷山古墳出土鉄剣銘などの資料からすると、日本人は1世紀までには初めて漢字に接しており、5世紀頃には日本国内で漢字漢文が書かれ、

> **どこがちがうかな？** column
>
> 下は中国人学習者が書いた漢字である。日本語の常用漢字との相違点をさがしてみよう。
>
> 1) 骨　　2) 査　　3) 才　　4) 隆　　5) 着　　6) 歩
>
> (答え)
> 1)中国の字は ┐ が左にあるが、日本の字は ┌ が右にある。2)中国の字は旦だが、日本の字は且である。3)「ノ」がはじまる位置。4)日本の字は生の上の一がない。5)中国の字は上からノが貫いているが、日本の字は別の画。6)日本の字は「止」の下が「少」。

日本語を漢字を用いて表現することもあったと考えられる。

2.1　漢字の成り立ち

古来漢字の構成法と使用法は6種類に分類して説明されている。これを「六書（りくしょ）」と呼ぶ。六書は、後漢時代（1世紀末）に許慎（きょしん）が作った中国最古の文字学書である『説文解字（せつもんかいじ）』に収められている。

【象形】物の形をかたどってできたもの。漢字の中で基本的なものであるが、数は少ない。
　例：日、月、山、木、川、水、人、目、魚、鳥、馬、門、火
象形文字を基にして、多くの漢字が作られている。
　例：日→旭、明、木→机、杖、　魚→鮮、　鳥→鳴く

【指事】絵になりにくい抽象的な概念を表すために、点や線などを用いて表した符号的なもの。
　例：一、二、三、上、下、末、未、本、夕
象形文字と指事文字が漢字の基本的な構成要素である。

【会意】2つまたは3つの既成の文字の組みあわせで、それぞれの字の意味をあわせて、新しい概念を表すもの。
　例：木＋木→林、木＋木＋木→森、火＋火→炎、日＋月→明、人＋言→信
　　　口＋鳥→鳴、田＋力→男、老＋子→孝（子が老人を背負っている）

【形声】音を表す要素文字（音符）と、意味を表す要素文字（意符）をあわせ、新しくできた文字の音と大体の意味を知らせようとするもの。この方法で作られ

る漢字が最も多く、前述の『説文解字』に取り上げられた9,353字の約8割、また常用漢字の6割が形声文字である。

　例：晴、清、精—「青」部分が音符、「日」「氵」「米」が意符
　　　問、聞—「門」部分が音符、「口」、「耳」が意符

象形、指事、会意、形声は漢字の構成法だが、次の2つは使用法である。

【仮借】 新たな言葉を書き表そうとするとき、その言葉の意味とは関係なく、すでにある文字で発音の似ているものを借りて表記したもの。

　例：釈迦、阿弥陀　（サンスクリット語の音に近い音を持つ漢字で表した）

万葉仮名や亜米利加（アメリカ）、印度（インド）のような**当て字**もこの一種である。

【転注】 ある語が時を経て別の意味を生じたとき、新しく漢字を作らずに、元の漢字をそのまま用いて新しい意味を表したものをいう。たとえば「楽」は本来弦楽器、音楽を意味していた。やがて音楽を楽しむということから「たのしい、たのしむ」という意が生じたが、新たに「たのしむ」の意味の漢字を作らずにそのまま「楽」を用いた。

　以上が六書であるが、日本語の漢字には、漢字の字体をまねて日本で新たに作られたものがある。それを**国字**という。常用漢字表には「働、峠、畑、込、匁、塀、枠」が採用されている。普通音読みがなく、「働」は例外である。

　さらに字形そのものは漢字にあるが、それとは無関係に日本で字の意味を決めたものを**国訓**という。

　例：沖（原義はむなしい）、稼ぐ（原義は穀物を植える、収穫する）

常用漢字以外では「鮎」（原義なまず）などがある。

2.2　漢字の音訓

　日本語の漢字には**音読み**と、**訓読み**がある。音読みは漢字が入ってきたとき、そのまま中国語で読んだものを日本風の発音で表したものである。現在の中国語の発音と比べても近いものがある。

　例：飯（ファン）→ハン、山（シャン）→サン

訓読みは漢字の意味を持つ大和言葉を当てはめたものである。

　例：飯→めし、山→やま

　1つの漢字に対して音読みも訓読みも1つとは限らない。「行」という漢字は「ギョウ、コウ、アン」と複数の音読みがある。中国の発音は、長い歴史の

間に何度も日本に伝えられている。伝わった時代と、その漢字を発音していた中国の地域が異なったため、読み方にいくつかの種類が生じた。

【呉音】5、6世紀における中国の南部（揚子江下流の江東）の音で、奈良時代以前に入ってきた。数詞など日常的な言葉に溶け込んでいるものや、仏教用語や古代の官制、職業を表すものが多い。

【漢音】隋、唐の時代の中国の北部（長安を中心とする西北方言に基づく）音。7、8世紀、遣隋使や遣唐使によって日本に伝えられた。日本語の漢字音では最も数が多い。

【唐音】：宋音ともいう。唐末から宋、元、明、清代に伝来した。中国の中・近世音に基づくがさまざまな地域の音が含まれている。12世紀、鎌倉時代以降、禅と共に伝えられたので、禅宗関係の語が多い。

【呉音】行（ギョウ）京（キョウ）明（ミョウ）頭脳（ズノウ）男女（ナンニョ）米（マイ）経（キョウ）生（ショウ）
【漢音】行（コウ）　京（ケイ）　明（メイ）　頭角（トウカク）男女（ダンジョ）米（ベイ）経（ケイ）　生（セイ）
【唐音】行（アン）　京（キン）　明（ミン）　饅頭（マンジュウ＊マンは呉音）　　団（トン）　　子（ス）

中には、音読みという意識がなくなるほど固有の日本語と同化しているものもある。
　例：絵（エ）、菊（キク）
　一方、訓読みも、漢字の意味を翻訳しそれに対応する日本語を当てたので、こちらも1つの字に複数の訓ができた。
　例：「生」　生きる、生かす、生ける、生まれる、生む、生い立ち、生える、
　　　　　　生やす、生地、生水
　また、**熟字訓**といって、熟語全体に1つの語を当てて訓読みするもの（例：小豆、昨日、土産、梅雨）があり、常用漢字表の付表に取り上げられている。

2.3　漢字の表記の基準

　一般社会生活での漢字使用の目安とされていた「**常用漢字表**」（1981年内閣告示）が改定され2010年11月に新たな「常用漢字表」が告示された。「当用漢字表」1,860字（1946年）を基に（旧）「常用漢字表」1,945字が作られたが、（新）「常用漢字表」では196字が加えられ5字が削除され**2,136字**となった。付表は、鍛冶、固唾、尻尾、老舗、真面目、弥生の6語が加わり116語となった。改定の背景には、情報機器の普及により、手書きよりも、パソコンや携帯電話

を使って書くことが一般的になったという記述手段の変化がある。手書きでは使われなかった漢字が使用されるようになり、漢字表と文字使用の実態とのずれを解消するため、使用頻度という観点から字種が選定された。

旧日本語能力試験の出題基準は、1級では2,000字程度、2級は1,000字程度、3級300字程度、4級100字程度であった。新日本語能力試験N1–N5の漢字の出題基準は明らかにされていない。「言語知識」の中に漢字の設問がある。

2.4 字体

母語で漢字を使用している学習者を**漢字圏学習者**、そうでない学習者を**非漢字圏学習者**と呼ぶ。非漢字圏の学習者に対しては、書き方、読み方、意味について丁寧で、かつ挫折をさせない工夫をこらした指導が求められる。一方、漢字圏の学習者には音、訓の読み方、意味（同じ漢字でも意味用法の異なるものがある）以外に**字体**についての注意が必要である。大陸では**簡体字**、台湾では**繁体字**が用いられているが日本の**新字体**（通用字体）と異なっているものは、相違点を明らかにして指導しなければならない。「图（図）、游（遊）」などはっきりした違いはわかりやすいが、以下のような細かい違いは見落とされやすい。

簡体字	写	包	黑	收	别	边	变	污	劳	角	对
新字体（日本）	写	包	黒	収	別	辺	変	汚	労	角	対

新字体の活字には明朝体をはじめ種々の書体がある。同じ字でも細かいところで字形に違いがある。さらに、同じ明朝体でも微細な形の相違がある。これらは字体の差ではなくデザインの差とされている。

また活字と手書き（楷書）にも違いがある。漢字の学習には手書きを基に作られた教科書体を用いる。明朝体とは細かい違いがあることを注意しておかないと、学習者の混乱を引き起こす。常用漢字表によると、これらは習慣の差であり、字体の差ではないとされる。

明朝体	北	衣	比	糸	収	人	令	道	風	言	子
教科書体	北	衣	比	糸	収	人	令	道	風	言	子

2.5 漢字の筆順

筆順とは文字を書く順序である。筆順に従うと書きやすく形の整った字になり読み間違いが避けられる上、画数も正しく数えられるので辞典を引くときに役立つ。学習者に対する過度の指導は不要だが、新しい漢字を教えるとき、教師は正しい筆順で提示するよう心がけたい。大原則は「上から下へ」「左から右へ」「横から縦へ」である。以下、『筆順指導の手引き』(1958)を参考にして原則をあげる。

1) 上から下へ………二、三、工、言、喜
2) 左から右へ………川、休、例、学、働
3) 横画と縦画が交わるときは、横画が先………十、七、土、木、古
    例外：田、由、曲、角、馬(縦画が先)
4) 中心が先(中、左、右の順に)………小、水、赤、業、楽
    例外：中、火、忄(りっしんべん)
5) 外の囲みから内へ………同、国、聞、風、司
    例外：区、医(横画「一」→中を書く→「㇄」)、巨、臣(「丨」が先)
6) つらぬく縦画は最後に ………中、半、平、事、車
    つきぬけない縦画は上、縦、下………里(曰→甲→里)、重、勤、野、黒
7) つらぬく横画は最後に………母、子、女、安、毎
    例外：世(世だけは「一」を先に書く)
8) 左払いと右払いが交差、接したときは左払いを先に
    ………人、父、文、支、金
9) 横画と左払いは、短い方を先にかく
    左はらいが短いもの(「丿」を先)………右、有、布、希、若
    横画が短いもの(「一」を先)   ………左、友、在、存、抜
10) その他注意が必要なもの
    「にょう」を先に書く………起、勉、鬼、題、処
    「にょう」を後に書く………近、進、違、延、建
    左払い「丿」が先………九、及
    左払い「丿」が後………力、万、方、別、刀
    縦画が先………上、止、点、長、収
    必(「ソ」が先)、米(「´」が先)、飛(「㇇」が先)、片(「丿」が先)

2.6 送り仮名

日本語の標準的表記は漢字と仮名を混ぜて書く**漢字仮名交じり文**である。**送り仮名**とは「行く」の「く」のように漢字にそえて書かれるひらがなのことだ。漢字にはいくつかの読み方があるので、読み手が正しい読み方を選べるように導く役割を果たしている。「**送り仮名の付け方**」（1973年内閣告示、1981年一部改正）には1から7までの通則があるが、通則によっては、慣用を認めるという立場から「許容」が示されている。通則にあわないが慣用として行われているものは「例外」として記されている。通則の概要を紹介する。

通則1：活用のある語は活用語尾を送る。
たとえば動詞「書く」なら、「か̲かない、か̲きます、か̲く…」と活用するので、変わらない部分（語幹）「か」を漢字で書き、変わる部分（活用語尾）を送る。
【動詞】例：書く、会う、承る、催す、実る、憤る、表す、行う、断る
　許容：表わす、著わす、現われる、行なう、断わる、賜わる
【形容詞】例：高い、安い、潔い、賢い、濃い
　例外：語幹が「し」で終わる形容詞は「し」から送る。例：惜しい、珍しい
【形容動詞】例：得だ、主だ
　例外：「か」「やか」「らか」を含む形容動詞はその音節から送る。
　　例：暖かだ、確かだ、静かだ、細やかだ、和やかだ、明らかだ、柔らかだ
次の語は次に示すように送る：味わう、教わる、異なる、逆らう、群がる、和らぐ、明るい、危ない、少ない、平たい、新ただ、etc.

通則2：他の語を含む語は含まれる語の送り仮名の付け方による。
たとえば、動詞「動かす」は通則1に従えば、活用語尾の「す」を送り「動す」となるはずだが、「動く」という語を含んでいるので、「動く」の送り仮名の付け方に従う。
　　例：生まれる（生む）、起こる（起きる）、向かう（向く）、恐ろしい（恐れる）
　　　　確かめる（確かだ）、柔らかだ（柔らかい）、汗ばむ（汗）、男らしい（男）
　許容：（読み間違えるおそれのない場合）例：生れる、暮す、当る、終る

通則3：活用のない語は送り仮名を付けない。
　　例：月、鳥、花、山、男、女、彼、何
　例外：辺り、哀れ、勢い、後ろ、幸い、幸せ、一つ、二つ、三つ、etc.
　＊読み方をはっきりさせるために読み誤りやすいものに付ける。

通則4：活用のある語から転じた名詞は、元の語の送り仮名の付け方による。

例：動き（動く）、恐れ（恐れる）、答え（答える）、晴れ（晴れる）、
大きさ、明るみ、惜しげ（「さ、み、げ」がついて名詞化したもの）
例外：話、氷、印、帯、恋、次、隣、富、恥、光、係、組、etc.
許容：（読み間違えるおそれのない場合）例：曇、届、願、晴、当り、代り、
向い、狩、祭、問、答、群、憩
通則5：副詞、連体詞、接続詞は最後の音節を送る。
例：必ず、更に、少し、既に、再び、全く、最も、及び、且つ
例外：大いに、直ちに、又、恐らく、従って、絶えず、例えば、etc.
通則6：複合の語は、それぞれの単独の語の送りがなの付け方による。
例：申し込む、打ち合わせる、若々しい、気軽だ、独り言、斜め左
許容：（読み間違えるおそれのない場合）例：申込む、打ち合せる・打合せる、待遠しい、封切、落書、雨上り、日当り、売り上
通則7：次のような名詞は慣用に従って、送り仮名を付けない。
慣用が固定しているもの：地位名、役職名、工芸品名の織、染、塗、その他
例：頭取、取締役、博多織、書留、小包、切符、踏切、手当、試合

3 平仮名

　日本に漢字が伝えられ漢字を用いて記録するようになると、漢字の表音的な使用法が発達した。漢字の意味は無視し日本語の音に似た音を持つ漢字を使って日本語を表したのである。たとえば、「也末」「夜麻」「耶麻」と書いて「やま（山）」を、「於登」で「おと（音）」を表した。漢字の訓読みが定着すると、「八間跡」（やまと）「夏樫」（なつかし）など訓を使って表記する訓仮名も現れた。このように漢字の音訓を用いて日本語を表す文字遣いは万葉集に多く見られるので万葉仮名と呼ばれる。
　万葉仮名から字画の全体を極端に崩し（草書化）簡単にして作り出されたのが平仮名である。「安」から「あ」、「以」から「い」、「宇」から「う」、「衣」から「え」、「於」から「お」が作られた。流れるような多くの曲線からなる字体を持ち、文字としての美しさが仮名の文学（和歌、物語、日記、随筆）と結びつき芸術的に洗練されていった。平安中期、10世紀頃には完成していたと見られる。「仮名」は漢字（真名）に対する仮名からきており、「かな」「かんな」「女手（をんなで）」とも呼ばれた。ワ行の「ゑ」と「ゐ」があったが「現代かなづかい」により、使用されなくなり、清音仮名46文字になった。

【平仮名の表記法】
　蝶々を「てふてふ」、今日を「けふ」と書く表記を見たことがあるだろう。このような表記法を旧仮名遣い(歴史的仮名遣い)という。この表記法では実際に話される音との差が大きくなったので、1946年に新しい表記の基準として「現代かなづかい」が示された。さらに1986年に「現代仮名遣い」が告示された。原則である表音的仮名遣いに若干の歴史的仮名遣いを加えたもので、以下の基準が示されている。

　第1：原則に基づくきまり
　　1) 直音(母音、子音+母音)の表記　例：あ、が、ば、ぱ、わ、ん
　　2) 拗音の(子音+半母音+母音)の表記　例：ぎゃ、ぎゅ、ぎょ
　　3) 撥音の表記：「ん」　みなさん、しんねん(新年)
　　4) 促音の表記：「っ」　はしって、かっき(活気)
　　5) 長音の表記：ア列　おかあさん、おばあさん
　　　　　　　　　イ列　にいさん、おじいさん
　　　　　　　　　ウ列　ふうふ、くうき、おさむうございます
　　　　　　　　　エ列　ねえさん、ええ
　　　　　　　　　オ列　おとうさん、かおう、おはよう、ちょうちょう
　第2：慣習に基づくきまり
　　1) 助詞の「は」「を」「へ」は、「は」「を」「へ」と書く。
　　　例：こんにちは、こんばんは、これはこれは、または、いずれは、あるいは、さては、ではさようなら、とはいえ、恐らくは
　　　(注意)「わ」と書くもの：いまわの際、雨も降るわ、風も吹くわ、きれいだわ
　　2) 動詞の「言う」は「ゆう」ではなく「いう」と書く。
　　　例：ものをいう、いうまでもない、どういうふうに、人というもの
　　3) 四つ仮名「じ、ぢ、ず、づ」の書き分け
　　①同音の連呼によって生じた「ぢ」「づ」は「ぢ」「づ」と書く
　　　例：ちぢむ、ちぢれる、つづみ(鼓)、つづく(続く)、づづる
　　　(注意)もともと「じ」だったもの：いちじく、いちじるしい
　　②2語の連合によって生じた「ぢ」「づ」は「ぢ」「づ」と書く。
　　　例：はなぢ、そこぢから、いれぢえ、ちゃのみぢゃわん、こぢんまり、まぢか、ちかぢか(近々)、みかづき、ひげづら、おこづかい、心

づくし、手づくり、こづつみ、ことづて、かたづく、ねばりづよい、つねづね、つくづく

③現代語の意識では2語に分解しにくいものは「じ」「ず」と書くのが原則だが、「せかいぢゅう」「いなづま」のように「ぢ」「づ」を用いて書くこともできる。

例：せかいじゅう(世界中)、いなずま(稲妻)、きずな、さかずき、うなずく、おとずれる、つまずく、うでずく、ひとりずつ、ゆうずう(融通)

(注意)漢字の音読みでもともと濁っているものは「じ」「ず」と書く。

例：じめん(地面)、ぬのじ(布地)、ずが(図画)、りゃくず(略図)

4) オ列の仮名に「お」を添えて書くもの

歴史的仮名遣いで「ほ」「を」と書いていたものは、オ列の仮名に「お」を添えて書く。

例：おおかみ、おおせ、おおやけ、こおり、ほお、ほのお、とお、おおい、おおきい、とおい、とおる、とどこおる、もよおす、おおむね

(付記)エ列の仮名に「い」を添えて書くもの：れい、えいが、せい(背)、とけい、ていねい、かせいで、まねいて、春めいて

4 カタカナ

片仮名の片は「完全でない」という意味だが、名前が示すように万葉仮名の字画の一部を省略して作った文字である。アは「阿」の偏「阝」の草書体から、イは「伊」の偏から、ウは「宇」の冠から、エは「江」の旁からというように、もとの漢字の初画か終わりの1、2画をとっており、形は直線的である。

【外来語の表記法】

外来語を書き表すのにカタカナが用いられる。表記のよりどころは1991年内閣告示の「**外来語の表記**」である。第1表は外来語や、外国の地名、人名を書くのに一般的に用いられ、第2表は原音や原つづりになるべく近く書き表す場合に用いられる。一般的には「チューバ」、「インタビュー」と書く語も、第2表を使って「テューバ」、「インタヴュー」と表記できる。慣用が定着しているもの、たとえば「**エチケット**」、「**デザイン**」、「**ゼラチン**」、テニスの「**ジュース**」(deuce)、**ヒューズ**(fuse)などは慣用通り表記する。「ヂ」「ヅ」「ヲ」は、

表にない。カタカナの指導では「ソ」と「ン」、「ツ」と「シ」の混同に注意する。

5 ローマ字

　ローマ字は室町末期に来日したキリシタン宣教師によってもたらされた。宣教師たちは布教のために日本語を学び、ポルトガル語に基づいたつづりで日本語の発音を記した。その後、オランダ語、ドイツ語、フランス語に基づいた表記がなされた。明治になって羅馬字会(ローマじかい)が結成され英語式（母音はイタリア式）の表記を発表した。この方式は1886年、ヘボン（J. C. Hepburn）の『和英語林集成(わえいごりんしゅうせい)』第3版に採用されたため、**標準式**、**ヘボン式**と呼ばれる。一方、1885年に田中舘愛橘(たなかだてあいきつ)が50音図に沿った**日本式**ローマ字を提唱した。以後、表記法の対立が起こり、1937年文部省は日本式を整理した**訓令式**を公布したが、統一を見ることはできなかった。1954年に「**ローマ字のつづり方**」が内閣告示として出され、一般には第一表の訓令式を用いるが、第二表の標準式、日本式によっても差し支えないとしている。ヘボン式は現実の音に近い表記法であり、訓令式は音韻学的である。表1に各方式の相違点を示す。

表1　訓令式、日本式、ヘボン式の相違点

	し	ち	つ	ふ	じ	ぢ	ず	づ	しゃ	じゃ	ちゃ	ぢゃ	を	ん
訓令式	si	ti	tu	hu	zi	zi	zu	zu	sya	zya	tya	zya	o	n
日本式						di		du				dya	wo	
ヘボン式	shi	chi	tsu	fu	ji	ji	zu	zu	sha	ja	cha	ja	o	n/m

　　（注1）日本式の空欄は訓令式と同じ
　　（注2）ヘボン式の「ん」はb、m、pの前では「m」と表記

　なお、内閣告示は表記のよりどころであって専門分野や個々人の表記にまで影響を及ぼすものではない。

第19章 文字と表記

参考資料：「現代仮名遣い」昭和61年内閣告示、「外来語の表記」平成3年内閣告示、「ローマ字のつづり方」昭和29年内閣告示

「現代仮名遣い」本文第1より

1 直音（＊下線を施した仮名は本文第2に示す場合にだけ用いる。）

あ	い	う	え	お		が	ぎ	ぐ	げ	ご
か	き	く	け	こ		ざ	じ	ず	ぜ	ぞ
さ	し	す	せ	そ		だ	<u>ぢ</u>	<u>づ</u>	で	ど
た	ち	つ	て	と						
な	に	ぬ	ね	の		ば	び	ぶ	べ	ぼ
は	ひ	ふ	へ	ほ		ぱ	ぴ	ぷ	ぺ	ぽ
ま	み	む	め	も						
や		ゆ		よ						
ら	り	る	れ	ろ						
わ				<u>を</u>						

2 拗音

きゃ	きゅ	きょ	ぎゃ	ぎゅ	ぎょ
しゃ	しゅ	しょ	じゃ	じゅ	じょ
ちゃ	ちゅ	ちょ	<u>ぢゃ</u>	<u>ぢゅ</u>	<u>ぢょ</u>
にゃ	にゅ	にょ			
ひゃ	ひゅ	ひょ	びゃ	びゅ	びょ
			ぴゃ	ぴゅ	ぴょ
みゃ	みゅ	みょ			
りゃ	りゅ	りょ			

「外来語の表記」より

第1表

ア	イ	ウ	エ	オ				シェ		
カ	キ	ク	ケ	コ				チェ		
サ	シ	ス	セ	ソ		ツァ			ツェ	ツォ
タ	チ	ツ	テ	ト			ティ			
ナ	ニ	ヌ	ネ	ノ		ファ	フィ		フェ	フォ
ハ	ヒ	フ	ヘ	ホ				ジェ		
マ	ミ	ム	メ	モ			ディ			
ヤ		ユ		ヨ				デュ		
ラ	リ	ル	レ	ロ						
ワ										

第2表

ガ	ギ	グ	ゲ	ゴ				イェ		
ザ	ジ	ズ	ゼ	ゾ			ウィ		ウェ	ウォ
ダ		デ	ド			クァ	クィ		クェ	クォ
バ	ビ	ブ	ベ	ボ			ツィ			
パ	ピ	プ	ペ	ポ						
キャ	キュ	キョ		トゥ						
シャ	シュ	ショ	グァ							
チャ	チュ	チョ		ドゥ						
ニャ	ニュ	ニョ	ヴァ	ヴィ	ヴ	ヴェ	ヴォ			
ヒャ	ヒュ	ヒョ								
ミャ	ミュ	ミョ	テュ							
リャ	リュ	リョ	フュ							
ギャ	ギュ	ギョ	ヴュ							
ジャ	ジュ	ジョ								
ビャ	ビュ	ビョ								
ピャ	ピュ	ピョ								

ン（撥音）
ッ（促音）
ー（長音符号）

「ローマ字のつづり方」より

第1表　［（　）は重出を示す。］

a	i	u	e	o		kya	kyu	kyo
ka	ki	ku	ke	ko		sya	syu	syo
sa	si	su	se	so		tya	tyu	tyo
ta	ti	tu	te	to		nya	nyu	nyo
na	ni	nu	ne	no		hya	hyu	hyo
ha	hi	hu	he	ho		mya	myu	myo
ma	mi	mu	me	mo				
ya	(i)	yu	(e)	yo		rya	ryu	ryo
ra	ri	ru	re	ro				
wa	(i)	(u)	(e)	(o)		gya	gyu	gyo
ga	gi	gu	ge	go		zya	zyu	zyo
za	zi	zu	ze	zo		(zya)	(zyu)	(zyo)
da	(zi)	(zu)	de	do		bya	byu	byo
ba	bi	bu	be	bo		pya	pyu	pyo
pa	pi	pu	pe	po				

第2表

sha	shi	shu	sho
		tsu	
cha	chi	chu	cho
		fu	
ja	ji	ju	jo
di	du	dya	dyu	dyo
kwa
gwa
			wo

298　第 6 部　日本語の構造

【タスク】

(1) かつて漢字を使用していた国で今は使っていない国がある。漢字使用のメリットとデメリットを 5 つずつあげ、日本語が漢字を維持してきた理由を考えなさい。

(2) 平成 22 年 6 月文化審議会答申「改定常用漢字表」[①]を経て、平成 22 年 11 月新しい「常用漢字表」[②]が内閣告示された。文化庁の以下のホームページを参照し、後の質問に答えなさい。

　① http://www.bunka.go.jp/bunkashingikai/soukai/pdf/kaitei_kanji_toushin.pdf
　② http://www.bunka.go.jp/kokugo_nihongo/joho/kijun/naikaku/kanji/index.html

1) 文中の下線に当てはまる正しいものを選びなさい。

平成 22 年 11 月に「常用漢字表」が改定された。それまでの「常用漢字表」に新たに 196 字が追加され、5 字が削除された。

そのため新しい常用漢字表が掲げる漢字は＿＿＿＿字となった。

　　a. 1,850　　b. 1,945　　c. 2,046　　d. 2,136

2) 新しい「常用漢字表」に関して正しいものに○をつけなさい。

　a. 常用漢字表の漢字はすべて手書きできることが求められる。
　b. 都道府県名を表す漢字はすべて常用漢字となった。
　c. 字が追加された背景には情報機器の普及がある。
　d. 削除された 5 字とは「勺、脹、匁、鬱、銑」である。
　e. 追加された漢字には「岡、俺、挨、頃、誰」が含まれる。
　f. 追加された漢字には「熊、亀、虎、兎、鹿」が含まれる。
　g. 「私・わたし」、「他・ほか」「描く・かく」の訓読みが加わった。

(3) 1)〜5) のうち【　】に示されていることにあてはまらないものを 1 つ選びなさい。

　①【音読み】
　　1) え（絵）　2) りく（陸）　3) きく（菊）　4) じ（路）　5) おつ（乙）
　②【常用漢字表にある】
　　1) 凸　　2) 屯　　3) 瓦　　4) 伊　　5) 璽
　③【正しい送り仮名】
　　1) 弾き語り　2) 物語り　3) 昼下がり　4) 踏切　5) 切取り線
　④【正しい送り仮名】
　　1) 楽しい　2) 少い　3) 潔い　4) 汚い　5) 危ない
　⑤【正しい表記】
　　1) こんにちは　2) ひとりずつ　3) いちじるしい
　　4) かたずける　5) おねえさん

⑥【常用漢字表に音読みだけがあり、訓読みがない語】
　1）絡　　2）覧　　3）理　　4）零　　5）齢
⑦【常用漢字表に訓読みだけがあり、音読みがない語】
　1）枠　　2）届　　3）咲　　4）戻　　5）虞

【読書案内】
国際交流基金　日本語教授法シリーズ3『文字・語彙を教える』
　☞一つ一つの質問を考えることで、知識が整理されていきます。

【参考文献】
池田悠子・高見沢孟監修（2004）『はじめての日本語教育1』アスク
貝塚茂樹他（1981）『日本語の世界3　中国の漢字』中央公論社
鈴木一彦・林巨樹監修（1995）『概説日本語学』明治書院
高木裕子（1996）『日本語の文字・表記入門』バベル・プレス
文化庁（2001）『公用文の書き表し方の基準（資料集）』平成13年4月
宮地裕・清水康行（1993）『日本語の表現と理解』放送大学教育振興会
日本語教育学会編（2005）『新版 日本語教育事典』大修館書店
日本国際教育協会著・編（1999〜2002）『日本語教育能力検定試験問題』平成10、11、12、13年度　桐原書店
日本国際教育支援協会著・編（2003〜2010）『日本語教育能力検定試験問題』平成14〜22年度　凡人社

文化庁ホームページ、内閣告示・内閣訓令
「常用漢字表　昭和56年10月内閣告示」
「現代仮名遣い　昭和61年7月内閣告示」
「送り仮名の付け方　昭和48年6月内閣告示」
「外来語の表記　平成3年6月内閣告示」
「ローマ字のつづり方　昭和29年12月内閣告示」
<http://www.bunka.go.jp/kokugo_nihongo/joho/kijun/naikaku/index.html>

タスクの答え(2)　①d　②○をつけるもの b, c, e, g
　　　　　　(3)　①4　②4　③2　④2　⑤4　⑥1　⑦4　＊改定で瓦が常用漢字に

第20章　日本語史

「食べれる」、「寝れる」や、「私は行かないです」などの言い方を日常的に耳にします。言葉の変化は私たちがその大きな流れの中の一時代に生きていることを思い起こさせます。本章では、日本語がどのような移り変わりを経て現在の形になったのかを、時代別に音韻、表記、語彙、文法、文体の項目に分けて概説します。

【キーワード】
上代特殊仮名遣い、四つ仮名、母音脱落、唇音退化、変体漢文、宣命体、あめつち、ハ行転呼音、開音、合音、定家仮名遣、記録体、和漢混交体、擬古文

1　日本語史の時代区分

　日本語は南北朝時代までの**古代語**と以後の**近代語**に二分される。細かく見ていくときは**上代**(奈良時代まで)、**中古**(平安)、**中世**(鎌倉～室町)、**近世**(江戸)、**近代**(明治以降)という時代区分が用いられる。とくに1945年以降を取り上げるときは**現代**と呼ぶ。以下、時代別に変遷の要点をあげる。なお、「第16章 語彙」と「第19章 文字と表記」も併せて読むこと。

2　上代の日本語(～奈良時代)

音韻
①万葉仮名の使用において**上代特殊仮名遣い**と呼ばれる特殊な仮名遣いが見られた。イ段の「キ、ヒ、ミ」、エ段の「ケ、ヘ、メ」、オ段の「コ、ソ、ト、ノ、(モ)、ヨ、ロ」(「モ」は古事記のみ区別)と「ギ、ビ、ゲ、ベ、ゴ、ゾ、ド」に相当する音節を表す漢字に甲、乙2種類の書き分けがあった。たとえば「ミ」という音には甲類「美、瀰、寐など」と乙類「未、尾、微、味」の2類が存在し、「水」の「ミ」を表すには甲類の漢字、「神」の「ミ」を表すには乙

類の漢字しか使われなかった。また、1語の中で、甲類の漢字と乙類の漢字が混在することはなかった。この書き分けは、音節の違い（母音の違い）または相補分布の異音を表すと考えられている。
②ヤ行の「エ」音、ワ行の「ヰ」音、「エ」音、「ヲ」音があり、ア行の「イ、エ、オ」音と区別されていた。
③**四つ仮名**と呼ばれる「ジ」と「ヂ」、「ズ」と「ヅ」の音がそれぞれ違っていた。清音は60（古事記では61）、濁音は27と後世より音節数が多かったが、音節の結びつきには制約があり、以下の④、⑤の頭音法則があった。
④母音は語頭のみに現れ、語中、語尾に母音が連続することがなかった。語中に母音が続くと、一方が落ちる**母音脱落**が起きた。（例：ながあめ→ながめ）
⑤語がラ行音、濁音（ガザダバ行）で始まることはまれであった。
⑥ハ行音は［Φ］の音であった（古くは［p］の音→［Φ］→［h］と変化する。この現象は**唇音退化**と呼ばれる）。

表記
漢字が伝来する。漢字の音、訓を使って日本語を表記する**万葉仮名**（まんようがな）と呼ばれる表音的用法が起こる。例：波奈（花はな）、阿米（雨あめ）、忘金鶴（わすれかねつる）

文法
①動詞の活用形式は8種類（四段、上一、上二、下二、カ行変格、サ行変格、ナ行変格、ラ行変格活用）であった。
②形容詞はク活用とシク活用の2種類があった。
③活用語を体言に変える「ク」や、形容詞の語幹に接続して理由や根拠を表す「ミ」などの上代特有の語法があった。→中古には使われなくなった。

語彙
和語が大部分を占めた。漢語起源（梅、馬）や朝鮮語起源（寺）、梵語（ぼんご）＝サンスクリット語起源（瓦）の語は日本語化していた。

文体
漢文を日本語化（語順、語彙など）した**変体漢文**が作られ『古事記』が記された。祝詞（のりと）や宣命（せんみょう）に活用語尾、助詞などを万葉仮名で小書きした文体**宣命体**（せんみょうたい）が現れる。

3　中古の日本語（平安時代、院政期）

音韻
①上代特殊仮名遣いが消滅した。
②ア行のエ［e］とヤ行のエ［je］の音が［je］に統一される。平安初期の成立と考えられる手習詞の「**あめつち**」は、48 の清音からできており特殊仮名遣いが消滅したことを示すが、ア行とヤ行の「エ」の区別は残っていた。院政期に成立したと考えられる「**いろは歌**」では清音 47 に減っており、この頃には「エ」の区別がなくなっていたと考えられる。
③「オ」音［o］と「ヲ」音［wo］の区別も失われ［wo］音に統一された。
④語頭以外のハ行音がワ行音（ワヰウエヲ）に発音された（例：川カハ→カワ）。この変化を**ハ行転呼音**という。この結果、「イ、ヒ、ヰ」、「エ、ヘ、ヱ」がそれぞれ同音になった。
⑤イ音便（咲きて→咲いて）、ウ音便（早くて→早うて）、促音便（知りて→知って）、撥音便（読みて→読んで）が発生し、頭音法則は消滅した。
⑥漢字が浸透した結果、従来日本語には見られなかった拗音が生まれた。

表記
漢字の草書体から平仮名、漢文訓読のための記号として漢字の一部分からカタカナができた。

語彙
漢語が浸透した。名詞以外にも、動詞、形容動詞、副詞となって用いられた。ただし使い手は主に男性であり、たとえば『源氏物語』における漢語の占める割合は異なり語数で 8.8％でしかなかった。

文法
①下一段活用の動詞「蹴る」の出現により動詞の活用は 9 種類になる。
②「る・らる」は受身、自発、可能、尊敬を表すのに、「す」「さす」は使役、尊敬を表すのに用いられた。
③形容動詞が発達し、ナリ活用とタリ活用があった。

文体
①平仮名文が発達し『竹取物語』『土佐日記』『源氏物語』など日記、物語に用いられた。
②**片仮名交じり文**が出現した。活用語尾、助詞などを万葉仮名で表していたのをカタカナで記すようになったもので、代表的なものに『今昔物語』がある。

4 中世の日本語（鎌倉、南北朝、室町、安土桃山時代）

音韻
①促音便、撥音便の発達が見られた。
②連続する2つの母音が1つの長母音に変化した。アウ［au］が［ɔː］に、オウ［ou］が［oː］に、エウ［eu］が［joː］になった。オ段の2種の長母音は［ɔː］を開音、［oː］を合音と呼び「開合の別」といって区別されていた。
③連声（れんじょう）がまず漢語に現れ（例：三位→サンミ、反応→ハンノウ）、和語にも見られるようになった。例：人間は→ニンゲンナ

表記
①仮名遣いの規範が示された。話される音と表記とのずれが大きくなったので藤原定家が『下官集（げかんしゅう）』を著した。行阿（ぎょうあ）の増補を経た『仮名文字遣』は「**定家仮名遣**」と呼ばれる。
②室町末期にローマ字が伝えられた。来日した宣教師たちが作ったキリシタン資料に日本語がローマ字で記された。これが当時の発音を知る手がかりとなっている。刊行は江戸初期になるが、日本イエズス会による「**日葡辞書**」（にっぽ）（1603）、ロドリゲスの「**日本大文典**」（1604-08）などがある。

語彙
①漢語が増大する。「大根」などの和製漢語ができる。禅宗とともに唐音の漢語（喫茶、椅子、普請（ふしん））が入ってきた。
②ポルトガル語からの外来語（カステラ、シャボン）などが用いられた。
③宮中に使える女房の間に**女房詞**（にょうぼうことば）といわれる特有の言葉遣いがあった。

文法
①動詞のラ行変格活用が四段動詞に統合され活用形式は8種類となる。カ変、サ変は現代と同じ活用になる。
②係りことばがなくても連体形で文を終止することが普通となり、終止形が消滅し、連体形が終止形として使われるようになる。
③上二段、下二段活用の動詞が一段化傾向を示す。
④可能動詞が出現する。
⑤形容詞のク活用とシク活用の区別が消滅する。

文体
①公私の文書に**記録体**（東鑑体（あづまかがみたい））と呼ばれる変体漢文が用いられた。
②漢文訓読体と和文体が融合した**和漢混淆体**（わかんこんこうたい）が出現し『平家物語』などの軍

記物に多く使われた。
③書簡には候文体が用いられた。
④室町時代に「まらする」「まする」(江戸時代に「ます」へと変化)や「ござある」、「ござる」などの丁寧語が発達した。

5 近世の日本語(江戸時代)

音韻
①オ段の長音が [oː] に統一される。
②四つ仮名の音の区別がなくなる「ヂ」は「ジ」に「ヅ」は「ズ」の音に統合された(撥音の後では「ヂ」「ヅ」の音であった)。
③「クァ・グァ」が「カ・ガ」に統合した(合拗音の直音化)。
④ハ行子音(ハ、ヘ、ホ)が [Φ] から [h] になる。
⑤「エ」、「オ」の発音が現在と同じ [e]、[o] になった。
⑥「セ」「ゼ」は室町には上方では「シェ」「ジェ」と発音されていたが、江戸時代に「セ」「ゼ」になった。

表記
①契沖(けいちゅう)が過去の文献により定家仮名遣いの間違いをなおし、『和字正濫鈔(わじしょうらんしょう)』を著す。この**契沖仮名遣い**は、その後の表記の基準となったので**歴史的仮名遣い**とも呼ばれる。
②五十音の順序が現在の配列に固定した。

語彙
①オランダ語から「アルコール、ゴム、コップ、ランドセル」などが入った。幕末には、英語、フランス語からも取り入れられた。
②識字層が広がり出版が普及したため、漢語がさらに浸透した。
③身分関係が厳しかったため武家詞、廓詞(くるわことば)、奴詞など位相語が発達した。女房詞(例:おしゃもじ、おなか)が一般の人に使われるようになる。

文法
①動詞の活用が6種類に(四段活用→五段活用、二段活用→一段活用)になった。ナ行変格活用は上方では維持されていたが、江戸では五段活用になり、現代と同じ5種類の活用になった。
②係り結びを明らかにした本居宣長(もとおりのりなが)の『詞玉緒(ことばのたまのお)』、品詞分類を中心とした富士谷成章(ふじたになりあきら)の『かざし抄』『あゆひ抄』など文法研究が大きく進展した。

文体
①奈良、平安時代の古典を研究し日本固有の文化、精神を明らかにしようとする国学が起こった。国学者の間に中古の文を模範とする**擬古文**（雅文体）が生まれた。これに対し、口語を基にし俗語をとりいれた仮名文は**俗文**と呼ばれた。俗文の広がりは明治の「**言文一致**」に影響を与えた。
②丁寧語として「ます」「です」が生まれる。

6　近代と現代の日本語（明治時代～）

音韻
①欧米からの外来語音の影響を受け、「ティ」[ti]、「ディ」[di]、「テュ」[tu]、「デュ」[du]、「ファ」[Φa]、「ウィ」[wi] などの音が使われるようになった。
②母音の無声化現象が一般化した。
③鼻濁音の「ガ」が消滅傾向にある。

表記
①漢字を制限し仮名遣いなど表記の基準が示された。
1946年に「当用漢字表」1,850字、「現代かなづかい」が内閣告示となり、それまでの歴史的仮名遣いから新しい表記基準に移る。1981年に「常用漢字表」本表1,945字、1986年に「現代仮名遣い」が示され現代の表記のよりどころとなる。1954年「ローマ字のつづり方」、1973年「送り仮名の付け方」、1991年「外来語の表記」が告示される。

語彙
①明治期に西洋語の流入による新しい概念の訳語を漢語で作ったため、漢語が増加する。例：哲学、経済、社会、伝統、文学、宗教
②第二次世界大戦後は英語を中心としたカタカナ語が急増し、略語が多用される。

文法
①五段活用以外の動詞の可能動詞形が使われ始める。例：見られる→見れる、来られる→来れる
②「形容詞＋です」の言い方が広まる（例：うれしゅうございます→うれしいです）。1952年国語審議会で「形容詞＋です」が認められる。
③欧米語の影響を受けた構文である非情物主語の中立受身が一般化する。例：会が開かれる

④文法研究が大きく進展した。山田孝雄(よしお)が『日本文法論』を、橋本進吉は『国語法要説』を、時枝誠記(ときえだもとき)は言語過程説を提唱し『国語学原論』を著した。三上(みかみ)章(あきら)は『現代語法序説』で主語廃止論を説いた。

文体

①言文一致体が確立する。明治期に話し言葉と記述を同じものにしようとする「言文一致」運動が起こる。二葉亭四迷(ふたばていしめい)が「ダ」体を山田美妙(やまだびみょう)が「デス」体を尾崎紅葉(おざきこうよう)は「デアル」体を小説で試みた。

②口語体が確立する。1904年に最初の国定教科書が作られ、口語体が採用された。小説、社説、論文なども口語体に変わっていったが、公用文は依然として文語体であり書簡は候文であった。しかし1946年に法令文などの公用文に漢字仮名交じり文、デアル体、マス体が採用され、文語体から口語体に変わった。

【読書案内】

沖森卓也編(1989)『日本語史』おうふう
　☞各時代の日本語の歴史における位置づけが示されていて、時代の概念がつかみやすい本です。

【参考文献】

阪倉篤義編(1990)『日本語講座6　日本語の歴史』大修館書店
真田信治(1999)『よくわかる日本語史』アルク
鈴木一彦・林巨樹監修(1995)『概説日本語学』明治書院
築島裕(1964)『国語学』東大出版会
古田東朔(1990)『日本語学概論』放送大学教育振興会
宮島達夫編(1971)『古典対照語い表』笠間書院

資料：日本語教育能力検定試験出題範囲(ただし全範囲にわたって出題されるとは限らない)

1 社会・文化・地域	1. 世界と日本 　(1) 諸外国・地域と日本 　(2) 日本の社会と文化 2. 異文化接触 　(1) 異文化適応・調整 　(2) 人口の移動(移民・難民政策を含む。) 　(3) 児童生徒の文化間移動 3. 日本語教育の歴史と現状 　(1) 日本語教育史 　(2) 日本語教育と国語教育 　(3) 言語政策 　(4) 日本語の教育哲学 　(5) 日本語及び日本語教育に関する試験 　(6) 日本語教育事情：世界の各地域、日本の各地域 4. 日本語教員の資質・能力
2 言語と社会	1. 言語と社会の関係 　(1) 社会文化能力 　(2) 言語接触・言語管理 　(3) 言語政策 　(4) 各国の教育制度・教育事情 　(5) 社会言語学・言語社会学 2. 言語使用と社会 　(1) 言語変種 　(2) 待遇・敬意表現 　(3) 言語・非言語行動 　(4) コミュニケーション学 3. 異文化コミュニケーションと社会 　(1) 言語・文化相対主義 　(2) 二言語併用主義(バイリンガリズム(政策)) 　(3) 多文化・多言語主義 　(4) アイデンティティ(自己確認、帰属意識)
3 言語と心理	1. 言語理解の過程 　(1) 予測・推測能力 　(2) 談話理解 　(3) 記憶・視点 　(4) 心理言語学・認知言語学 2. 言語習得・発達 　(1) 習得過程(第一言語・第二言語) 　(2) 中間言語 　(3) 二言語併用主義(バイリンガリズム) 　(4) ストラテジー(学習方略) 　(5) 学習者タイプ 3. 異文化理解と心理 　(1) 社会的技能・技術(スキル) 　(2) 異文化受容・適応 　(3) 日本語教育・学習の情意的側面 　(4) 日本語教育と障害者教育

4	言語と教育	1. 言語教育法・実技(実習) 　(1) 実践的知識・能力 　(2) コースデザイン(教育課程編成)、カリキュラム編成 　(3) 教授法 　(4) 評価法 　(5) 教育実技(実習) 　(6) 自己点検・授業分析能力 　(7) 誤用分析 　(8) 教材分析・開発 　(9) 教室・言語環境の設定 　(10) 目的・対象別日本語教育法 2. 異文化間教育・コミュニケーション教育 　(1) 異文化間教育・多文化教育 　(2) 国際・比較教育 　(3) 国際理解教育 　(4) コミュニケーション教育 　(5) 異文化受容訓練 　(6) 言語間対照 　(7) 学習者の権利 3. 言語教育と情報 　(1) データ処理 　(2) メディア／情報技術活用能力(リテラシー) 　(3) 学習支援・促進者(ファシリテータ)の養成 　(4) 教材開発・選択 　(5) 知的所有権問題 　(6) 教育工学
5	言語一般	1. 言語の構造一般 　(1) 言語の類型 　(2) 世界の諸言語 　(3) 一般言語学・日本語学・対照言語学 　(4) 理論言語学・応用言語学 2. 日本語の構造 　(1) 日本語の構造 　(2) 音声・音韻体系 　(3) 形態・語彙体系 　(4) 文法体系 　(5) 意味体系 　(6) 語用論的規範 　(7) 文字と表記 　(8) 日本語史 3. コミュニケーション能力 　(1) 受容・理解能力 　(2) 言語運用能力 　(3) 社会文化能力 　(4) 対人関係能力 　(5) 異文化調整能力

財団法人 日本語国際教育支援協会のウェブページをもとに作成
(http://www.jees.or.jp/jltct/range.htm)

索引

数字

1グループ 183, 243
2グループ 183, 243
2言語基底共有説 88
3グループ 243

A

ACTFL 121
ASTP（陸軍特別訓練プログラム） 127

C

CAI教材 147
CALL 147, 170
CLL（コミュニティ・ランゲージ・ラーニング） 128
CMC 170

E

ESP 150

I

IPA 195

J

JSP 150

L

LOTE 34

O

OPI 133

R

ru-verb 183, 243

T

TPR（トータル・フィジカル・レスポンス） 129

U

u-verb 182, 243
Uカーブ 97

W

Wカーブ 98

あ

アイデンティティ 99
アイデンティティ・クライシス 101
アウトプット仮説 78
アクセント 213
アスペクト 257
頭高型 216
天草版伊曽保物語 17
天草版平家物語 17

い

異音 195
イ音便 246
イ形容詞 243, 247
位相 239
移動動詞 244
異文化間教育 154
異文化適応 97
異文化トレーニング 165
イマージョン教育 78, 89

意味記憶 50
意味論 182
インターアクション仮説 78
イントネーション 218
インフォメーションギャップ 140
インプット仮説 74
隠喩 273

う

ヴォイス 260

え

エピソード記憶 50
エラー 68

お

オーディオリンガル・メソッド 22, 52, 66, 106, 128
オーラル・メソッド 126
オールドカマー 8
送り仮名 291
尾高型 216
オノマトペ 251
音韻添加 238
音韻論 182
音声学 195
音節 201, 212
音素 46, 182, 195
音便 238
音読み 288

か

会意 287
外国語（学習）適性 82
外国人子女 10
外国人児童生徒 158
回避 68
外来語 232, 233
外来語の表記 295
会話の含意 279
会話分析 39
格 180
学習 76
学習言語能力（CALP） 11, 84, 89
格助詞 253
仮借 288
過剰一般化 65
化石化 184
家族的類似性 56
課題シラバス 123
カタカナ 286, 295
カテゴリー化 102
可能動詞 262
カリキュラムデザイン 124
カルチャー・アシミレータ 165
カルチャーショック 96
漢音 289
漢語 232
漢字 286
漢字仮名交じり文 291
漢字圏学習者 290
感情形容詞 247
間接受身 262
間接ストラテジー 87
眼前指示 251
簡体字 290
換喩 273
関連性理論 279, 280

き

記憶ストラテジー 87
帰国子女 10
帰国児童生徒 157
擬古文 305
擬声語 239, 251
基礎語彙 230
擬態語 239, 251
機能シラバス 122
技能シラバス 123
基本語彙 230
旧仮名遣い 293
旧情報 249
教案 148
教材 146
教材開発 172
教授可能性仮説 71
協調の原理 279
共通語 36
キリシタン資料 16
均衡バイリンガル 88

く

屈折語 179
クリティカル・インシデント 165
クレオール 31
訓読み 288
訓令式 296

け

形式名詞 248
形声 287
形態素 46, 182
形態論 182
形容詞 247
ゲシュタルト 58
結束性 48
言語学習適性テスト 133
言語間の誤り 67
言語習得の論理的問題 64
言語内の誤り 67
言語類型論 177
減算的バイリンガル 29
現代仮名遣い 294
現場指示 251
言文一致 305

こ

語 46, 228
語彙 228
語彙量 228
口蓋化 203
硬口蓋化 203
高コンテキスト文化 103
合成 237
合成語 254
構造主義言語学 51, 65
構造シラバス 122
膠着語 179
行動主義心理学 51, 65, 106
弘(宏)文学院 17
コースデザイン 116
コードスイッチング 30
呉音 289
語基 235
国際音声記号 195
国際理解教育 160
国字 288
語構成 234

語種　232
語族　176
異なり語数　229
コミュニカティブ・アプローチ　66, 78, 130
コミュニケーション・ストラテジー　87
コミュニケーション能力　41, 130
固有語　232
誤用分析　67
語用論　182, 279
語用論的転移　41
孤立語　179
混種語　232, 233
コンピュータ支援言語学習　170
コンピュータ媒介コミュニケーション　170

さ

再帰代名詞　248
最近接発達領域（ZPD）　108
サイレント・ウェイ　66, 128
サジェストペディア　66, 129
作動記憶（ワーキングメモリー）　50
サブマージョン　89

し

子音　198
子音動詞　182, 243
使役態　263
敷居仮説　90
自己開示　105
芝山巌学堂　18
指事　287
指示詞　248, 251
指示代名詞　248
時制　257
自然な順序の仮説　74

視点　269
自動化　76
自動詞　44
自文化中心主義　165
シミュレーション　23
社会言語能力　78
社会文化能力　41
借用　237
借用語　232
周圏分布　37
終助詞　253
修正　39
従属節　264, 266
習得　76
習得・学習の仮説　74
習得順序　70
主教材　146
熟達度テスト　132
縮約　237
主語　181, 254
授受動詞　186
主題　181, 254
出自　232
準体助詞　253
情意フィルター仮説　74
状況的学習論　106, 108
象形　287
畳語　235, 236
使用語彙　228
上代特殊仮名遣い　300
情態副詞　251
情報リテラシー　171
常用漢字表　289, 305
助詞　253
序数詞　250

処理可能性理論 71
シラバス 121
自立語 242
唇音退化 301
新情報 249
診断テスト 133
心的表象 47

す

数詞 249, 250
数量詞 250
スキーマ 59, 102
スキャフォールディング 108
スクリプト 102
ステレオタイプ 102
ストラテジー教育 143

せ

生活言語能力（BICS） 11, 84, 88
生成文法 51
声道 195
正統的周辺参加 108
生得主義 51
正の転移 74, 184
接辞 235
接続助詞 253
絶対敬語 187
説文解字 287
宣言的記憶 50
宣言的知識 50, 76
先行オーガナイザー 47
宣命体 301

そ

相 257

造語法 237
相対敬語 187
促音 210
促音便 246
属性副詞 251
祖語 176

た

ターン 39
態 260
ダイクシス 280
ダイグロシア 31
対照言語学 183
第二言語習得 67
代名詞 248
タクソノミー 57
他動詞 244
多文化主義 34
単音 195
短期記憶 49
単純語 235
単文 264
談話 46
談話分析 38

ち

知的所有権 173
中間言語 69
長音 212
調音者 198
調音点 198
調音法 198
長期記憶 49
直接受身 261
直接ストラテジー 87

直接法 126
直喩 273
著作権 173
陳述副詞 251

て

ティーチャー・トーク 78
定家仮名遣い 303
低コンテキスト文化 103
程度副詞 251
提喩 274
テスト 132
手続き的記憶 50
手続き的知識 50, 76
転移 73
転音 238, 254
テンス 257
転成 237, 254
伝達中心の教授法 66
転注 288

と

唐音 289
同化 18
動機づけ 81
道具的動機づけ 82
統合的動機づけ 82
統語論 182
動詞 244
到達度テスト 132
当用漢字表 289, 305
特殊音素 209
トップダウン 46, 143
取り出し授業 159
取り立て助詞 253

な

中高型 216
ナ形容詞 243, 247
ナチュラル・アプローチ 129
ナチュラル・メソッド 125
生教材 148

に

ニーズ分析 146
日葡辞書 16, 303
日本口語文典 17
日本語能力試験 132
日本語文典 17
日本小文典 17
日本大文典 17, 303
ニューカマー 8
女房詞 239, 303
人間中心の教授法 66
人称代名詞 248
認知意味論 51
認知学習アプローチ 130
認知言語学 51, 54, 55
認知心理学 107
認知ストラテジー 87

の

延べ語数 229
ノンインターフェイス 75

は

背景知識 58
場依存 86
バイリンガリズム 88
バイリンガル 29, 88

索引 317

ハ行転呼音 302
拍 185, 212
破擦音 201
弾き音 201
派生語 235, 236, 254
パターン・プラクティス 66, 106, 128, 140
撥音 209
発語行為 279
発語内行為 279
発語媒介行為 279
発達順序 70
発話行為論 279
場独立 86
場面シラバス 122
パラ言語 42
破裂音 201
繁体字 290
半濁音化 238
半母音 208

ひ

ピア・リーディング 23
ピア・レスポンス 23, 109
比較言語学 183
非漢字圏学習者 290
非言語メッセージ 104
非情の受身 261
ピジン 30
鼻濁音 203
筆順 290
批判的談話分析 39
比喩 273
表意文字 187
評価 131
標準語 36

ひらがな 286
平仮名 293
品詞 242

ふ

ファシリテータ 24, 165, 167
フォーカス・オン・フォーム 79, 131
フォーカス・オン・フォームズ 131
フォーカス・オン・ミーニング 131
フォーリナー・トーク 78
フォネティック・メソッド 125
副教材 146
複合語 235
副詞 251
副詞節 266
複文 264
付属語 242
負の転移 74, 184
普遍文法 51, 64
プラグマティックス 279
プレースメント・テスト 133
プロジェクトワーク 144
プロソディー 221
プロトタイプ 56, 57
プロミネンス 220
文 46
文化化 100
文化相対主義 165
文章 46
文法化 243
文法翻訳法 125
文脈指示 251

へ

閉鎖音 201

平板型 216
並列助詞 253
並列節 264
ヘボン式 296
変体漢文 301
偏重バイリンガル 88

ほ

母音 197
母音脱落 301
母音動詞 183, 243
母語による先行学習 159
母語の干渉 52, 67
母語保持 90
補償ストラテジー 87
補足節 269
ボトムアップ 46, 143

ま

摩擦音 201
マルチリンガル 29
万葉仮名 293, 301

み

ミステイク 68
ミニマルペア 195

む

ムード 259
無主語文 255
無声 195
無題文 255

め

名詞 248

迷惑の受身 262
メタファー 59, 273
メディア・リテラシー 172
メトニミー 59, 273

も

モーラ言語 185
モダリティ 260
モニター仮説 74
モニター・モデル 75
モノリンガル 88

ゆ

有主語文 255
有声 195
優先応答体系 39
有題文 255

よ

用法基盤モデル 59, 65
容量の限界 76
四つ仮名 301

り

リエントリーショック 98
理解語彙 228
六書 287
臨界期仮説 79
隣接ペア 39

れ

レアリア 148
歴史的仮名遣い 293, 304
レジスター 38
レディネス 119

連声 238, 254
連体修飾節 265
連濁 238, 254

ろ

ローマ字 286
羅馬字会 296
ロールプレイ 23, 142, 144

わ

和漢混淆体 303
和語 232
話者交代 39
話題シラバス 123

【執筆者紹介】

佐々木 泰子（ささき やすこ）［1章, 2章, 3章, 4章, 5章, 6章］ *編者
　お茶の水女子大学　学長

森山 新（もりやま しん）［7章, 14章, 17章］
　お茶の水女子大学基幹研究院教授

白井 恭弘（しらい やすひろ）［8章］
　ケースウエスタンリザーブ大学認知科学科教授

鈴木 伸子（すずき のぶこ）［9章, 11章］
　同志社大学グローバル・コミュニケーション学部教授

久保田 美子（くぼた よしこ）［10章］
　早稲田大学日本語教育研究センター教授

楊 虹（やん ほん）［12章］
　鹿児島県立短期大学教授

倉田 芳弥（くらた かや）［13章］
　拓殖大学政経学部准教授

棚橋 明美（たなはし あけみ）［15章］
　元聖学院大学特任講師

大塚 純子（おおつか じゅんこ）［16章, 18章, 19章, 20章］
　元明海大学専任講師（別科）

ベーシック
日本語教育

A Basic Guide to Teaching Japanese as a Second Language
Edited by Yasuko Sasaki

発行	2007年4月23日 初版1刷
	2023年11月22日　　11刷
定価	1900円＋税
編者	佐々木泰子
発行者	松本功
装丁	大崎善治
印刷・製本所	三美印刷株式会社
発行所	株式会社 ひつじ書房
	〒112-0011 東京都文京区千石2-1-2 大和ビル2F
	Tel.03-5319-4916 Fax.03-5319-4917
	郵便振替 00120-8-142852
	toiawase@hituzi.co.jp　https://www.hituzi.co.jp/

ISBN978-4-89476-285-5　C1081

造本には充分注意しておりますが、落丁・乱丁などがございましたら、小社かお買上げ書店にておとりかえいたします。ご意見、ご感想など、小社までお寄せ下されば幸いです。

刊行のご案内

ベーシック
現代の日本語学
日野資成著　定価1700円+税

ベーシック
コーパス言語学　第2版
石川慎一郎著　定価1700円+税

ベーシック
応用言語学　第2版―L2の習得・処理・学習・教授・評価
石川慎一郎著　定価2100円+税